文化履痕

同济集

孙宜学 著

同济大学出版社·上海

图书在版编目(CIP)数据

文化屐痕：同济集 / 孙宜学著. —上海：同济大学出版社，2023.7

ISBN 978 - 7 - 5765 - 0867 - 3

Ⅰ. ①文… Ⅱ. ①孙… Ⅲ. ①中华文化—文化交流—文集 Ⅳ. ①K203 - 53

中国国家版本馆 CIP 数据核字(2023)第 120170 号

文化屐痕：同济集

孙宜学 著

出 品 人 金英伟　　责任编辑 尚来彬　　责任校对 徐春莲　　封面设计 陈益平

出版发行 同济大学出版社　　www.tongjipress.com.cn

（地址：上海市四平路 1239 号　邮编：200092　电话：021 - 65985622）

经　　销 全国各地新华书店、网络书店

排版制作 南京展望文化发展有限公司

印　　刷 江苏凤凰数码印务有限公司

开　　本 710 mm×1000 mm　1/16

印　　张 16.5

字　　数 330 000

版　　次 2023 年 7 月第 1 版

印　　次 2023 年 7 月第 1 次印刷

书　　号 ISBN 978 - 7 - 5765 - 0867 - 3

定　　价 78.00 元

前 言

同济大学开展国际中文教育的历史始于20世纪70年代，学校恢复招收外国留学生以后，即专门安排汉语教师为进入专业学习的外国留学生开设专业中文课。1987年起，开设中文短训班，招收中文短期生；1993年起，学校开始自行承担外国留学生进入专业前的中文培训任务。1998年，国际文化交流学院成立，这是专门从事国际中文教学和科研的二级学院。2002年起，学院招收汉语言专业本科留学生；2007年3月起，汉语言本科班实行春秋两季招生。2009年3月，受教育部国际合作与交流司、国家留学基金委委托，学院正式开展中国政府奖学金本科来华留学生预科教育工作，2009年8月成立预科部。2014年2月，在国家汉语国际推广领导小组办公室（后文简称“国家汉办”）的指导和支持下，在原有经贸方向的基础上，汉语言本科专业增设汉语国际教育方向。2015年9月起，正式招收汉语国际教育专业硕士（中国学生）；2016年9月，正式招收首批外国留学生汉语国际教育专业硕士。

百年同济的国际中文教育气韵沉雄。学院始终坚持“不忘初心、牢记使命”，以“求实、务实、踏实、落实”为原则，依托学校综合实力，服务学校国际化发展需要，逐步建立起完整的以学历和非学历中文教学体系为基础，以创建具有同济特色的多元、立体的中华文化国际传播理论与话语体系为导向，致力于讲好中国故事、培养卓越的语言文化国际传播复合型专业人才的教学与培养机制。学院中文和中华文化国际传播能力不断提升，目前已构建起来华留学专业化和社会化服务体系，打造出以人才培养为基础、具有政府决策咨询和社会服务功能的“一带一路”“中文+”专业人才培养模式、“留学中国”预科培训基地和海内外双平台“海外汉学与当代中国”国际课程教学实践体系。学院已经成为专业学院、特色学院和平台学院三位一体的一流学院，被誉为使命担当意识强、服务奉献精神强、人才国际传播能力强的“三强”学院。

学院坚持以培养“知华、友华、爱同济”的留学生为己任，着眼于留学生“中国能力”培养，精心设计“感知中国”活动，积极开展第二课堂教育，用好红色文化、传统文化、当代文化等育人资源，讲好中国故事；通过“熊猫叨叨”“留学生行走看中国”等经典品牌活动，让留学生们“脚走在中国的大地，眼看着中国的变化，心感受着中国的温暖，口讲着中国的日常，手写着中国的责任”，切实提高讲好中国故事的能力。学院为推动中华文化国际传播事业发展、构建人类命运共同体，作出了一些有益探索与创新尝试。

学院已成为综合性、专业型、开放式、创新化的国内知名、全球领先的中外人文交流平台，并以此为基础，推动以在职生培养为特色的汉语国际教育专业硕士点建设稳步发展。围绕“国家意识、国际意识、生态意识、命运共同体意识”，学科点在培养机制、课程设置等方面精准设计，充分发挥同济综合优势，以“一带一路”语言文化人才需求为导向，促进国内外顶尖人才和机构资源助力学院人才培养，使学院形成了实用、高效的“5+2”培养模式和“一带一路”专业特色。学院目前学生质量上乘，社会影响力大大提升，同济烙印鲜明，力争使一名学生都学有所成，成有所业，业济天下。

学院汇聚了教育部国家语言文字推广基地、上海语言文字推广基地、上海华文教育基地、汉语国际传播研究基地、非洲语言资源研究中心、国际中文教育大数据研究中心、中印人文交流研究中心、语言应用研究所、海外汉学研究中心/当代中国研究中心等一系列专业研究基地；集结了一批海内外语言学和文化传播专家，打造了“汉语国际传播论坛”“海外汉学家论坛”“中国文化走向世界‘大家谈’”“海外华人‘海上谈’”“长三角‘一带一路’文化大讲堂”“语虹课堂”等系列精品论坛和讲座，共话当前汉语和中华文化国际传播的热点难点、汉语国际传播的人才培养等主题，学术交流与合作日益活跃。

同济大学共在海外承办了4所孔子学院、3所孔子课堂，分别为日本樱美林大学孔子学院、德国汉诺威莱布尼茨大学孔子学院、韩国庆熙大学孔子学院、意大利佛罗伦萨大学孔子学院，以及日本樱美林大学孔子学院高岛孔子课堂、日本立命馆孔子学院大阪课堂、意大利阿雷佐高中孔子课堂。樱美林大学孔子学院侧重发展中文学历教育、组织大型青少年文化活动；汉诺威莱布尼茨大学孔子学院侧重开发针对不同目标人群的文化项目；庆熙大学孔子学院侧重开展传统文化讲座及青年汉学人才培养；佛罗伦萨大学孔

子学院以设计创意文化为特色，使同济大学佛罗伦萨海外校区和孔子学院形成合力。

着眼未来，学院将聚焦第二个百年的国际中文教育与中华文化国际传播，凝心聚力，积极办好国际中文教育学科博士点，为推进人类命运共同体，实现世界文化共生共荣，作出同济人的特有贡献。

枝繁叶茂荫四野，桃李香飘溢世界。

我和同事们热情地欢迎五湖四海的朋友，我们期待与所有志同道合的朋友一起培植世界文化百花园的沃土。

让我们手拉手，心连心，传递友谊之种，浇灌和平之花。

我们相信，你的堂前，我的屋后，可以开出一样美丽的鲜花。

孙宜学

2022 年 5 月 20 日

目录

第一部分　同济集

2007 年

1 月 1 日 “中国文化 · 历史 · 社会 · 经济”丛书启动

今天起，正式调入国际文化交流学院工作。石落心定，过去的人与事，该成为过去的，就忘掉吧。

新岗位第一件事，就是受蔡建国院长委托，组织编写中日文“中国文化 · 历史 · 社会 · 经济”大型丛书，这是经国家汉办批准立项、与日本樱美林大学合作的一项学术工作。

接手后，根据过去的编书经验，先拟定了 5 条丛书编辑原则。

（1）指导原则：以推进中华优秀文化的传播为目的，促进中日文化互动与交流，客观上扩大并提升国际文化交流学院和樱美林大学孔子学院的国际影响。

（2）字数要求：各书约 30 万字，其中中文字数约 15 万字。

（3）总体要求：可读性强，文笔流畅，能兼顾日本读者的欣赏习惯。

（4）成书形式：中日双语版，配插图。以简装本为主，并加印少量精装本。还可根据市场和社会需要出版其他形式的版本，最好能形成一条影响链。录音文本采取 MP3 形式，与图书配套发行。

（5）发行范围：在中日两国同时发行。

经与杨光俊院长商议，初定丛书共包括 10 部著作，即：《中国礼仪文化》《中国饮食文化》《中国居住文化》《中国语言文学》《中国古代史》《中国近现代史》《中国戏曲》《中国社会》《中国当代经济》《中国人与中国经济》。

选题确定后，实际上最难的是找到最合适的作者。根据丛书定位，作者的专业性与读者需求的特殊性要达到平衡；作者必须是本领域的专家，最好有对外交流的经验，文笔要稳健，语言要简洁、生动，符合外国读者的欣赏习惯。我起草了每本书的内容简介和总体写作要求，采取公开招标方式，发布了“征求作者启事”和各书简介，明确了权利与责任，很快邀请到复旦大学、上海交通大学、上海社科院、上海大学的一批专家加盟。1 月 18 日，在同济大学能源楼四楼会议室举行了一个简单的启动仪式，作者们都到会，大家就丛书体例、行文和注释规范进行了统一。

3 月 17 日 “1924，泰戈尔的上海之行”

今天晚上，上海电视台纪实频道播出了《1924，泰戈尔的上海之行》电视纪录片。第一次“触电”，还是有点兴奋的。

2006 年夏，上海电视台刘丽婷联系我，说拟制作“泰戈尔与上海”的专题片，作为“外国文化名人与上海”系列节目的一个部分，希望我能接受采访，并撰写纪录片脚本。

脚本要有镜头感，我重新翻阅了相关旧期刊，沉浸在泛黄的页面间，不时在眼前浮现当时的历史环境和情景，找到一定的感觉后，脚本就一气呵成了。

采访是在家里进行的，因为之前有充分准备，采访很顺利。

4 月 24 日 母子留学生

同济大学百年校庆在即，为示庆祝，国际文化交流学院下午在逸夫楼二楼报告厅举行了主题为“同济——我为您喝彩”百年校庆留学生汉语演讲比赛，9 个国家的 13 名留学生参赛，30 多个国家的近百名学生和老师出席了活动。参赛选手有的即将毕业，有的来同济还不到一年，但都精神饱满，慷慨激昂，用流利的汉语表达了选择同济大学学习的原因：同济的悠久历史，美丽的校园，一流的专业，热情和认真教学的老师。他们表示，通过在同济大学的学习，加深了对中国文化和社会的了解和认识，今后要做一个自己国家与中国文化传播的友好使者。

最让人感动的，是一名叫童野智子的日本留学生的发言，她每天和四岁的儿子一道挤公共汽车到同济。她儿子在同济大学幼儿园“留学”，她送好儿子后则到国际文化交流学院留学。我教过她，比年轻人还认真。

我在点评时，首先肯定了同学们的热情和激情，对他们的汉语水平也表示了肯定。但同时建议他们，学习汉语，不能只学汉字，而要通过汉字了解中国文化和社会，只有这样，才能更好地理解汉语。

学院还举办了校庆寄语活动，留学生们纷纷对百年同济表达祝福，如：柬埔寨学生吴培俊寄语“一百年同济，百万个人才”；土耳其学生魏丽雅寄语“希望同济大学能继

承百年传统，将‘同舟共济’的校训发扬光大！”以爱换爱，以诚换诚。

这样教出来的留学生不爱同济，很难；不爱上海，很难；不爱中国，很难！

4 月 24 日　德国汉诺威孔子学院揭幕

今天下午 2 点，同济大学与德国汉诺威中国中心合作承办的汉诺威孔子学院正式揭幕。汉诺威孔子学院 2006 年 10 月签约，2007 年 6 月下旬正式运作。孔子学院教学活动分为三部分：学院本部、高校公共汉语课程以及中小学汉语体验课程。文化推广活动则基于中国和德国共同的历史和文化，求同存异。

5 月 8 日　同济设立 HSK 考点

经积极争取和周密准备，国家汉办正式同意在同济大学设立 HSK 汉语考试考点。这表明同济的汉语国际教育工作迈上了一个新台阶。

考点的设立对同济的留学生教学和汉语国际教育研究具有深远的影响和积极的推动作用，也是学校的留学生教学取得一定发展的证明。同济的留学生，从此可以在自己的考点考试了，这对增强他们在同济学习汉语的自信心也是一种促动。

6 月 9 日　汉语国际推广论坛

作为校庆活动之一，筹备了半年之久的“世界多元文化架构下的汉语国际推广论坛”今天在中法中心开幕。来自德国、日本、韩国和中国等境内外 30 所高校和研究机构的 200 多位专家学者与会。国家汉办主任许琳做了基调演讲。全国政协港澳台侨委员会副主任、中国翻译学会副会长、中国侨联顾问唐闻生女士做了主题演讲。陆俭明、李如龙、周玮生、朱永生、古川裕、杨光俊、吉尔特（Gerlinde Gild）、李奎泰、王德春、顾伟列、吴勇毅、翁新楚、陈阿宝、崔志鹰等先后发言。大家认为，汉语国际推广要突破教材和人才两大瓶颈。面对许多国家兴起的汉语热，高质量的对外汉语教材不多，还是难以满足需求。与会专家建议，应编写出针对不同国别、不同语种的汉语教材。与此

同时，要更加重视在海外华人中推广汉语。据了解，目前在海外华侨华人的第二代、第三代子女中，有不少人已经不大会甚至是完全不懂中文了，但他们又很想了解中华文化。可见，在国际上推广汉语不仅是建设和谐世界的需要，也是海外华侨华人的期盼。

我与张占山等老师具体负责筹备这次校庆论坛，经历了颇多坎坷和艰难。尤其是邀请会议代表，一封封信，一次次电话，一次次传真，一次次确认，从开始准备名单到最终确定会议代表名单（正式开幕的当天早晨还在调整），苦在其中，也乐在其中。论坛进行过程中，我要求自己始终保持站姿，随时处理突发事件。会议闭幕，送走会议代表后，我才终于松了一口气。

遇到困难迎头上，齐心协力泰山移！这是通过筹备这次论坛，我所形成的国交院印象。通过这次论坛，我与新同事们也更加熟悉了。

6 月 29 日　第一次参加留学生毕业典礼

下午 2 点，在逸夫楼一楼报告厅举行了 2007 届留学生毕（结）业典礼暨才艺表演。30 多个国家的 200 多名学生和学院老师参加了大会。这是我第一次参加留学生毕业典礼，颇觉新奇。

喀麦隆学生魏乌古作为应届本科毕业生的代表谈了自己在同济留学生活的体会，并真诚地希望学弟学妹们要珍惜留学机会，好好学习，顺利完成学业；朝鲜学生全倍赫、泰国学生贾露作为普通进修生的代表也谈了在同济留学的收获；日本学生冈本和久作为在读本科生向毕业班同学致欢送辞和美好祝愿。

留学生的才艺表演很精彩，有歌舞、小品、乐器弹奏和各国民族服装秀等，因为带有异域色彩，哪怕是中国题材的节目，也有“陌生化”效果，让人耳目一新。

如何让这些毕业的留学生一生保持对汉语的兴趣？如何让他们毕业后能进一步从对汉语与中华文化形式上的理解和喜爱变成发自内心的喜爱？

我在思考，却还形不成自己的看法。

7 月 15 日—8 月 10 日　东京日记

7 月 15 日　雨中到东京

大型丛书“中国文化·历史·社会·经济”中文版进展顺利，基本完稿。因丛书将以中日双语的形式出版，日语翻译工作的进度和质量至关重要。为了加快出版速度，本计划采取中日文同步进行的方式，即中文完成一部分就定稿一部分，然后即发给日方翻译，因为翻译过程中还需要中文作者和译者之间反复沟通交流，进度难以把握，所以还要预留一些机动时间。但因种种原因，迄今日本译者还没完全确定。樱美林大学孔子学院邀请我到日本，双方共同物色翻译并就该套丛书中文稿的内容和翻译要求向译者进行必要的沟通和说明，以保证丛书的整体质量和该项目下一步工作的顺利开展。

中午 12 点出发去浦东机场，办完一系列手续，已是 14 点多了。因东京天气原因，航班延迟，直到 16 点半左右才起飞。

一路上风不停，雨不住，好在飞行时间并不长。飞抵东京上空时，电闪雷鸣，暴雨如注。乘客们皆神色凝重，空姐依然笑意妍妍。飞机降落过程中摇摆不定，数次剧烈抖动，机内一阵阵惊呼。因机场繁忙，又迟了 10 分钟降落。忽然，我邻座日本女乘客头顶的吸氧装置唰一下落下，把她吓了一跳，发出一声惊叫，大家也都随之吓了一跳，真以为到了使用此物之时，但其他的却没落下。空姐赶来查看，原来是飞机抖动把面罩的盖门抖松了。大家松了一口气。飞机落地的一瞬间，大家鼓掌庆祝。能平安降落，已是万福。

东京时间 8 点。准备出关填单，一老年导引员还能说几句汉语：这边、那边等。机场连续用日语、汉语、英语和韩语广播。到达出关口乘的是地铁，而非国内机场的 BUS（公共汽车）。感觉日本的服务还不如国内，国内还带着笑，这里的人都板着脸。

在出口与李贞爱老师会合。她冒雨来接，又是在星期日，我很过意不去。她告诉我已买了 9:05 的 BUS 票，到我住的地方需要 3 个小时，即 11:50 左右。BUS 工作人员在放行李时先问有无易碎的东西，然后每件行李发一个牌子。

天气很凉爽，路两边一闪而过的各种标识，大致都能猜得出意思。

11 点到达相模原，我赶紧办理入住手续，前台工作人员事事都安排，包括早饭、外出交钥匙、如何用灯等。我催李老师快回家，并多次表达感谢。麻烦别人，让我心不

安。心想若懂日语就好了，可独自处理日常饮食和住行。

住处房间不大，比家里的厨房稍大，但整齐清洁，“麻雀虽小”，却该有的都有，且都有用：电磁锅、小电视、宽带、电吹风。浴室也很精致。

7月16日　地震

早餐在旅馆的二楼，是自助餐，有牛奶、果汁等饮料，还有西瓜、黄瓜、小西红柿、红萝卜，面包烤得也不错；另有烤多春鱼，个个带籽，脆香；此外还有烤肉、味噌汤等。第一次吃日本家常饭，感觉很不错。

上午看了一会儿书，译了几段白璧德。10:13 左右，房子忽然摇晃起来，持续了约一分多钟，感觉是地震了。果然，电视上开始了连篇累牍的震情报道，是新潟县发生了6级地震，不少房屋倒塌，死了一些人。各种电视节目都中断且插入了这个新闻。

下午5点多出去散步，开门时见门边放着换洗的浴室用品和睡衣，这才体会到服务人员的细心：虽然我并未挂出“请勿打扰”的牌子，但看我没挂出“请打扫”的牌子，她们依然不进来，连门都没敲。

这里就像一个小镇，建筑都不高，街道弯弯曲曲，人人遵守交通规则。我过马路时一辆汽车马上停下让我先行。随便看了几家商店和超市，在一家书店，我看到有一些日本学校的历史教科书，其中一本书里写着“日本侵略中国”的字样。

7月17日　初识孔子学院

上午接到李贞爱老师电话，约到孔子学院见面。没想到住处离孔子学院那么近：出宾馆，左拐，马路尽头再左拐就到了。孔子学院在一幢新楼上，汉语教室在四楼。让我欣喜的是，在孔子学院办公室遇到了闻黎明老师，他是闻一多先生的孙子，现在早稻田大学访问交流，因其一日本学生在写关于樱美林大学创始人清水安三先生的论文，他到樱美林大学帮助搜集一些材料。我赶紧自我介绍，很觉荣幸。

中午大家一起在一家烧烤店吃饭，感觉没什么特别。饭间谈及孔子学院7月1日将举行的全日本青少年汉语卡拉OK比赛一事。20名初选入围者将于8月到北京参加决赛，我表示到时一定前去观赏。

饭后杨光俊老师开车送我们到樱美林大学本部，闻老师很热情，带我参观校园，一路告诉我在哪里可以乘校车，哪里是教员休息室。专任老师都有独立的办公室。从校园出来，随闻老师到其住处，没想到隔壁就是张孟梅老师。我到张老师房间里聊了一会儿。房间里厨具齐全，像个家的样子。闻老师也来，大家一起谈了谈生活购物方面的事情。

下午接到杨老师电话，约在明天下午 5 点左右在孔子学院谈稿子的事，让明天请人到孔子学院先把稿子都打印出来。

7 月 18 日　町田行

上午我先到孔子学院请关京子帮忙把各书的纲要打印出来。但接到杨老师电话，他因安排教学方面的事情下午无法来，遂相约再找时间。

从孔子学院出来，我在附近的超市买了点吃的东西，找回一大把硬币，准备每个分值的硬币都留一枚，带回去给女儿玩。

回到宾馆放好东西，看时间还早，我决定步行去町田看看。出宾馆右拐，来到一条国道，就看见了路标，沿着路标一直往东北向走下去，沿途欣赏着日本的乡村风貌，看见了一片玉米地，一台拖拉机。路上行人不多，偶尔有骑自行车者经过。路旁也没什么商店，只偶尔有一家超市和小饭店。

想着很近，走着却很远。走了近 3 个小时，才到了真正的町田市。市里有一条商业街，两边都是商场，各种招牌旗子招展着。看见一家书店，就走进去。书店里文学类的书不少，一些装订很小巧的书，如岩波书店的文学书，很招人喜欢，携带也方便。

组织编写出版一些便携式图书，曾是我的理想，现在成了梦想。

刚开始工作时，我曾对出版很感兴趣，也帮一些做出版的朋友策划过一些书，虽然颇有成就感，但总体感觉仍是书与人之间有不小的距离，即书有高高在上的“崇高感”，而不亲民，只助强不扶弱，即还做不到对象精准，每做一本书都想面向大众，以为只有这样才会有销量，我却觉得也得有一些书要聚焦，即针对特定人群编写出版一些书。“适者生书”，不是只为概念中的读者服务，而是为生活中活生生的读者服务。

同济附近的小区报亭前，常会看到很多老人在读报，因字小，且隔着玻璃，老人们眼神也都不好，都显得很吃力的样子。我当时就想，退休后的老人实际上阅读的愿望是很强烈的，出版社能不能考虑专门为老人们设计出版一类“特种书”，从书名我都想好了，就叫“解放系列”，意即将老人从阅读的困窘中解放出来，也指通过提供读物使老人们摆脱孤独，恢复精神的愉悦。不仅仅是老人，实际上每个人心中都有一座或数座山，尤其是现代社会，生活节奏快，压力大，很多人都需要通过某些方式获得“解放”，而图书无疑是一种很好的媒介。扩而广之，这类书范围就可做得大些，可按人群分成“解放老人”、“解放妇女”（家庭妇女，白领女性）、“解放男人”、“解放儿童”等系列；也可按类别分为“解放大脑”“解放习惯”“解放自我”“解放心灵”等。当然，针对不同对象的“解放”系列丛书要做得细致、体贴，如针对老人的书，在排版及文字的编排时就要考虑到老人体力差，眼神不好，不妨印成大字体，文字要少，就像英国的“large Print”书，适应老人的眼睛；而“白领系列”则考虑到白领工作忙，阅读时间少，就多配些插图，纸张则要精美；“家庭妇女”系列则要朴实温馨；“男人系列”要厚重；“儿童系列”则要鲜活；等等。另外，也可考虑从儿女角度为老人们编一些书，以“送给老爸老妈的书”为主题，可做成价格适中的礼品书，内容要适合不同年龄层次的父母，最好是孩子已经有经济实力的中年父母。这比送一些华而不实的营养品似乎好些，也符合提高全民素质的总要求。所有这些书虽然内容有别，但开本都要小而精，把“砖头”变成“豆腐块”，便于随身携带，随时翻阅。否则，不便阅读的书实际上就是减少了读者，就是降低了书应有的价值。

除此之外，围绕这个思路，我当时还兴致勃勃地设计了几个图书系列。

（1）“艺术 ABC 丛书”，或以艺术门类分，或以艺术派别分，或以艺术家作品分，等等。

（2）“被告席上的缪斯”丛书。即将历史上受到审判的文学家、艺术家的有关史料整理出来，可翻译，也可撰写。重点是梳理审判背后的文化和政治因素与作家、艺术家命运的关系。

（3）“告诉我”丛书。收入知识性随笔或科普著作，可译可著。如“哲学告诉我”“文学告诉我”“艺术告诉我”“音乐告诉我”“宗教告诉我”等；或以人物为中心，如“毕加索告诉我”“罗曼·罗兰告诉我”“巴尔扎克告诉我”等；或以具有世界影响的城市为中心，如“伦敦告诉我”“巴黎告诉我”“纽约告诉我”“上海告诉我”等；或以国别为中心，如“美国告诉我”“法国告诉我”“中国告诉我”等。

（4）“大师周围”丛书。就是以某一大师为中心，如马拉美、罗斯金等，整理与其

有关的各类人物的资料，形成一时代的原始记录，文笔要求活泼、灵动。

（5）“想象的对话”丛书。分文学、哲学、艺术、科学四类。就是采取对话的方式，就某一著名人物的生活、创作、理论等各方面，由作者设想各种话题，与人物对象进行想象中的对话，要求融时代性、艺术性、文学性、理论性于一体，文笔活泼，话题新颖；入选者可包括海明威、毕加索、尼采等。

（6）“人人优雅”丛书。做人难，做优雅之人更难。但优雅是有一些准则和标准的，虽然不是人人认可的标准，但毕竟有一些约定俗成的规则。丛书从梳理“优雅”的传统着手，翻译出版一些相关西方经典书籍，为忙碌中的人们提供一些“优雅”的参照。我准备了30本，分3辑陆续出版。这些书不是一般的通俗读物，更不是时尚杂志类的消遣读物，而都是严肃的社会学、心理学著作，有深厚的文化背景，也都具有积极的励志意义。这些书中通过大量具体、详细的事例，归纳成为绅士、淑女的一些必备条件，从社会责任到自我教育，从独立意识到时间安排，从爱情态度到礼仪姿态，高雅生活的方方面面、点点滴滴都在书中娓娓道来，如：你曾经在爱人病痛之时对其照料周全吗？你曾经在生活最失意的时刻咬紧牙关吗？这些问题接地气，又针砭时弊，很容易使读者产生共鸣。[补记：这套书最后只出版了四部，书目也根据翻译情况进行了调整，即 *Words for the Wise*（《给智者的忠告》），*Letters to His Son（1746－1747）: On the Fine Art of Becoming a Man of the World and a Gentleman*（by Earl of Chesterfield，《给孩子的忠告》），*The Young Woman's Guide*（《女孩子的美德》），*Manners for Men*（《男人的格调》），江西高校出版社，2009年3月]。

可惜这些饼画得虽圆，但大多都没落到锅里。在日本看到理想中的书，旧梦重燃，可惜难再拾起了。

依然步行，回到住处，已是傍晚。

7月19日　多摩

上午等杨老师电话，未果。我先到孔子学院聊了聊，然后穿过渊野边车站，另一边是一个不大的公园，有花有草，还有一个展览用的火车头，几只猫在周围或行或卧，都是慵懒的娇态，与钢铁火车头恰成对照——“菊与刀”。

从公园回到孔子学院楼前，先乘樱美林大学校车到校本部，然后乘多摩线到多摩，沿途风光不错，丘陵上的绿树，蜿蜒曲折的小径。

多摩也是由一条主干道主导。我沿大道南行，先去多摩展览馆参观，馆内正在举办摄影展，主题是和平，展示了一些原子弹爆炸图片资料。显然这是日本人永远的痛，看到爆炸后日本人的惨状，任谁都会起恻隐之心。但日本人似乎习惯性地选择忘记“二战”期间对世界，尤其是对中国的暴行，自己知道痛，伤别人的时候就没想到别人也会痛吗？看完展览我欲离开，可走不了了，馆员非常客气地把我引到另一展室，里面是展示广岛长崎之爆图片，展室门口的桌子上摆着一排书，都是关于原子弹和“二战”的，只看这些，若不了解历史，就会立刻觉得日本是受害者。

路遇一家书店，遂进去看。见有尼采、卢梭作品的日文版，也有《论语》及老子、李白等的译本。其中有一套“西方人眼中的日本”，如 *The Complete Journal of Townsend Harris*, *A Diplomat in Japan by Sir Ernest Mason Satow*, *Japanese Memories* 等。抄了一些书名，晚上上网查，书名都有，但无可下载的。

7 月 22 日　陆俭明、马真老师讲演

上午到新宿六本目的中国饭店，与陆俭明、马真老师会合。这是第一次见到二老，却没有陌生感，一是二老和蔼可亲，二是之前看过二老的文章和书，已有师徒之实。

下午在国际会议中心参加中国语学会主办的汉语教学研讨会，首先是陆俭明、马真老师先后讲演，然后是听众提问、讨论。与会代表多是日本的汉语老师，人家彼此之间很熟悉，交流很活跃。通过交换名片，与几位老师互留了联系方式，并欢迎他们到同济讲学交流。

晚饭后，闻黎明老师带我看东京夜景，看到了东京塔、东京湾桥，后又到了市议政大厦顶看东京全貌。感觉东京灯火比上海多，但高楼没上海多。

7 月 23 日　横滨中国街

今天没有特别的安排，上午看了会书，下午一个人去横滨看看。

乘火车到横滨车站后，一出站就被地下商场的气氛吸引了。这里简直是购物大全世界，似乎什么都有，小吃店琳琅满目，且从地下一直到顶层，不同风格的饭店食品，让人眼花缭乱，另外还有书店，东西都很精致。结果上上下下看了好久，到 5 点左右才出站看海，沿海边公路走走停停，自拍或请人代拍，一个人竟也玩出了兴致。海边高楼林立，国际展览中心巍然不群。

久慕横滨中华街，海边没多停留，径奔中华街。海外每个中华街似乎都有独特的味道，我还没走到中华街，就好像感觉到了她的位置，一开始还问路，后来就跟着这种感觉走、味道走，果然顺利抵达。中华街入口处矗立着一个牌楼，上书“中华街”三个大字，走进去，中国味扑面而来，混入鼻息，顿觉通体中国色彩，那种无论怎么洗都洗不掉的色彩，这就是文化的魅力。我曾说过，中国文化走出去，先要中国饮食文化走出去，语言可以不通，习俗可以不通，但味觉可以相通。一个热爱美食的民族一定是热爱生活的民族，热爱生活的民族一定是热爱和平的民族，这样的味道走进世界，就是中华文化走进世界了，也是热爱和平的中国形象走进世界了。

在中华街买了点零食吃，天色已晚，就去赶火车。正值上下班高峰，车上有点拥挤，但大家都守序，规规矩矩地成两排，除了车呼啸声，车上很安静。车停靠站时，等车的人分立两边，整整齐齐，等下完再上，无奔跑抢座位的情况，车上有空位时也没人去抢着坐。很惊叹有很多男人一手抓把手，一手拿书看，都是长久练出来的功夫。但遇到老弱病残，似乎也没有人让位。

7 月 25 日　招生宣传会

上午 11 点，约见一位译者儿仓德和，他是东京大学的博士生，很有礼貌，中文也很好。我向他介绍了书的基本内容，请他选择。他说回去看看材料再决定。

下午我主动申请参加孔子学院的招生宣传会，参加宣传的几名日本学生汉语都还可以，也很主动热情。其中一名女学生（后来知道叫有田实可）主动找我聊天，却像记者提问，3 个问题：（1）您是同济大学的老师吗？（2）您结婚了吗？（3）您有孩子吗？我的回答就都只有一个字：是。

招生宣传结束后回住处，路过一家卖日杂品的商店，就走进去随便看看，发现卖的

木制品多为中国产，不禁直叹息：我们破坏自己的生态和环境，满足日本的需要，而日本却把自己的森林保护得好好的。以发展经济之名破坏生态环境，最终肯定是得不偿失，挣了钱，耽误了子孙后代。

下午给女儿电话，小家伙感冒多日，鼻子依然不通。我建议她跟妈妈出去玩几天，看到好山好水，空气清新，就把感冒治好了，也是锻炼身体了。她说再考虑考虑。

7月27日　“伊豆的舞女”

周末了，樱美林大学好意，安排我出去看看，由学校外事办二人陪同，前往伊豆高原。途经小田原古城时参观了一下，这是一座江户时代的城堡，1590年，丰臣秀吉围城数月后攻陷，后封给了德川家康，后来成为德川幕府中心地区——关东平原的要塞之一，直到德川幕府末期。

从古城出来，沿着伊豆高原公路继续前行。公路环山而建，依山傍海，海蓝树葱。近中午，中村建议就近吃饭，我欣然同意，然后就在海边一家小饭馆落座。靠海吃海，大家各点了一份 Sashimi（刺身），没想到上来的是一整条鱼，鱼片都切好不脱鱼身，有点惊人。中村他们都吃完了，我的胃受不了，吃了一多半。然后服务员拿去烧汤，真是新鲜，感觉比吃生鱼片享受多了。

27日晚，入住樱美林大学俱乐部。房间很大，地上铺着榻榻米，也有床。榻榻米上放一套茶具、一坐垫，壁橱里放着很多被褥之类的东西，可供多人用。推窗而望，伊豆散布于群山之中，有种撒豆成兵的感觉，山不大，远远望去，如苍穹落豆，整体看，有星罗棋布之势。

楼下有温泉，我就去体验了一下，没感觉到什么特别，且几乎没别人。回来一问，才知道日本人喜欢早晨洗温泉澡。第二天早晨我特意去看了看，发现人果然多了。

晚上与陪同的工作人员一起喝酒、吃零食、聊天，语言不通畅也能聊得热火朝天。我把这段时间见到的日语中的汉字写给他们看，如渊野边、多摩、日本、烧鸟，告诉他们中文是什么意思，如何发音，他们则告诉我在日语里如何发音，是什么意思。同字不同音、也不同义的现象很多。中国人习惯按照汉字的读音读日语，理解意思，而可能与日语的读音和意思完全不同。再说翻译，日语翻译西语，基本采用音译，而汉语翻译西

语，则有时还讲究意义。

28日，早饭后驱车去“伊豆的舞女”旅馆，实际上就是川端康成当初写《伊豆的舞女》的地方。川端康成在此居住了10年。旅馆的主人是一位85岁的老太太，曾与川端康成认识，旅馆里摆放着一些川端康成的手迹、作品等。旅馆外是舞女的雕像，膝盖上有一些硬币，可能是祈福用的。旅馆前是一座木桥，下为清澈的溪水。居此仙境，川端康成自然会得天地灵气。旅馆很贵，最便宜的房间一天也要1.2万日元，贵的要2万到3万日元，据说生意很少。

因一名工作人员另有任务，午餐后开车回校了，我和另一名工作人员则乘“海贼号”游船从箱根港出发，经桃源台（世外桃源之意）前往大涌谷。从这里开始，就听到乡音了。

大涌谷意即喷烟处，是火山作用下产生的现象，有人在谷口把鸡蛋热熟后来卖，因有烟熏，就成了黑鸡蛋。我买了一包与陪同者分享，仍没感觉到特别，因为这样的鸡蛋特色在颜色“黑”，但颜色隔着鸡蛋壳，鸡蛋的实体没受到什么影响。

回到渊野边，因到晚饭时间，我请陪同的小伙子吃饭。我们先到住处前的烧鸟店，没想到人多，需等，我性急，也怕小伙子饿，我们就一起到路对面的荞麦面馆吃面，味道很清爽，好吃。

7月31日 《中国传统戏曲》译者落实

上午在孔子学院办公室约见一位日文译者，确定译《中国传统戏曲》，我心里一块石头落了地。因为专业性太强，之前我还担心译者不好找，没想到这么顺利。

与译者谈好，去听张孟梅老师的课，张老师因材施教，对学生亲切，所以课堂气氛很好，学生发言也很积极，对日本学生来讲，这很难得，可以看出张老师对学生下了不少功夫。

中午与张老师一起在附近的居酒屋吃饭，竟吃出了中国菜的味道，是真有此味，还是想念中国味道了，很是奇怪。

晚上收到北京贝贝特编辑的邮件，让我策划选报一批图书选题，我建议把我之前已经发给他们的选题都报，那是我精心准备的，编辑很快回复同意全报。

8月1日　浅草行

今天31℃，已算热了。

昨天与张孟梅老师约好，今天一起到浅草寺参观。上午10点左右，我们一起经町田出发去浅草，感觉一路上就是不停地买票，不过也让我长了见识：对精算机充满了好感。

浅草寺在东京台东区，是“江户风格”寺庙，也是东京都最古老的寺庙。据说公元628年，两个渔民在宫户川捞起了一座金观音像，渔民们闻知此事，就商议集资修建了一座庙宇供奉，即浅草寺。但该寺后来多次毁于火灾。江户初期，德川家康重建浅草寺，并扩建成江户市民们的休闲游乐场所。据说每到新年，这里的香客人山人海。

从车站到浅草寺不远，一路建筑古色古香，各种点心店鳞次栉比，更觉路近。寺院大门叫“雷门”，即“风雷神门”，是浅草的标志、日本的象征之一。雷门门前悬挂着一盏巨大的灯笼，黑底白边写着“雷门”二字，赫然威风。入口处，风雷二神将分立两旁，镇守浅草平安无恙。进门内，看见门后有两只巨大的草鞋，然后是一条长长的铺石道，直接通向正殿，殿内供奉的则是观音像。路两旁则是各种大大小小的店铺，卖的是旅游纪念品、民间工艺品、和服、各色小吃如人形烧。

到日本后第一次看见有那么多人参观同一个地方，可以知道浅草的影响有多深。

8月10日　江之岛

上午在孔子学院办公室约见两名译者，确定了《中国语言文学》和《中国当代经济》两书由他俩译，他们都在日本的大学教汉语，热情很高。

与译者告别后，闻黎明老师带队，我和张孟梅老师作为组员，一起乘小田急线到江之岛。闻老师身体很好，健谈，路熟，一路上谈古论今，让我大长见识。

江之岛在神奈川县藤泽市，实际上就是一座小岛，鸟比人多，鸟飞得高，故鸟鸣不常闻，所以感觉很安静。据说岛上名胜古迹很多，但我往往是一见到海就忘记其他，所以就在海边看远海，观近鸟，海蓝鸟白，云蓝天白，疑为仙境。

在海边远眺，富士山的轮廓清晰可见，白云缭绕下，没有山威，尽显山秀。

8月22日　全日本青少年汉语卡拉OK大赛

今天抵京，参加晚上在中国传媒大学举行的“全日本青少年汉语卡拉OK大赛”决赛。大赛由日本樱美林大学孔子学院主办，国家汉办和中国传媒大学协办。

决赛选手共23名，来自东京都、大阪府、广岛县等8个都、府、县。选手们用汉语演唱了《大海啊，故乡》《回家》《霍元甲》《千里之外》等歌曲。经过两轮演唱和评委们的认真评选，最后评选出一等奖1名、二等奖2名、三等奖3名。

从上海出发前，我请在传媒大学工作的大学同学帮忙，在附近的小旅馆预订了住处，房间在一楼。没想到窗外是喧闹的小吃店，经夜不休。

9月7日　学科啊学科

在今天的学院工作会议上，根据自己到学院工作半年多的体会，我提出应加强学院学科建设和人才梯队建设，以保证学院的可持续发展，扩大学院在学界和社会的影响，扎实底盘，绽放烟花，“近者说，远者来”，增强学院凝聚力，“来远附迩”，这样才能吸引更多的留学生来院学习，也可吸引更多优秀人才来院任教。师生齐心，使学院成为学校不可或缺的有机组成部分。这是学院的生存之道、发展之道。

我因为之前与教务处沟通过，增设招收中国本科生的对外汉语专业不在学校考虑范围，因此，我建议联合中文系或外国语学院，筹备语言学与应用语言学硕士点，中外学生兼收；同时利用汉语国际传播的国内外利好形势，申办汉语国际教育专业硕士学位点，也是中外学生兼收。一旦学位点申报成功，一是可以直接对接学校教学管理大系统，集滴水汇入大河，会获得更多的资源发展的机会，有机融入学校整体发展，这样自然可提升学院的层次；二是明确的学科方向也可使老师们定位自己在学院工作期间的专业发展方向，教学科研双发展。

言多必有得！学科建设，发展之基。以前在中文系我参与筹办过中国现当代文学硕士点，并申报成功了比较文学与世界文学硕士点，都乐在其中。我相信，有这些经验，只要相关部门支持，坚持下去，终有所获。

10月8日　给留学生讲《狂人日记》

今天下午，给留学生讲《狂人日记》。这是我本学期给留学生们开设的“中国现当代文学”课的第一讲。

这是我主动要求开设的一门选修课，但也自觉有点不合时宜：中国现当代文学内容丰富，且有特殊的时代背景，让汉语还说不流利的留学生听这门课，会有人选吗？能听懂吗？还有，怎么讲？

我自1998年进入同济大学工作，即开始从事留学生教学，迄今教过各种层次、类别的课，包括教汉语拼音（现在想想，我教过拼音的学生，开口说话应都有一点河南口音吧），文化讨论，初、中、高级的精读、泛读、写作等，尤其是高级汉语教材的内容，很多都是原汁原味的中国现当代文学作品。我给留学生讲这些课文时，颇自得其乐，但也觉得苦了学生，字词结构之外，还得琢磨字里行间丰富的情感和社会内容，尤其是我讲得兴奋时看到学生茫然的眼神，就觉得自己占了学生的便宜，这使我也纠结：文学课得按照语言课来上，既伤了文学，也伤了语言。

我想试一试：用文学的方式给留学生们讲讲文学，根据自己这些年对这一问题的思考和即将面对的教学对象，根据课堂教学实际，尤其是学生们的反应和解决的办法，综合选择相应文本，编一本更适合留学生理解中国现当代文学的《留学生中国现当代文学作品选》教材，只要对学生有利，无需过多考虑学界的评价。

编写这本书，我坚持以下几个原则。

（1）不回避困难。经典作品，即便留学生理解有难度，也要收入，哪怕只是让留学生记得作品名，也是有价值的。

（2）多选择表达情感的作品。人的情感具有人类共性：饿了会难受，高兴会笑，好人让好人感动，坏人让好人生气，等等。

（3）作品体裁也尽可能丰富。诗歌、小说、戏剧等，每种都要有。

（4）作品尽可能短。因为选修课的课时只有两节，所选文章最好能在两节课内讲完。

（5）每篇作品附上简单的作者简介和作品题解，概括说明作者生平、主要作品、创作风格、作品大意，但生字、生词尽量不注释，让学生在预习中解决，也是为了使学生逐渐知道学习汉语字词与阅读汉语文学作品的区别。

事实证明：凡事都是说比做易。讲《狂人日记》对我和对学生而言都是一次巨大的挑战！留学生们实在无法理解“文化”如何“吃人”！我就引导学生联系本国历史上因文化冲突而导致的人类悲剧为例，说明“文化吃人”是让人精神上失去希望，成为礼教和文化习俗的牺牲品等。

《狂人日记》我共用了六节课。随着课堂讨论的深入，学生们从一脸迷茫开始变得若有所思，应该是逐渐理解了。我感到欣慰。

给留学生讲文学课，一定要注意使用区别于语言教学为主的教学法，必须考虑到留学生们实际的汉语水平，同时充分相信他们的理解能力。上课时一定要时时有一种跨文化比较意识。时刻注意从留学生所在国文化如何理解中国现当代文学作品的主题，进而找到文化沟通的切入点，然后纵深引导，最后推动学生实现换位思考：从母国再回到中国。这需要大量的前期资料准备，包括对留学生所在国文化的了解和理解。

后来又陆续讲了冰心的《小橘灯》、郭沫若的《炉中煤》、郁达夫的《春风沉醉的晚上》、朱自清的《背影》、钱锺书的《论快乐》、徐志摩的《再别康桥》、周作人的《苍蝇》、林语堂的《我的戒烟》、茅盾的《香市》、巴金的《爱尔克的灯光》、曹禺的《雷雨》（片段）、沈从文的《鸭窠围的夜》、张爱玲的《到底是上海人》、臧克家的《有的人》、茹志鹃的《百合花》、老舍的《茶馆》（片段）、卢新华的《伤痕》、张洁的《拣麦穗》、舒婷的《祖国啊，我亲爱的祖国》、王蒙的《我和图书馆》、王安忆的《我爱比尔》（第一节）、苏童的《桑园留念》、余华的《许三观卖血记》（第一章）等。为了不断总结经验，并汇总学生的各种回答和反应，我每堂课都录音，并做了一些课堂笔记。后来上过几轮后，每一课我都基本形成了一套比较成熟有效的上课思路和方法。每次讲到某一部分，我都能基本判断出不同国别的留学生会问什么问题，而我早就有锦囊妙计，自然得心应手了。

我计划待有时间和精力，就把我的课堂教学经过和笔记整理成一本书，书名就是《我给留学生讲中国现当代文学》，可惜后来只编了一本小册子，并未正式出版。

11月18日　策划“文明的冲突”丛书

应某一出版社之约，拟定“文明的冲突”丛书计划。总思路是：从中外思想文化交流的角度，以近现代中国思想文化的发展为大背景，以对这一时期中国思想文化产生过重大影响的外国思想文化大师在中国的传播过程和特点为基本内容，通过具体的历史资料，梳理出中国文化界在接受外来文化影响时的特点和规律，并进而探讨中国近现代思想文化发展的一般规律。

每一书的内容：精选中国对某外国思想家的评论文章，尤其是观点有激烈冲突的文章，如该人到过中国，则收入他在中国的演讲和各种谈话资料，如杜威、罗素、萧伯纳、泰戈尔等，并加入编选者对该思想家在中国引起冲突的原因的分析论文，这样，通过具体的材料，参考编选者的分析文章，可以使读者更好地理解中国文明与西方文明交往过程中冲突的缘起，从而揭示中国在探讨现代化进程中的艰难，为现今的中西文化交流提供一定的借鉴。

第一批书目拟为：易卜生、弗洛伊德、尼采、萧伯纳、泰戈尔、杜威、罗素、卡夫卡、王尔德、萨特、白壁德、昆德拉。

11 月 22 日　签订庆熙大学孔子学院备忘录

同济大学与庆熙大学今天签署了合办孔子学院的备忘录。双方同意合作申办庆熙大学孔子学院，共同推进汉语国际教育和中华文化传播；愿意共同遵守中国国家汉办和孔子学院总部颁布的《孔子学院章程》等文件；双方同意为孔子学院的建立而努力，一旦获准，两校将共同致力于学院的顺利运行；两校同意，待后续各项事宜明确后，进一步签订正式的两校合作承办孔子学院协议。

在今年 6 月 9 日举办的“世界多元文化架构下的汉语国际推广论坛”上，双方就合作成立庆熙大学孔子学院一事进行了初步沟通，意见基本一致。不到半年即签订了备忘录，效率很高。

2008 年

3 月 1 日　立项

今天收到国家汉办公函，同意“中国文化·历史·社会·经济系列读本”作为汉语国际推广项目立项，并要求在该项目实施过程中增加多媒体辅助资源的配套研发。立项后，为保证图书质量，我起草了编写合同，与各位作者分别签订了合同。

5 月 24 日　评委

5 月 24—25 日，国家汉办主办、中央电视台海外节目中心承办的首届“在华留学生汉语大赛”上海赛区比赛举行，同济大学、复旦大学等 6 所上海高校的近 60 名学生参加了比赛。我受邀担任评委。

因第一次参加这样的比赛，为了保证同济选派学生的质量，我们从留学生中精心选拔，并多次进行针对性的排练，最后优中选优，选拔了 9 个国家的 12 名留学生代表同济大学参加了比赛，通过汉语基础、文化常识及汉语知识综合运用等笔试，有 9 名学生获得了面试资格。

面试环节，各校留学生的才艺表现不俗，且各有千秋。同济选手面对众多的竞争对手，秉着“重在参与，勇于拼搏”的理念，在面试规定的“口语表达、吐字发音及才艺展示”各环节的竞赛中，亦有出色表现。其中，泰国学生冯清淑、日本学生山本茉莉枝、韩国学生李昌垠、越南学生阮氏香垂分别获得大赛的第五、第八、第十和第十四名。尤为值得一提的是，冯清淑是上海赛区的唯一女选手，将于 7 月初赴北京参加全国的总决赛。

评委席上结识了兄弟学校的同行，切磋中受益不少。

5 月 18 日　HSK 首试

今天，学院汉语水平考试（HSK）考点成功举办了首次考试。来自 60 多个国家 100

多名考生参加了考试。最开心的是学院的留学生，不出院门，就能考试，方便快捷。

因为是新生事物，考点的运作一开始遇到很多困难，但通过向兄弟学校取经，以及根据同济自身制度进行摸索，尤其是狠抓考场纪律和监考人员的培训，不唯人数，质量优先，发现问题，立即改正，同济的 HSK 考点很快以“严”成名，在考生中有了口碑。

考点的正式运营，对学院的招生、科研、学科建设都有促进作用。一个单位就是一个有机体，都是相互支撑、互为依存的。

5 月 27 日　大阪学堂揭牌

经国家汉办批准，同济大学与日本立命馆大学合作建立的立命馆孔子学院大阪学堂今天揭牌，蔡建国院长参加了揭幕典礼并宣读了裴钢校长贺信，中国驻大阪总领事罗田广及立命馆大学教授中川正之分别在会上作了专题演讲，来自日本政界、财界、学术界共 200 人参加了大会。

立命馆大学孔子学院是日本第一家孔子学院。双方合办孔子课堂，可谓强强联手，可以之为平台，拓展并加强两校文化交流、优势学科交流。只要特色鲜明且可行，应能走出一条成功的孔子课堂建设之路。

6 月 12 日　汶川地震

四川汶川地震，牵挂着学院和合办孔子学院的心。学院师生多次捐款。与同济合办的孔子学院，也以各种方式关心着四川。“四川受灾全球急，樱园随同中华泣。”大地震发生后，樱美林大学及樱美林大学孔子学院迅速展开一系列的赈灾活动，包括赈灾募捐活动，主动向中国国家汉办提出提高 2008 年度该院事业经费中的日方负担比例等。6 月 12 日晚，汉诺威孔子学院与汉诺威学生学者联合会等一道在北德意志州银行会议大厅举行四川大地震赈灾义演音乐会，观众一边欣赏演出，一边慷慨解囊。孔子学院成了实实在在的桥梁，连起了远隔千山万水的中国和德国，音乐的无国界特质，也因此获得了一种特别的诠释。

6 月 25 日　“互看”丛书

接触了一些孔子学院的工作后，发现孔子学院对“孔子”这个概念的发掘和运用并不充分。孔子的世界观如何指导孔子学院的工作？“孔子的世界”与“世界的孔子”之间存在着哪些落差？孔子所代表的中国传统文化在中国文化体系中的地位和价值究竟如何？如何使作为中华文化一部分的“孔子”在向世界传播中国文化的过程中不会被等同于中国文化的全部？以及孔子思想中的消极部分如何客观向世界说明？等等。也就是说，必须将孔子或中国文化置于一个全球化的语境和环境中去向世界说明。我因此设想，应该组织编写一套“互看”丛书，取“从世界看中国，从中国看世界”之意。

丛书可以国别为结构，各取中国与某一国的核心文化要素进行分析比对，每本书由两部分构成，如“中国看德国，德国看中国”，采取双封面、双编排方式，即两部分内容从两张封面看是两本书，而两部分实际上又是同一本书，即从结构上就形成“互看”的冲击感。丛书是开放式的，可以随着孔子学院足迹的发展不断拓展丛书的规模。

另外，孔子学院也不能限于向海外介绍汉语和中国文化，更要注重介绍当代中国的科技、经济、文化、政治的发展现状，使孔子学院的发展与中国的发展保持同步，以此保持鲜活性。

7 月 21 日　西方地图学中的中国景象

今天下午，参观学校大学生活动中心一层展厅展出的“天子国度印象——西方地图学中的中国景象”展览，颇受震撼。

16—17 世纪以来，西方绘制的中国地图，实际上代表了西方中国形象的变迁，也折射出西方各国文化、政治、经济的基本情况，反映了中西文化交流的发展。地图所反映的不仅仅是科学技术，也是一种文化。

展览由中意学院、意大利驻上海总领馆文化处、意大利卫匡国研究中心合作举办。展览的主要内容是意大利探险家、制图学家，尤其是意大利来华传教士绘制的中华地图。而其中最重要者，当为卫匡国（Martino Martini）的 *Novus Atlas Sinensis*，即《中国新地图集》（又称《中国新图志》），这是早期欧洲人及来华传教士所绘制的中国地图当中质量最好、影响最大的一本中国分省地图集，代表了当时世界地图编制的最高水平。

从地图研究西方的中国学特点，是一个独特的视角。中国文化要走向世界，应该研究和依托海外汉学家，发现观察和认知中国的特殊视角，然后有针对性地进行国别文化交流。希望中国也能出现越来越多的卫匡国研究中心、利玛窦研究中心。

9 月 27 日　建筑汉语

我本学期承担了新生院留学生的“建筑汉语”课的教学，每周 8 节，今天开始上课。

“外国留学生新生院”是 2005 年 9 月建立的面向一年级本科留学生的虚拟教学组织形式，目的是提高本科留学生汉语水平，为他们进一步学习专业知识打下必备的基础。学院与各相关院系密切合作，在经济与管理、建筑与城市规划两个教学方向对本科留学生教学组织形式进行了试点改革。三年来的实践表明，“外国留学生新生院”教学模式在提高留学生专业汉语能力、夯实数理基础、增强留学生学习适应性及学习信心方面起到了积极作用。2008 年 9 月起，“外国留学生新生院”教学模式从原来针对建筑专业、经贸专业一年级留学生扩大至全校各专业一年级留学生，从原来的“经贸汉语”与“建筑汉语”两门课，扩大到包括“医学汉语”“理工汉语”“文科汉语”的五大类别。

我要求承担“建筑汉语”课程，既是为了分担学院困难，同时也是想了解一下从汉语进修到专业学习之间，留学生汉语学习的动机和诉求方面有何变化，语言学习与专业汉语学习之间应如何衔接等。第一次上课，我就明显意识到：新生院的汉语教材需要更新。

新生院课程的目的是补充留学生专业学习中所需要的专业汉语词汇和知识，尽快融入专业学习。我上课所依据的教材是学院编写的《建筑汉语》（未出版），我仔细通读了现有教材，发现的确符合专业汉语的要求，但可能因为不是为出版而编写的，所以还显得不够成熟，趣味性不强，让学生感觉到不是在学汉语，而是在学专业。新生院的学生专业学习任务本来就很重，常常要熬夜赶作业，所以缺勤情况比较严重，而且很多学生即使来了，也很快入睡，任你百般呼唤，总是不醒。因此，首先让学生从睡梦中醒来，对课程产生兴趣，就是上好这门课的基础。作为专业汉语课，重点是“汉语”而非

专业，所以教材不能是他们专业课的延续，而是适当的文化补充。我计划若有时间就再编一本《建筑汉语》，增选一些谈建筑文化和建筑美学的散文，以增加学生们的建筑知识，提高其建筑审美能力，发挥“大学语文”一类课程的基本功能。这样或许能提高学生们的学习兴趣，也符合专业汉语的基本要求。

由“建筑汉语”课，我进而想到英语讲授的“中国历史与文化”等通识类课程，一定要以出版为目的整理和编写上课用的教材，这样才能够加速课程建设，并形成社会影响。

学院的短期班教育开展多年，也应该总体设计、量体裁衣，根据不同短期班的时间、学生汉语的程度，编写出相应的教材，由学院集中安排出版，哪怕只是一些小册子，如汉语 100 词（适合 1 到 2 周的短期班）、汉语 100 句（适合一个月的短期班）、中国故事会（各类短期班的辅助读物），也应鼓励老师们动手去编。“自己的学生，用自己的书。”若本科和长期进修生都能有一部分自己学院老师编写的教材，同济的对外汉语教育特色，就会夯实了基础，具有了底色。

10 月 1 日 《中华文化传播：任务与方法》

《中华文化传播：任务与方法》由蔡建国教授主编，上海人民出版社出版。这是为国际文化交流学院十周年庆编辑出版的一部论文集，收录的文章涉及对外汉语教学理论、教学原则和教学方法的研究，同时还根据对外汉语教学实例，提出了留学生教学的因材施教和因国施教等具有创新意义的观点。

编辑此书，最费力的不是组稿——因为大家都很配合和支持——而是格式体例的统一，最初我统一好体例标准，请各作者自行处理各稿，但交上来后，仍“五彩缤纷”，我只能连续数天几乎不眠，逐一校改，边改边叹。好在出版社效率高，虽然出版时间紧张，但仍在院庆活动前准时将新书寄到，当看到作者们拿到书后的欣喜时，之前一切的琐碎之苦和疲惫之感，顿然消失。

10 月 8 日 “中国历史与文化”开讲

为了让更多同济大学的留学生了解和理解中国的课程，尤其是非汉语专业的学生，学校决定开设“英语讲授通识类课程”，由学院负责筹建，我承担其中的“中国历史与文化”一课的建设，我对英语没把握，但既然是学院的工作任务，责无旁贷。

筹备工作很辛苦，英文教材准备、授课团队组织，都费神费力。但好在学校资源丰富，又有同事学生帮忙，我按时编写整理出了可用的英文教材，既有历史，也有文化，保证了这门课如期开出。

今天第一次用英文上课，显然语无伦次，但因为讲的是中国历史与文化，底气还是有的。对我而言，也是一次跨语言、跨文化交流的机会。

10 月 14 日　“同济预科模式”

自同济大学被列入留学生预科教育基地以来，我常常留意国内外相关资料。落户同济的预科基地，作为新生事物，必然会得到各方面的密切关注和积极支持，所以，以预科作为一个有力抓手，全面推进学院工作，是一个良机。

压力即动力。预科未到，我初步假想性地思考了基本工作原则和具体做法。

基本原则：在学院全局工作中，应优先发展预科，夯实第一步基础工作，最终形成同济预科模式，为预科教育提供同济智慧。

具体做法：制定预科教育制度。兵马未动，制度先行。应集全院、全校智慧，初步制订关于预科教育的一系列规章制度，以保证预科教育质量为前提，合理兼顾师生、院校教育部等各方要求，且具体、可行。

教学凸显同济特色：课程设置以教育部的相关标准为标准，同时结合同济学科特点和留学生教育及管理经验，形成一套具有科学性、实用性的教学管理模式，并在教学实践中不断摸索、完善，使同济毕业的预科生都留下鲜明的同济烙印。

教材建设：争取在三年内，编写并出版一套相对成熟的预科教材，突出“强化”色彩，重视实用性。

理论研究：加强预科教学与管理方面的研究。目前国内的预科教育研究还比较薄弱，鼓励老师将预科教学与研究结合起来，以教学中的第一手问题及应对策略为基本材料，整理提升为预科教育经验与理论，多发论文，在预科教育领域，发出同济声音。这样同时也可激发老师们的教学热情和理论研究兴趣。作为新的理论增长点，只要有心，肯努力，每个预科老师，都可成为预科教育专家。

分班制度科学化：学生教学的分班，一如初高中生的分班，对教学质量和学生学习会潜移默化地产生很大影响，甚至会影响学生一生的发展，所以不可不重视。分班必须基于学生的学业成绩和心理，加强前期考核，实事求是，科学合理，并进行动态监控和及时调整。合适的就是最好的，让每个学生都找到自己的学习定位，并指导他们确立追求目标，根据学习的动态发展及时进行动态调整。把分班变成一种促进学生学习的手段，而非目的。

师资队伍建设：师资队伍从组建到发展，都要相对稳定，结合大学教育的特点，辅以职业化的素养和技能，使预科教师都成为能教、能写、能管理的全能型人才。

“软件”建设：形成预科教育的良性工作氛围，互信互动，开放自信，人人为我，我为人人。预防并最终杜绝各种狭隘的派性思想、争权夺利思想，把预科教师队伍变成一个“虽清苦，但快乐”的大家庭。

“硬件”建设：教学设施必须一流。争取学校支持，完善学院多媒体教学条件。一流的师资、一流的设备、一流的学生，三个“一流”齐下，必成“滚滚来”之势。

预科师生关系要和谐：学院要搭建师生交流平台，除了课堂教学，还要让师生常有机会接触，让学生随时可以找到老师，让老师随时可以找到学生，课堂内外有别又无别。同时鼓励学生之间多合作交流，可以采取中国大学班级管理模式，建立留学生班级自治管理体系，让学生发挥自我管理的主观能动性，这也是增强学生之间互相了解的机会。学院要做的，就是把握方向、提供条件，并能及时指导和引导。

课堂教学形式要改革：改变传统的“传教式”的单一教学模式，创造机会，让学生参与到课堂教学活动之中，“听、说、读、写”课都要注意调动学生积极性。由教到学，变成学生要学，主动向老师请教。由教师为主体，逐步过渡到以学生为主体。这个改变很难，也会给老师造成很多新压力，但对学生的学习和老师的教学，都是一种促进。谁先调整谁就先占主动。预科教学名师，必来自积极做出这种调整的老师之中。

HSK 辅导：预科教育的成果，以教育部的 HSK 考试成绩为标准。所以，应在预科生学习过程中适时增加 HSK 辅导课程，并以模拟考试的成绩指导课堂教学。

加强跟踪调研：预科教学时间短、要求高、实践性强。应根据学生的学业要求，有计划地将学生的学习时间科学分成若干阶段，每一阶段确立对应的教学目标，并逐段追踪、分析、反馈，层级式推动各阶段目标的实现，最终完成预科阶段的教学任务。

适当增加专业适应课程：因预科生将来都要到中国的大学继续学习，且与中国学生共同上课，所以，对他们而言，语言只是第一关，他们将来必然还要面对专业学习上的困难。因此，对学有余力的预科生，可针对他们的专业方向，与同济大学的相关专业合作，提前让他们走进专业课堂，去感受并受到震撼，去与中国学生交流，以此让他们“预适应”专业学习，使他们在同济不但学好汉语，还能为未来的专业学习打下坚实的基础。

当然，预科教育不能单向发展，必须和学院的本科、进修、短期班、孔子学院等方面的工作结合起来，才能资源共享、优享，互相支撑、互为犄角和协同发展。

10月15日　旧地重游

因学院要整体搬迁到南校区第二教学楼，事涉整栋楼的规划设计，今天与同事和资产处负责人一道去实地“勘察”。

于我而言，今天堪称旧地重游。

1998年到同济大学工作以来，从建制上讲，我归属文法学院文化艺术系。文化艺术系原在行政北楼4楼办公，后来搬至南校区体育馆一楼。2003年起，又整体搬迁至文法学院楼三楼东侧，即南校区第二教学楼。2003年1月起，直到2006年6月文法学院解体，我就一直在这座楼上教学、工作。文法学院分解为几个新学院后，整栋楼也装修过，我当时在中央党校学习，没来得及回来搬办公室的东西，待匆匆赶回来时，办公室已一片狼藉。

学院要搬到南校区，一开始也有很多老师想不通，有一种从中心被边缘的感觉，也可能是觉得不方便吧。学院还专门为此开了一次会，大家统一了认识：目前在能源楼无法形成一个独立学院的氛围，现在能有一个独立的教学科研场地，不再拼拼凑凑过日子，总是值得庆幸之事，也是学校对学院发展的重视。

之前，第二教学楼的一楼有多家单位，文法学院只是其中之一，占据东部和中部，

其中还包括中楼三层东部南侧文科学报的一大间，西侧翼楼则为超大规模集成电路中心，所以整栋楼的格调和配置都不统一。现在要整体装修设计，教学、科研、行政三位一体，倒颇不容易。

原来一楼东西各有一个通道，南北贯通，东西各开一个门。今天实地看过后，大家形成初步意见：将这两个通道封闭，用透明玻璃隔成独立空间，南北留门，但只作为备用。大楼中间的北向大门作为进出门，这也是考虑到留学生教育的特殊性和安全性。楼南一条东西向小路作为大楼的内在组成部分重新整理，近楼一侧建木椅，进行绿化；大楼与体育馆中间靠东侧的空地重新整修，因位置较高，拟新建一楼梯，与教学楼相连成一体，重新绿化，将来可作为学生课间休息的地方，也可举办一些小型的学生活动，如打打太极拳，聊聊天。

我考虑得比较多的，是如何将楼宇空间变成文化空间，也是家的空间，从设计、结构方面突出汉语文化氛围，尤其是中华文化与世界融为一体的氛围。我设想以“学好汉语，感悟中国”为核心内涵，通过三个楼层的墙壁装饰分三个层次介绍文化。第一层，突出同济文化与上海文化色彩——地域文化；第二层，凸显中国文化色彩；第三层，突出世界文化色彩。寓意中国文化的“同济—上海—世界”之路。主要是通过一些最具特色的文化元素，如标志性建筑、饮食、服饰，尤其是具有世界性影响的代表人物，来渲染一种文化气氛。

留学生以汉语学习为主，因此应让学生走进此楼，每时每刻、无盲区地身处汉语与中国文化的氛围之中。教室内可以相应展示一些文化元素。每间教室后墙可以备一软木板，作为学生园地，以展示班级学习成果，尤其是学生的各种优秀作品。同时辅以其他文娱和学习活动，加强师生交流和互动，让学生进了此楼就不想离开。我笑称，以后此楼就叫“不想家楼”。

在英国期间，我一直羡慕爱丁堡大学的“Tea Time”，那种自由交流的氛围，让我深受感染，也交了不少朋友。若能让师生都有自己的“Tea Time”，对学生学习、学院和谐环境的凝聚，无疑是好的。

爱人笑称：自家房子装修都不管不问，现在倒搞起装修来了。我笑而不答：其实自己心中无底。

10 月 28 日　孔子学院与民间外交

今天，蔡建国院长召集座谈会，主题是：孔子学院与民间外交的关系。

孔子学院的工作究竟属于官方还是民间？这个问题敏锐，也敏感，更难回答。但通过孔子学院可以实现很多外交目的，这是实实在在的工作，也取得了实实在在的成绩。无论外交还是孔子学院，最终目的都是要塑造中国形象。孔子学院以汉语与中国文化为媒，更柔和，更具亲和力，也更具灵活性，体现了“让事实说话”“桃李不言，下自成蹊”的民间外交效果。

中国的改革开放使中国与世界的交流空前密切，中国人和世界各国人的直接交往大增，每年出国的人数是改革开放前的 1 000 倍。换句话说，中国人与外国公众面对面交流的机会大大增多了。而在日常往来中，每个中国人的一言一行，无不表达了中国的文化、国情和政策。孔子学院作为中外合办的语言文化交流机构，实际上创造了中国人与外国人交往的机会，因此，其本身就是一面镜子、一个舞台、一个广场，在其中，每天都在发生着中外文化交流的真实故事。因此，可以说，孔子学院就是一个个民间大使。在向世界说明中国和在全世界塑造中国形象方面，一座座孔子学院，就是一台台播种机，将一颗颗中国形象的种子播撒到全世界。哪怕是绝壁顽岩，只要有了孔子学院这块土壤，有了汉语热这场春风，就一定能化雨浇灌出一棵棵幼苗，而如果苗已破土而出，并开始茁壮成长，也就有了欣欣向荣的希望。

但目前的汉语国际教育与孔子学院工作还存在着很多“水土不服”的问题，如传播方法僵硬，教材更新不及时，教师对外交流经验不足，主要表现为“主动输出”的色彩明显，而在实际工作中，应逐步从“推”到“拉”，从“外输”到“内生”，从“点”到“面”，从“单一”到“多样”的方向转变。总之一句话，把我们要给别人的，变成别人自身的需要。其中涉及方方面面的问题，但只要朝着这个目标把工作做细，汉语与中华文化终能走进世界。

11 月 8 日　十周年庆典

今天上午，筹备了半年之久的学院建院十周年庆典暨第三届学术论坛在逸夫楼报告

厅顺利举行。全国政协常委、全国政协外事委员会原主任、国务院新闻办公室原主任赵启正，国家汉办副主任马箭飞等出席会议，国家汉办主任许琳特地打来电话祝贺。复旦大学、华东师范大学等兄弟院校的专家、学者和同济大学师生等近 400 人参加了会议。蔡建国院长主持了开幕式。

许涓作为老师代表发言。她称学院十年来“走过了一条披荆斩棘、永不言弃的道路”。“龙游于海因其广，鹰振寰宇凭其高。”她很激动地祝愿学院“在对外汉语教学、汉语国际推广的灿烂星空中，熠熠生辉，永放光芒”。

学生代表魏莉雅是我带过的本科班学生，土耳其人。她代表留学生表示，以后无论在哪里生活和工作，都不会忘记自己的“同济人”身份，并为之增光。

弹指一挥间，十年不算短。多少老师的青春与汗水，浇灌着这座绚丽的国际花园，为它成长，为它绽放。目前，学院拥有较为完整的学历和非学历汉语教学体系，共有来自 40 多个国家的数百名外国留学生在学院学习汉语，其中汉语言本科留学生近百名。

1998 年，我到同济大学文化艺术系工作，即担任了留学生的汉语教学任务，当时的教学条件很简陋，就在行政北楼四楼的几间教室，与行政办公室面对面，背靠背。十年了，斗转星移，我还站在留学生教学的课堂上，也许，这就是所谓的缘分吧。

祝福学院：直挂云帆，共中华文化之舟，济文化交流之海！

11 月 9 日　申办对外汉语教学基地

国家汉办为了集聚和培养对外汉语专业人才，在全国推动建立了 10 所“国家对外汉语教学基地”，包括北京大学、中国人民大学、北京师范大学、北京外国语大学、北京语言文化大学、华东师范大学、山东大学、厦门大学，以及河南省教育厅的“少林寺基地”、新疆教育厅的“面向中亚国家的基地”。为了跻身国家汉办“基地”行列，提升同济大学在汉语国际传播工作中的地位和作用，我起草了拟报汉办的“同济大学申办对外汉语教育基地建设规划方案”，共两个方案。

一是“对外科技汉语师资培训基地”，理由是：随着汉语国际推广工作的深入，世界对中国科技的热情必将越来越高，而希望通过汉语学习迅速了解中国科技的需求必将越来越强烈，这对科技汉语师资的需求也必将越来越大。目前对外汉语教师中既了解中国科技的历史和现状，又掌握对外汉语教学规律且能在汉语教学中有效融入中国科技元素，或专门从事科技汉语教学的师资，更是匮乏。规模化、系统化、有针对性地培养能够胜任科技汉语教学和研究工作的师资这一难题的解决，已是迫在眉睫。同济大学是以理工科学科为强项的综合性大学，学科优势明显。

二是“理工科留学生汉语强化基地”，理由是：同济大学现有学科专业涵盖所有的理工科专业，理工科留学生培养的经验具有普遍意义。

11 月 12 日 “教育国际合作与国际化人才培养”

今天下午，我带队和 20 多名留学生一起听教育部国际合作与交流司前司长曹国兴在同济的演讲，题目是“教育国际合作与国际化人才培养”，演讲基于“双赢”原则，总结了美、日、澳、法、德、加、俄等国国际化人才的培养战略，对比我国教育国际交流的成绩与不足，倡议同济大学紧紧围绕国家国际合作的重点，完善和创建国际合作平台，推动强强合作，以出国留学工作及来华留学工作为抓手，促进创新型、领军人才的培养。

如何借助同济大学的国际合作平台，吸引更多的留学生来中国深造，并且把他们培养成知华、友华的国际人士，并通过他们再进一步拓展同济大学的国际合作？我一直在想这些问题，却始终没有明确的答案。

11 月 13 日 汉语国际传播关键词研究

今天上午在阅览室浏览了一些书和杂志，发现关于语言学的研究很多，重复性研究也多。汉语国际传播工作实施多年，却并没有多少理论性的著作，更别说将之作为一个学科进行论证和研究了。即使有一些著作涉及此话题，也多在“对外汉语”学科框架下简述而已。但在我看来，汉语国际传播与对外汉语是不同的两个学科，前者范围更大，是多学科综合而成的新学科，其中有语言学、教育学、心理学、传播学、艺术学，只是目前尚未独立成新学科而已。换句话说，对外汉语作为一门学科，实际上是涵盖在汉语国际传播范围之内的。

但汉语国际传播毕竟是一项实践性很强的工作，要从学科角度进行论证，从理论研究角度看，目前还不成熟，所以，我觉得应多做一些基础性的准备工作，先把汉语国际传播的学科外围工作理清、理顺，然后从量变到质变。比如，先组织编写一部《汉语国际传播关键词研究》，将围绕汉语国际传播的一些关键性问题，比如汉语国际传播史、汉语与中华文化的关系、汉语“世界化”的障碍等，逐一以词条的形式，进行简单的归类和整理；然后再组织编写出版《汉语国际传播学概论》，从学科角度论证其合理性并基本框定其学科框架；最后以此书为基础，组织编写出版“汉语国际推广战略”系列丛书。

在正式启动编写前，计划邀请国内外语言学家举行一次“同济对话”，围绕语言学和汉语及中国文化国际传播中的热点话题进行对话；或以“语言周”的形式，围绕全书结构，进行系列学术活动，从而汲取国内外学界观点，细化、深化全书内容。另外，通过编写此书，还可组建同济大学汉语国际传播专家库，借力海内外学术力量，产出系列成果，打造同济大学汉语国际传播品牌。

11 月 21 日　谈“龙”

今天下午赵启光教授来访。他致力于推动中美文化交流，尤其努力将中国文化介绍到美国，成为沟通中美文化的民间大使。他人高马大，声音洪亮，底气十足，衣着随意，却有种超凡脱俗的气质。他一落座，就滔滔不绝地介绍他一直在做的一件事，那就是每年都组织美国卡尔顿学院的一批学生到中国来游学，而且是将此作为其教学内容的一部分。他每年都会带着美国学生先到北京，然后到内蒙古、天津、南京、云南等地，从北到南，一路让这些美国学生看到鲜活的中国，看到活生生的中国社会，品尝到特色各异的中国饮食，感受到中国文化的博大与丰富。他每年都给来华的美国学生印制一批白色文化衫（中间是一条龙的图案，两边分别写着“四海求真知，五湖交朋友”），所以，每次这批美国学生走在中国的大街上，都会迎来中国人友好的目光。他兴奋地说：这些学生离开中国时，没有不爱上中国的。这种文化浸染，比课堂教学的效果好多了，这是一种最直接有效的中华文化国际传播的方式。

我深以为然，“中国的龙曾在西方被视为恶魔形象，但通过这次交流活动，美国留

学生就会真正理解‘龙’在中国文化中的价值了”。我没想到，这样健硕的一个男人，在向美国说明中国文化时，却会细腻到让“龙”潜在美国学生的文化衫上。

我当即表示希望在同济大学看到这些背着“龙”的美国学生，期待赵启光先生与同济大学开展短期班合作项目。赵启光先生愉快地表示同意，并就一些细节进行了初步沟通。只是后来因为种种原因，这项合作未能成功。但我却一直期待着。

11 月 30 日　“留学生国际文化比较论坛”

今天下午，学院在中法中心举行了“留学生国际文化比较论坛”。来自 30 多个国家近 200 名学生和老师参加了论坛，17 名学生作了主题发言，同学们从自己的视角和理解出发，就不同国家青年的理想、教育、婚俗、节日、饮食、服装文化等进行了比较，充分阐述了自己的想法和观点。

论坛像模像样，还特别设置了讨论发言环节，同学们踊跃举手，积极发言，时有争论，气氛热烈。这是一个不折不扣的国际论坛，而同济，也因此成了一个国际平台、一个小联合国。

12 月 2 日　“留学生教育、海外办学、对外汉语推广战略研究”

今天，上海市教委发布了《上海市中长期教育改革与发展规划纲要》专项委托课题名单，蔡建国院长领衔、中国致公党上海市委员会参政议政部申报的课题“留学生教育、海外办学、对外汉语推广战略研究”榜上有名。我有幸忝列其中，负责起草论证报告，并参与了所有的课题论证讨论和在教委组织的课题汇报会。

上海外国留学生规模近年来呈现出快速发展的势头，取得了很大的成绩。然而，在新的发展时期，上海市留学生教育的发展要超越现有的发展水平，还面临着诸多问题。如何使留学生教育能够在现有快速发展的基础上继续保持可持续健康发展？如何将上海的留学生教育发展成一种长期、科学的发展模式？如何将上海的留学生教育资源和经验与国家汉语推广的大战略配合并推向世界？如何使上海的留学生教育在国家的汉语推广大战略中发挥更积极有效的作用？如何使上海的留学生教育真正做到常规

国际化？如何让上海的留学生教育在促使中国从教育“输入国”向教育“输出国”转变的过程中发挥积极作用？如何充分调动社会各方的力量，出国办教育？上海的企业应采取什么方式参与汉语国家推广工作？如何在更科学合理的基础上配置全市的留学生教育机构，拓展汉语国际推广的渠道，总结上海市留学生教育的规律，规划新形势下上海留学生教育的蓝图？上海各高校在海外开设的孔子学院应如何在提升上海市的国际化方面发挥更积极的作用？上海的海外教育服务如何在推广中华文化的过程中获得更大的发展？如何以上海的留学生教育为抓手促进上海的文化软实力建设？这些问题，都需要大量的调查研究和分析，整个过程于我，也是一种学术训练和锻炼。

12 月 12 日，我代表课题组到岳阳路 1 号教育会堂园竹厅参加课题动员会。

12 月 5 日　“背书”

今天收到庆熙大学寄来的关于申办孔子学院的材料，即寄国家汉办。为了促成此事，半年来，我与庆熙大学外事办公室的李真燮邮件往返不知多少次，电话不知打了多少回，有时开着车，接到电话即路边停下沟通。我是一边学习相关材料一边与李真燮交流，等此事初成，我对孔子学院的申办程序也基本熟悉了。记得有几次在路上接到李真燮的电话，我竟像背书一样逐一告诉他操作程序，自己都被自己“惊呆”了。可惜至今未与李老师见面。

12 月 5 日　孔子学院工作总结

今天向国家汉办提交 2008 年同济大学孔子学院工作总结，对孔子学院的工作设想，我融入了一些个人思考。同济大学与日本樱美林大学和德国汉诺威中国中心合作承办的孔子学院分别于 2006 年 3 月和 2007 年 4 月揭牌，自成立以来，在中日、中德多方共同努力下运作顺畅，成绩显著。目前，韩国庆熙大学、美国亚利桑那大学也准备与同济大学合作承办孔子学院，已进入签署协议阶段。按照学校制订的发展规划，2010 年前将以欧洲和日本为中心，总计承办 5~6 所孔子学院。同济大学孔子学院工作的基本思路：

紧跟国家汉语国际推广的战略步伐，结合同济大学“综合性、研究型、国际化”的办学目标，充分发挥学校对欧洲和日本开展国际交流与合作的整体优势，整合校内一切可以利用的资源，精心布局，成熟一所，申办一所；承办一所，办好一所。在孔子学院的办学过程中，一方面选派综合素质高的优秀教师派驻学院工作；另一方面与国外合作方保持密切联系和沟通，在提供优质汉语教学服务的同时，组织丰富多彩的文化推介活动。

12 月 5 日　留学生专场文艺演出

上午，与徐康年老师商量第二教学楼的分配，并去现场落实文科学报编辑部、超大规模集成电路中心的搬离时间。

晚上，留学生办公室主办“2008 同济大学外国留学生奖学金颁奖仪式暨同济大学艺术节留学生专场文艺演出”，地点在一二・九礼堂。国交院留学生既有获奖者，也有节目奉献：有大合唱《北京欢迎您》，合唱《同济之歌》，舞蹈《孟加拉》、*Zuki*、*hip-hop*、*funaná*，配乐诗朗诵《友谊地久天长》，小歌剧《香榭大道》等。

12 月 7 日　预科助教

2009 年即将启动留学生预科教育工作，除了精心进行课程设计之外，还需全方位营造一个汉语和专业学习的氛围，尤其是将课堂外的时间充分利用好。一是为了巩固课堂学习效果；二是让学生课余也能有事做，这对学生的课余安全也是一种保障；三则是有助于中外学生加强了解和交流，这对培养中外学生的国际视野十分有益，尤其能推动留学生加快了解中国文化；四是有助于留学生通过与中国学生的接触，可以对将来所学专业有一些基本的了解，有助于以后顺利进入本科阶段后的专业学习。为此，今天我与研究生院创新基金管理办公室多次沟通，请他们于 2009 年提前预留一些研究生名额，担任预科生助教，初定 30 名，承担一对多的辅导课，进行汉语、数理化等课程的辅导以及文化交流。为此我专门起草了招聘启事，进展顺利。

预科教育是一项新生事物，在摸索中前进，就得多做预案，未雨绸缪，立体筹备。

任何一件事，要做，就得做好；要做好，必须周密计划，综合考虑。

12 月 8 日　孔子学院大会

今天抵京，参加 9 日至 11 日召开的第三届孔子学院大会，遇到了很多好友。会议主题都是基于孔子学院的现状和迫切需要解决的问题，来自 78 个国家和地区的大学校长、孔子学院院长与教育界同行共 500 多名代表参加了此次盛会。大家济济一堂，共同出谋划策，俨然是“中华文化热”的现实版。

目前全球已建立了 249 所孔子学院、56 所孔子讲堂，其中欧洲 26 国 103 所、美洲 10 国 81 所、亚洲 26 国 90 所、非洲 14 国 21 所、大洋洲 2 国 10 所。孔子学院的发展不仅促进了全球范围汉语教学的发展，而且加强了中外文化教育交流。

会议间隙，举办了同济大学孔子学院发展座谈会，大家畅所欲言，俨然一家人。

12 月 15 日　汉诺威孔子学院孔子课堂

上午胡春春来校，共商汉诺威孔子学院发展事宜。因目前汉诺威孔子学院的德国合作方是一家中国中心，而非高校，人力资源和学术资源都有限，春春计划寻找一所大学作为合作伙伴，设一孔子课堂，如卡塞尔大学、奥登堡大学等，这样举办文化活动就有了“活水”。但找哪一家，还得仔细考虑，同时又要照顾到汉诺威中国中心。

对春春的想法，我一向赞同。同时建议他要就此事与德国合作方先期沟通好，光明正大、堂堂正正去做。这是互信合作的基础。

12 月 17 日　预科师资面试

整整一天，预科师资面试。因投简历者太多，几经筛选，仍余很多。好苗子不少，宁肯辛苦些，也要选到优秀人才。应聘者中有不少是已经在学院上课的外聘老师，如胡方芳、黄晓静。有一天我路过胡方芳的教室，听到她在很具“煽动性”地带领学生们练习发音，很有感染力。对外汉语老师，就得有激情，同时还要有方法。

12 月 19 日　启动学科建设

晚上，开始起草“汉语国际教育专业硕士学位”申办报告。

12 月 24 日　“南南”座谈会

今天上午，到五角场创智坊的“南南全球技术产权交易所”拜访，并与交易所总裁进行座谈。

交易所依托联合国“南南合作”机制，致力于促进发展中国家之间的技术合作。我们的预科生多来自发展中国家，尤以非洲国家学生为多，所以交易所希望能与同济大学加强合作，借助同济大学的预科生资源，组建未来的发展网。

会谈达成几项共识，包括：交易所通过同济大学培养项目海外推广人员；以同济为试点，从留学生中招收非洲国家为主的留学生，通过交易所培训，将来毕业后回国在交易所的分支机构工作，或创建分支机构。双方约定明年初签订合作协议。

2009 年

1 月 13 日　学科建设

今天上午，到研究生院谈“对外汉语”硕士点的建设问题。研究生院初步同意支持设立对外汉语硕士点，挂靠外国语学院，由国际文化交流学院负责建设。

志同道合，同舟共济，同济大学的精神在这件事上得到了充分体现。

下午，董琦副校长陪同国家留学基金委刘京辉秘书长、杨新育副秘书长等访问学院，并就即将开展的同济大学留学生预科部的工作进行了指导。刘秘书长希望同济大学秉承务实传统，把同济预科办成务实预科，办成典范。

刘秘书长还与部分留学生进行了交谈，当听说学校为了预科教育，正在南校区整修一幢独立的教学楼时，她连连说好。我拿出即将迁入的第二教学楼的结构图，详细介绍了大楼的基本分布情况，尤其是学校为支持预科教育而在教学设备方面的投入情况，刘秘书长听了大为赞叹，表示同济大学的留学生预科工作一定能做好，做成典范。

1 月 15 日　新年酒会和新年音乐会

今天晚上，参加同济大学 2009 新年酒会。德国驻上海总领事馆总领事、意大利驻上海总领事馆总领事、加拿大驻上海总领事馆总领事、芬兰驻上海总领事馆总领，以及美国、法国、瑞士、卢森堡等国驻上海总领事馆的官员等约 30 人与会。酒会之后，大家一起欣赏了 2009 新年音乐会演出，有《春节序曲》、歌剧《卡门》序曲、《茉莉花》等曲目。

外事无小事，外事大外交。

1 月 16 日　“中国历史与文化”（英文）教材初稿完成

今天，英文通识课“中国历史与文化”教材初稿终于完成，虽然粗糙，但毕竟有了雏形，也就有了进一步完善的基础。

“中国历史与文化”类的中文和外文书已经出版不少，但针对同济大学选修此课的留学生的专业特色和学习目的而单独编写的对应教材，无疑是独此一家。教材从语言和结构以及表达方式上，都更鲜活生动，与一般对象不分、内容芜杂的同类书相比，更具有实用价值。

书稿基于来华留学生的知识背景和文化需求，按照普及与提高的原则，以中国历史、文化发展的基本进程为线索，以文化审视的眼光，分析和介绍中国各个历史时期的主要特征，阐释中国传统和现当代文化的基本特点和现实表现形式。教材还重点对一些历史人物、文化现象、经典作品进行细读式的分析和研究，并针对留学生的阅读和接受特点，本着务实原则，科学安排整本书的内容和结构，合理分配中国历史与文化的比例。

愿望总是美好的。至于能否达到预期的效果，只能留待课堂和社会来检验了。

2月13日　法国里昂五校共商合办孔子学院

今天下午，法国里昂高师、里昂人文高师、里昂国立应用科学学院、里昂政治学院与里昂管理学院5所精英学校驻华代表 Stéphane Corcuffe 先生、里昂国立应用科学学院上海代表处代表刘燕访问同济，我和学校外事办公室法语区事务协调人严爱华一起接待了法国客人。双方讨论的中心问题，是想创新一种孔子学院合作模式，即法国五校与同济、华东师范大学合作在里昂建立孔子学院。其中，这种“5+2”模式是否可行，中法双方工作分工、中法两国合作院校之间的分工等问题，大家谈的更多。法方代表表示，这种合作共建孔子学院的方案已得到法国各校的认可，我表示愿意积极推动，建议法方尽快向当地中国驻法使馆或领馆沟通，并尽快通过领馆征求汉办意见。与此同时，中方愿意配合并积极准备向汉办提交的申请书和申请材料。

双方商定，将基于双方多领域合作项目“新丝绸之路”学院（2008年10月在上海成立）的框架正式达成协议，并将共同向国家汉办递交罗讷—阿尔卑斯大区里昂孔子学院申请书。项目主要基于以下基本原则。

（1）里昂地区五大高校之间将通力合作，共同参与设立在上述两片科教园区内同时拥有教学点的里昂孔子学院。

（2）教学点开设课程面向参与合作的各高校共计 13 000 名大学生，同时也面向罗讷—阿尔卑斯大区及大里昂地区社会各界人士，包括企业界人士。

（3）借助同济大学、华东师范大学及里昂当地师资力量，基于同济大学与华东师范大学所编写教材开展汉语教学工作。

（4）以创新思想和研究态度开办特色教学项目，包括偏重商务和技术知识方面的语言课程，在两片科教园区内同时设立教学场所，以满足具有不同背景广大人员的需求。

（5）将孔子学院建设融入里昂地区的两大重点工程：法国教育部所选定的两片科教园区的创新与发展，罗讷—阿尔卑斯大区政府及里昂新的“大区研究与教育中心”（PRES）——“里昂大学”针对上海地区拓展联系的战略支持。

（6）本孔子学院项目由里昂地区各大高校合作提出，而上述 5 所高校不属于法国教育部公共汉语教学预算所覆盖的范围之内（在里昂，该预算投向里昂二大和三大的中文教学）。换句话讲，另一竞争方案如果没有被采纳，并不会影响他们的中文教学进程。然而本方案如果被采纳，必将对汉语教学的需求和发展产生巨大影响。

（7）在为孔子学院所选定地点进行建设或改造期间，合作高校乐于提供所属高品质教学场所以便迅速建立孔子学院临时教学场所。

（8）中法双方在学院建设项目中投资比例对等。

（9）最终目标是以设立教学与办公场所的形式，让里昂地区五校联盟与上海两校联盟在上海和里昂两地互设常驻代表，并以此在里昂科教园区内与孔子学院一道，再现昔日里昂中法大学（1921—1946）的辉煌。

3 月 10 日，正式向国家汉办递交了 5 所法国高等教育机构（又称大学校）合办孔子学院的意向函，3 月中旬，五校联合签署了《里昂孔子学院项目申请意向书》和项目计划书的电子文本（中法文各一份），从里昂寄往汉办。计划书非常详细，包括机构设置、课程设置、教学对象等。

法国 5 所高校，中国 2 所高校，这种合作方式在孔子学院建设史上尚无先例，即使孔子学院建成，未来的运行管理也会遇到很多协调问题，但新事物总得有人去尝试，我一直在积极推动，希望有好的结果。

法国是欧洲汉语教学最早的国家之一，对汉语和中华文化有持续的热情，也是最早向中国派遣留学生的国家。尤其是通过一所孔子学院，能将里昂 5 所大学联合起来，共同推动汉语和中华文化在法国的教学与传播，有种事半功倍之感。我所担心的是成立以后 7 所高校的合作问题，而协调不好，或者说若协调七方需要牵涉太多精力的话，合作的效果就会大打折扣。关于孔子学院的名称，我提出：因为事涉七方，以任何一所学校的名字命名都不合适，因此，我建议以“新丝绸之路孔子学院”命名：一是，7 所学校合作，就是一个链条，彼此联系，相互依托；二是，丝绸之路在中外文化交流史上赫赫有名，本身已经成为友谊的象征。以此命名，历史意义深，现实意义明显。大家都说好！

2 月 27 日　“一位欧洲女人在同济”

今天下午，法国哲学家、语言学家、文学批评家、精神分析学家、女性主义思想家和法国巴黎第七大学教授朱丽娅·克里斯蒂娃（Julia Kristeva）教授在同济演讲《一位欧洲女人在中国》（*Une Européenne en Chine*）。

我因为这段时间对马拉美兴趣浓厚，也在读原版马拉美诗歌，虽然法语水平不高，法语半懂不懂，尤其是诗歌语言，再加上诗歌中的哲理性，更让我有一种爬大山的兴奋。我与克里斯蒂娃大致谈了谈自己在做的工作，希望她能给些建议，但她显然不太感兴趣。倒是关于法国哲学在中国的命运问题，她谈了很多。

3 月 18 日　中华文化研习班

今天晚上，新加坡老年书法大学同济大学第二届中华文化研习班举行结业仪式。这次研习班我负责主讲中国现当代文学，按照中国现代文学史的顺序大致介绍了一些重要作家作品，重点在当代文学。结业式上，学员们纷纷与我合影，表达感谢。我知道这些老人们都有中国情结，热爱中华文化，对我的表扬，只是出于礼仪。

3 月 23—28 日　从汉诺威到柏林

3 月 22 日晚，我和同事乘 12 点的德国汉莎航班，从浦东先到慕尼黑，候机者中国

人多，也有不少德国人。汉莎的服务细节很讲究，一路上不停地送吃送喝。到慕尼黑机场时，还不到早晨5点，而不到5点，任何航班都不能在慕尼黑机场降落，所以飞机又盘旋了一会儿，过了5点才降落。

慕尼黑机场的入境通道分欧盟和非欧盟，但入境手续很简单，警察一句话都未问，就咔嚓敲章放行，但转机安检处就严格多了，皮带、外套全脱下，衬衣口袋里的东西也都得全掏出来。一小时即到汉诺威机场。

住下后，发现是吸烟房，价格便宜些，叫suite。房内用具一应俱全，床也两张，一大一小，但若用小床需另外加钱。

天公不作美，小雨淅沥。我们安顿下来后，即相约出去看看，我是第一次到汉诺威，也是第一次到德国，好奇心也重。春春导览，先去市政厅，然后是路德教堂，发现教堂前是一条红色的游览线路，春春说，只要沿着这条小路，就可遍览整个汉诺威市的主要景点，简单实用。

中午我们三个去Nordsee吃饭，春春说这里的鱼不错。我们各点了一份鱼、一盘色拉拌菜、一杯饮料，并不贵，鱼极新鲜。

春春在电话里与Godeke交流一些事情，连续一个多小时。旁边的一位正吃饭的老太太对我们一直在说话有些不满。

下午，我们去汉诺威附近的小城Celle乘火车，没想到车上人很多，到了才知道原因：Celle简直就是一个童话世界，建筑物色彩缤纷，各具特色，让我想到了文化传播的“一国一策”。春春说，这些都是从“二战”炮火中幸存下来的建筑，后来地方政府出资，重新加固装修，作为历史遗产保存下来，才形成现在这种格局，否则可能也被拆了。在街巷间徜徉，不需要有什么目的，感觉自己是在梦中，而只会有梦，才感觉不到自己在做梦。

晚上赶到汉诺威时，李国强老师从柏林赶来，我因为时差，眼皮都抬不起来了。我们一起商量明天理事会上可能会遇到的问题以及应该采取的对策，随后大家告别，我把给春春和李国强老师带的木耳、香菇交给他们，还另外给春春带了三瓶辣酱。

回到房间，澡都未洗，沾床即睡着了。

24日清晨醒来，窗外已显黎明，知道时差基本倒过来了。起来才发现，昨天虽然下雨，但皮鞋上却不是沾泥带水，而是只有水，无泥。

上午在汉诺威中国中心内的孔子学院办公室开理事会，会议开始前先与中心主任 Godeke 聊了聊。他提出了两个问题：第一个问题是目前学生太少，有的班只有两个人，但秉持质量第一原则，也会继续开班。我为他点赞。第二个问题就是账目问题，说目前经费不足。另外我们还谈到了孔子学院要开展的一些文化交流活动计划，如明年世博会期间在上海和汉诺威分别举办跨文化交流论坛，各指定一名负责人具体筹备和相互联络。另外，明年还要在汉诺威举办“莱布尼茨与孔子跨文化对话”，希望同济支持。理事会上，春春介绍了孔子学院的教学和文化活动情况，比如举办“欧洲的中国形象”与“中国的德国形象”系列摄影展，进一步完善孔子学院资金管理制度、中方权责问题等。我发现 Godeke 极其精明，谈话如行云流水，始终一个声调，随时变换主题，始终不失主动权。

我并非孔子学院理事，只是代表学院来列席会议，所以今天的理事会上我只是谈了一些建议。汉诺威孔子学院因依托的是汉诺威中国中心，所以，汉语教学的拓展难度大，但因是孔子学院之根，所以不能放松。同时，因为没有太多的体制限制，汉诺威孔子学院也具有其他孔子学院不具备的优势——灵活，可以多做一些协调组织工作，好的活动可联系其他孔子学院一起做，并结合汉诺威中国中心的工作重点，多做一些中德文化交流方面的活动。

会上，理事会换届，我成为新理事。

中午在一家名叫 Mayflower 的中餐馆吃饭，有烤鸭、豆芽炒肉丝、番茄炒蛋、榨菜肉丝汤、蚝油生菜、牛肉炒洋葱等。这些在国内极普通的菜，一到异国他乡，就成了风味菜了。就好像在国内吃西餐。

下午我们相约到 Goslar，曾经的罗马皇帝的行宫。乘火车，约一小时车程。路上但见荒地处处，以为德国人要么人懒，要么人少。春春解释，德国耕地实施休养生息政策，耕地也轮休，所以荒地就多。这种做法不适合中国，人多地少，得不停产粮才能吃饱饭。建筑多红瓦砖屋，斜顶，色彩且异，“江山如画”，此之谓也。

Goslar 正下着小雨，小山顶上有积雪，和 Celle 一样，处处都是别致的小屋、博物馆、小礼品店、红胡子大帝和威廉雕像。我们登上小山四望，但见雪后初霁，分外鲜明。教堂的尖顶在晴明的光线下兀然突起，别有情致。

晚上在一家古堡外形的餐厅就餐，发现这里的餐馆不论什么“星级”，都很精致考究，尤其是刀叉，锃亮整齐，使人食欲大增。

25 日，拜访卡塞尔大学，一是为了汉诺威孔子学院的工作，二是作为回访——之前两次在同济接待卡塞尔大学师生。该校的经管学院、外事处等单位的负责人接待了我们，以座谈会的形式，桌上摆着小饼干、饮料和学校的材料，双方就学生短期交流、本科生培养、师生互访等问题进行了商谈。其中重点是双学位教育合作问题，而课程学分互认又是重中之重。德方希望德国学生在德国学习一年后到同济再学习一年，然后回德国继续学习，同济承认学习学分，且拿同济学位。中外合作，涉及学位授予，需层层审批，估计没这么容易。但德国人合作的诚意是毋庸置疑的，我们答应回国后详细了解相关政策，在两周内回复。

午饭在卡塞尔大学校内的一家餐厅，遇到了一位与同济大学有长期合作的教授，长得像萧伯纳。他是教育学教授，常到同济大学中德工程学院交流。

卡塞尔大学坐落于德国中部的卡塞尔市。卡塞尔山清水秀，建筑精巧，是德国最美丽的城市之一。格林童话如《灰姑娘》《小红帽》《白雪公主》就得此地精气而成。

下午略有闲暇，吉尔特教授为向导，参观了附近的一座山林公园，据说是意大利著名建筑师设计的，依山势而筑。最有气势的是山顶上一座八角形的宫殿建筑，其上又筑起金字塔形的高塔，塔顶上耸立着 8 米多高的希腊神话中的大力士海格立斯的塑像，正在修葺，脚手架缠满全身，但依然雄壮不凡。八角殿前面顺山坡修有阶梯瀑布，瀑布顺着 885 级台阶奔泻而下，非常宏伟壮观。山脚下坐落着威廉宫，它曾是拿破仑弟弟的王宫，拿破仑三世也曾被囚禁于此。如今这座宫殿已被辟为宫廷博物馆和美术馆。它收藏有世界著名的艺术和绘画作品，其中有丢勒、伦勃朗、鲁本斯、凡・戴克的不少作品，让艺术爱好者心向往之。

有趣的是，登山途中飘起了雪花，一会儿就漫山白皑皑了。雪中赏山景，别有一番趣味。

毕竟是春天了，山上的一些花已经饱了蓓蕾待放，雪压花蕾，有种季节轮回重叠之感，让人感叹。遂拍了不少自以为很浪漫的照片。其中一张，后来参加学院工会摄影展，还得了小奖，一笑。

26 日，拜访不来梅大学，语言中心主任接待了我们。我们此行希望能将汉诺威孔子学院的汉语教学与这所大学的汉语教学结合起来，以后借其宝地，开展一些汉语和文化

交流活动，若有可能，就在此设立一家孔子课堂。因春春之前已经做了大量工作，所以，与该校语言中心的交流并无障碍，双方同意先从短期生交流开始做起。

中午在学校简餐。

下午，春春向导，到不来梅老城中心的集市广场参观。广场的中心当然是市政厅，市政厅前方是罗兰像，右侧是不来梅大教堂和不来梅议会大楼，左侧是圣母教堂，市政厅的左侧摆放着雕像《不来梅的城市乐手》。雕塑 2 米高，铜制，从上至下分别是公鸡、猫、狗和驴，层层叠加，相互支撑，憨态可掬。不要以为这是德国人的动物崇拜，实际上，它们当初是因为年老了，主人要宰杀它们，它们才先后出逃，路上偶遇后相约到不来梅做城市乐手。四个动物后来虽然没做成“不来梅的城市乐手”，但迄今一直是不来梅的城市名片。据说，抱住驴的前腿许愿很灵，游客就把驴前腿摸得锃亮了。

不来梅市政厅是中世纪楼厅夹层式建筑的代表，也是德国北部文艺复兴风格的范例；市政厅和罗兰像是神圣罗马帝国发展市民自治权和主权的有力证据，是公民自治和自由市场的杰出体现。罗兰像是世界上最古老的罗兰像之一，也是最具代表性的罗兰像，我围着罗兰像慢慢走了几圈，极力回想当初读《罗兰之歌》时的内心激动和英雄崇拜，却已难再还原。那位罗兰，为了保证法兰克国王查理大帝的安全，宁死不吹求救的号角，骑士英雄的风采尽显。但眼前的罗兰，因为是固体，且在市政厅前，自然不如荒岭中战斗的罗兰更生动；另一个原因，可能是时空都已变化，一如我来到陌生的德国，有些生疏吧。

26 日晚到汉堡，住处是王宏图师兄代订。他现在在汉堡大学孔子学院担任中方院长。昨天到汉堡后，找住处颇费了一番周折。从外观看，看不出是一家宾馆，倒更像一处普通的民宅。尤其是电梯，夹在楼梯间，一路嘎吱嘎吱响，有复古之感。这是一家老房子改造的旅馆，古风依旧，房间很小，但走廊墙壁上的壁画，衬出一股幽雅之气，自有一份风韵在。

27 日上午，拜访了汉堡大学孔子学院，汉堡大学孔子学院的中方合作学校是复旦大学，而汉堡与上海则是友好城市。这对汉堡大学孔子学院的发展，都是有力的支撑。见到宏图很亲切，中午一起吃饭时，他聊起在德期间开始写的一部小说，让我羡慕。独在异乡，思考的问题和角度自然不同，能将这种异域感以文字形式表达出来，本身就是福气。

下午，我们拜访德国《欧洲新报》社长陈茫先生。《欧洲新报》创刊于 2003 年，每月初在汉堡出版，每期发行9.5万份，是目前德国最有影响力的华文报纸之一。这家报纸有名，主要是因为它成了德国华人的代言人，并且致力于向欧洲客观真实地介绍中国，传播和维护中国文化与形象。

春春谈及即将启动的100名德国学生去中国交流的计划，希望报纸支持。陈茫则谈到自己正在组织的一个“盛看中国”计划，拟于今年10月组织德国人到山东曲阜等地实地体验中国发展变化。陈茫很精干，也健谈。他向我们介绍了《欧洲新报》创刊和发展的艰辛：要在德国主流文化中发出中国声音的确不易，经济上也亏损。但我们不能只忍，要用德国和欧洲的方式表达我们的意见，特别是涉及国家利益的时候，不能一味退让，要去据理力争。在异国他乡，听到这样的声音，遇到这样的中国人，我肃然起敬，也很激动。

28日，拜访了中国驻德国大使馆教育处，汇报此行收获，了解德国的汉语推广情况，重点是德国的预科教育，我们得到不少启发。首遇叶澜老师，她正在柏林工业大学教汉语，对工科大学的汉语教育有很多想法，和同济大学即将开办的预科教育有共通性，即请她多支持同济的预科教育，提供经验，并参与预科教材的编写。叶老师爽快地答应了。

我们从使馆出来，直奔柏林墙，一路都是新鲜的，又是历史的。纳粹时盖世太保的总部、东西德对峙时的哨所等，与看过的电影和小说中的描写一一对应着，但眼前的平静与阅读时泛起的各种情景总难协调起来。尤其是看到柏林墙，似有感慨，却不知从何说起。一个德国被人为分成东西德，就好像一个人被劈成两半。虽是咎由自取，但作孽者祸及无辜之人，殊为可恨。一段历史，被强力逼着缝缝补补，针脚所及，处处是泪，或血。柏林墙既然已倒，就不要再有这样的墙了，包括心墙。

这次赴德议程很满，脚不沾地。除了拜访了德国高校，还访问了Osnabrück和Oldenburger两地的政府，希望为同济大学在德国的汉语推广工作寻找新的合作方式和途径。

4月3日　同济预科部获批

今天上午，参加教育部在复旦大学举行的“2009年中国政府奖学金来华留学本科生预科教育工作总结及研讨会议”。会上传达了教育部《关于中国政府奖学金本科来华留学生开展预科教育的通知》，同济大学与北京语言大学和华中师范大学被增补为预科教育试点学校，与先期试点的天津大学、山东大学和南京师范大学共同开展中国政府奖学金本科来华留学生预科教育工作。

我在会上表态，同济大学一定做好预科教育工作。

会后，我联系了《同济大学学报》（社会科学版），学报鼎力支持，于 2009 年第 3 期发布了一则简讯——《教育部批准并委托同济大学开展留学生预科教育》。

4 月 16 日　海外汉学研究中心

今天上午，起草成立海外汉学研究中心的申请报告。此事我已酝酿很久，也查阅了很多资料，对比分析了国内外中国汉学的研究现状，越发觉得在向世界推广中国文化方面，海外汉学将是重要的桥梁。

当前，中外文化交流达到了历史新高度，对外汉语教学从传统的语言教学转向语言文化教学并重，为适应与国际接轨的需要，我们不但需要学习研究外国，也需要了解外国对中国的看法和认识。海外汉学家和未来的汉学精英，将成为决定汉语和中华文化国际传播工作可持续的关键力量，必须注重以我们所希望的方式进行引导和培养！

研究中心成立后，既要以学术为抓手，同时也要和学院的留学生教育结合起来，吸引海外汉学家到同济大学来，扩大同济大学留学生教育的海外影响。同时结合孔子学院建设，与外方合作院校的学术力量结合起来，紧紧围绕国家的文化推广战略，结合孔子学院的发展和建设需要，开展各种层次的研究活动，为国家、上海市和同济大学提供政策咨询，以适应日益变化发展的汉学的国际需要，为学校国际化办学提供理论依据。

4 月 27 日　与意大利筹办孔子课堂

今年 4 月以来，经中意学院牵线搭桥，我和意大利非洲与东方学院（ISIAO）进行了数次接触，双方同意充分运用 ISIAO 汉学专业学术机构和其在意境内的网络优势，结合同济大学双学位项目的整体布局，考虑合作建设罗马-米兰-拉伟纳孔子学堂，并草拟了合作协议。

根据协议，孔子学堂工作主要包括：为当地小学、中学和大学培训汉语教师；实施汉语考试及汉语作为第二语言教学能力的考试；为社会各界人士开设多类型、多领域的汉语课程；举办学术活动和其他与汉语及中国文化有关的竞赛；放映中国电影和电视节目；为有意到中国留学的个人提供咨询服务；为教育界及其他职业的人士提供参考资源；等等。

4 月 28—30 日　预科调研

28 日起，先后到天津大学、北京语言大学和山东大学调研，就留学生预科教育的一些关键问题如课程设置、师资队伍建设、教材编写、学生管理等进行了取经，兄弟高校毫不保留，各授锦囊，获得了很多宝贵的经验，也为后续预科高校间的合作打下了基础。

5 月 6 日　上海华文教育

参加中国致公党上海市委员会“进一步发挥上海华文教育资源优势的战略思考”课题开题会。

海外华人是中华文化传承的重要一脉，而且越是远离故土的人，一般越留恋故土，对故土的感情越深。加上家庭教育、周围人群的潜移默化影响，海外华人的汉语学习和中华文化浸濡，会更容易产生呼应，而且影响会更深远。血浓于水，政府民间、各行各业、国内国外，相关资源与力量应有效整合，集体发力，让每一个海外华人不但是汉语和中华文化的学习者，更是传播者。从而做到使每一个华人都是一所华文学校，都是汉语与中华文化的播种机。这种教育，对汉语与中华文化国际传播来说，都是必须借助可以依托的力量。

5 月 7 日　心灵之桥

今天下午，受印度驻上海总领馆的邀请，参加了在总领馆与上海作家协会在上海作家协会大厅联合举办的“心灵之桥——泰戈尔诞辰 148 纪念会”庆祝活动。

在活动开始前，总领事戴思锐约我见面，她汉语很好，也很健谈。她希望我能参与印度驻上海总领馆的一些文化交流活动，我表示一定支持，并邀请她方便时来访问，她愉快地表示一定会来。

会场可容纳百人左右，中外来宾坐得满满的。庆祝会开始前，播放了由《上海日报》编辑、记者 Bivash 制作的有关泰戈尔的纪录短片，其中有对我的几次采访记录，都是在同济大学采访的。他纯属个人兴趣性的采访制作，没想到效果还不错。

我在会上作了题为“泰戈尔与上海”的演讲，介绍了泰戈尔三次访华与上海的关系，并大致谈了谈泰戈尔对中国文学所产生的影响。

5 月 12 日　汉语国际教育专业硕士

今天上午，去研究生院谈创办汉语国际教育专业硕士学位点一事，虽然准备充分，材料也有厚厚一摞，但由于学校目前不支持扩大专业硕士学位点，所以此事暂时无望。

一个单位，若没有学科支撑，在高校就等于少了一条腿，走路都不顺、不平衡。以后仍须时时留意时机，同时创造条件，夯实基础，再战。

5 月 26 日　筹办佛罗伦萨大学孔子学院

经过中意学院牵线，我与佛罗伦萨大学负责国际合作的 Sergio Givone 副校长进行了交流，拟合作创办孔子学院，中国驻意使馆教育处原则上表示支持。

作为世界文化名城和文艺复兴的摇篮，佛罗伦萨市和所在的托斯卡纳大区与中国的交往十分密切，也是意大利境内华人的重要聚居区。但佛罗伦萨市也是目前唯一还未开办孔子学院的意大利重要文化名城。利用两校多年来在建筑、城市规划、文化遗产保护与再利用等方面积累的重要合作资源，可以办成一所有特色的孔子学院，除了汉语教学推广之外，将文化遗产保护等内容作为孔子学院促进中意间交流的主线。

8 月 7 日　搬家

经过半年的准备，学院从主校区能源楼整体搬迁至南校区，即原来的文法学院楼，

我于 2003 至 2006 年在这座楼的 2、3 楼工作，没想到如今又回来了。半年来，不知来过多少次，学会了看图纸、看线路、水道，协调各方，跑家具店、装修公司，协调课桌椅、HSK 考试设备等，现在各种设施终于可以运行了。

今天 6 点我到能源楼，安排搬家事宜，上午即完工。两处跑，结果回到能源楼收尾时，发现新买的自行车不见了。

同日，樱美林大学短期班抵达上海，50 多人，有开张随喜之感。

9 月 23 日　“我是同济人”

经我提议，预科部举办“我是同济人”主题教学活动，通过教会预科留学生会说、会写“我是同济人”5 个字，进一步引导预科生加深对“同舟共济，自强不息”同济精神的理解，进而增强班级的凝聚力，以及同学们之间的互帮互学意识，提高他们的学习兴趣，提升他们的学习动力，在学好汉语、了解中国文化方面携手共同进步。当然，这样做也有一个愿望，就是让预科生爱上同济，将来选择同济进行专业学习，甚至来读硕士、博士。

在班主任的组织引导下，预科生们热情高涨，把教室后墙上的软板充分利用起来了。有的班级以五星红旗为中心，周围环绕班级学生所在国的国旗，手写“我们是同济人”；有的班级的学生用刚学会的一点汉语表达对同济和中国的祝福；有的班级还写了对联：“山河十月秀，中国万年春”，横批“我是同济人”；有的还配上各种图案，有向日葵，还有同学们自己的照片，个个笑容灿烂。班主任则热情寄语，如“我爱同济”“我做，我要，我能”“汉语，你今天学了吗?”“学习生活在同济，辛苦并快乐着”“我爱同济，就像热爱学习”“做好同济人”“汉语是我们从同济游遍中国的第一张门票”“好好学习，天天向上”“同济，我们的第二个故乡”等。

11 月 6 日　不来梅客人

今天下午，德国不莱梅州外语教学中心主任 Baerbel Küehn 女士来访。今年 3 月，我们曾在不来梅大学见过面，属于老友重逢。我陪她观摩了学院的教学活动，她兴致勃

勃。处处响起的朗读声，让她的问题一个接一个，尤其是当我谈到我们对一些学习相对落后的留学生有时还采取一对一辅导时，她说没想到我们会对学生如此负责，这让她敬佩。

11 月 23 日　日本艺术家代表团

上午，日本前首相羽田孜之子羽田次郎携日本艺术家代表团一行十余人访问国际文化交流学院，我带客人参观学院，并同正在上课的留学生进行了热烈的互动交流。与之前来访的日本客人不同，日本艺术家显然是感性的，喜悦惊奇之情形于色。代表团希望在明年上海世界博览会期间，与学院开展中日文化艺术交流活动。

下午收到庆熙大学寄来的执行协议，韩方已签字。

11 月 25 日　预科数理化师资协调会

上午和许涓、李海燕一起到瑞安楼理学院座谈，协调解决下学期预科留学生理工课程的师资问题。国际文化交流学院计划从明年 3 月 1 日开始，邀请理学部的专职教师来授课，其中主要负责物理、化学、数学等课程的教学以及相关教材的合作编写。双方意见一致：由理学院的教师直接上课，一方面可以让学生早点摆脱“照顾式”的专业学习模式，提早适应中国大学本科的学习；另一方面，由于理学院的教师十分熟悉本校理工院系的实际情况，在完成教学任务的同时，也可以宣传本校，以吸引更多的预科留学生留在本校继续学习深造。

11 月 26 日　预科留学生汉字书写比赛

下午，预科留学生汉字书写比赛在中法中心举行，师生近 200 人参加了比赛。比赛由一名中文教师和两名预科留学生共同主持。比赛紧紧围绕汉字书写这一主题，共包括“看图写汉字”“猜字谜”“用汉字写出日期和时间”“留学生唱汉语歌曲”“看部首写汉字”“快乐传真”“生字开花”“根据古文字猜现代汉字”“词语接龙”“留学生舞蹈表演”“看问句写答句”11 个项目，从多个角度挖掘汉字的趣味性。整个过程比赛与游戏穿插，知识与兴趣并举，教师与学生互动，形式活泼，气氛活跃，参加者积极踊跃，鼓励之声不绝于耳，整个比赛现场成为欢乐的海洋。当留学生用流利的汉语唱起一首经典歌曲《朋友》时，当一个个漂亮的汉字和词语从参赛选手们的笔下呈现的时候，当一句句流利的汉语从所有留学生口中说出的时候，在场的师生无不动容，有的老师甚至热泪盈眶。

参加比赛的预科留学生来自世界 40 多个国家。他们都是今年 9 月 14 日才正式进入同济大学学习汉语的，且入学前几乎都不会说汉语，而经过短短 2 个多月的学习，他们就已经掌握了普通汉语进修生 4 个月才能掌握的内容。

初学汉语，汉字学习往往让他们感到困难；而 2~3 月后，恰是留学生的心理振荡期和困惑期。通过趣味汉字游戏，可以舒缓留学生的学习紧张情绪，为后续的稳定学习调整好心态。这次比赛就证明了这一点，犹如一场“当春乃发生”的“及时雨”，不仅极大地调动了预科留学生学习汉语的积极性，提高了他们对汉字书写和中国文化的兴趣，而且也提高了学生的团队合作意识，增强了班级凝聚力。

12 月 2 日　医学院师资协调会

今天与医学院讨论下学期来华预科医学类留学生课程设置、师资选择、教材选用等方面的问题。来华预科留学生除理工类之外，还有医学类。从下个学期开始，医学类的预科留学生要开设生物、物理等专业课程。在课程开设之前，我们就生物、物理等医学专业课课程设置、师资选择、教材选用等问题认真听取医学院教师的意见和建议，并寻求医学院的帮助和支持。

医学院老师建议，在专业知识方面，预科阶段基本不需要教授专业的医学知识，只需传授常识性的内容。医学院可以承担部分专业性强的教学任务，可以通识讲座的形式进行，如“临床医学导论”公共课。医学院的学生都有医学实践课，在学生临床实习阶段，可以安排预科生跟随一起到医院参加实习。鉴于目前预科生物教材几乎为空白的情况，预科生物教材可考虑先选用中国高中教材，再根据留学生特点适当进行选择和编写。而在数学、物理、化学、生物四门预科生专业课程中，医学院老师建议以数学、生

物、化学为重点。

12 月 24 日　孔子学院发展讨论会

上午我们与同济大学外事办公室探讨孔子学院建设问题，形成一致意见：结合学校国际化发展规划筹建孔子学院，不为办而办；同济大学合作的孔子学院应成为同济大学外事工作的海外基地；办成一所，办好一所；未雨绸缪，加强孔子学院师资力量培养和储备，注意梯队结构合理；要开放创办孔子学院，加强与所在地其他高校合办孔子学院的合作交流，推动实现资源共享。

2010 年

1 月 4 日　卡拉 OK 大赛协调会

今天下午，杨光俊教授来商谈全日本青少年卡拉 OK 大赛事宜。鉴于今年上海将举办世界博览会，大家一致同意围绕世博会主题设计卡拉 OK 相关事宜，比如组织选手参观世博园，在公园等公共场所公演，邀请电视台现场录播等。

樱美林大学的京剧教学和文化活动很有特色，因此大家商量是否能组织同济大学的留学生，依托同济大学戏剧基地，组成“同济大学留学生京剧社”，定期培训，成熟后参加校内汇演，与中国学生交流演出，传承中国国粹，弘扬中华优秀文化。

1 月 19—22 日　同济大学艺术家代表团赴日文化巡演

同济大学一批德艺双馨的艺术家，由蔡建国教授领队，风尘仆仆，赴日本立命馆大学孔子学院大阪孔子课堂和日本樱美林大学孔子学院所在地，以及日本早稻田大学孔子学院进行了文化巡演。艺术家演出阵容强大，均为国家一级演员：有同济大学音乐系王丽琴教授、张小平教授、李巍教授，民间艺术家刘国栋先生，京剧表演艺术家李健，上海杂技团女魔术师朱新宝，书法家铁剑心。艺术家们历时 5 日，奔走 3 地，献出了 3 场精彩的表演，以精湛的艺术、高尚的艺德，赢得了日本各界的好评。文化巡演免费向所有对中华文化感兴趣的日本市民开放，每次演出都座无虚席、掌声不断，日本相关媒体纷纷报道。

1 月 19 日，首站大阪。大阪市政府、立命馆大学孔子学院、大阪孔子课堂以及财团法人大阪市都市工学情报中心大力支持。在大阪市立中央图书馆 5 楼的剧场里，观众济济一堂。

1 月 21 日，早稻田大学孔子学院。在课堂上，艺术家们给各位师生呈现了一堂丰富多彩的中国文化艺术演出课。

1 月 22 日，樱美林大学。艺术家们和樱美林大学的学生演员们一起表演。魔术表演还邀请了几名日本观众登台参与表演；铁剑心老师现场即兴挥毫，书写了“正、草、隶、篆”四种字体以及自创的“铁体”，共 5 种字体 7 幅作品，并现场赠送给日本友人，使得整个会场沸腾起来。

短暂的 5 日巡演之行，3 场精彩的表演，成为中日文化合作交流的典范。一幕幕动人的场景，一曲曲悠扬的旋律，日本观众一次次经久不息的掌声，证明了这次巡演实现了以文化宣传促中日文化交流的目的。

我和刘根洪作为陪同，一路服务沟通协调，一路欣赏精彩的演出，艺术家们不辞辛苦奔波三地，赶火车，乘汽车，有时是一路小跑，却无一怨言。

2 月 5 日　意大利特兰托大学来访

今天下午，意大利特兰托大学副校长 Carla Locatelli 教授与特兰托省国际事务负责人 Mariano Anderle 来访，我与客人们就语言培训、文化交流，尤其是共建孔子学院等问题进行了交流。双方热情都很高。Carla Locatelli 教授希望通过与同济共建孔子学院，拓展特兰托大学与中国的科技人文交流。

Carla Locatelli 表示，同济大学目前具有对意大利合作的优势，特兰托大学与所在地区的学科、经济发展则具有与中国合作的传统与优势，当地有个口号：“LA CINA È VICINA”（China is nearby），这是重要的文化背景和资源。同济大学与意大利在创新设计方面合作很成功，新的孔子学院若以“设计创新”为特色，将能走出一条新路，且符合两校合作基础。当然，孔子学院的最基本功能——汉语教学与中华文化传播功能，仍将是孔子学院的基本工作。在此基础上，打造“设计创新”特色。

Carla Locatelli 教授对创建孔子学院似乎已胸有成竹，甚至对开展哪些活动都已有了设计。孔子学院除了起到最基本的功能之外，还将以特兰托大学为核心，结合当地企业对外合作交往日益增长的需求，开办企业定制课程；结合特兰托市、特兰迪诺大区的政府资源，与特兰托大学、特兰迪诺大区的中学合作举办文化推广活动、中国夏令营等。而特色活动则可开展中意设计文化双年展、“创新中国”巡回展览、意大利文—中文设计创新词典合作编著、特兰迪诺与上海设计创新合作论坛、上海创意产业展览、中意青年设计师对话、中意设计创新远程交互式教育平台、古建筑及文化遗产保护与利用中意对话等。

Carla Locatelli 教授所学专业是比较文学，与我同道。所以我们还就中意文学和文化交流谈了一些看法，尤其是如何立足于特兰托大学的卫匡国研究中心与同济大学的海外汉学研究中心，开展中意文化交流，双方取得了很多共识。

3 月 3 日　日本汉语研修班结业

今天下午，樱美林大学、中央大学、津田塾大学的学生等组成的汉语研修班结业。在同济大学期间，他们除学习汉语外，还体验了中国画、中国书法、中国篆刻、中国剪纸等文化活动。研修期间，正值中国的传统佳节春节，学院还安排同学们到中国学生的家庭里体验中国的“年文化”。幸运的是，他们还是云南省楚雄彝族自治州“同济大学国际文化交流学院楚雄州文化交流基地”的首批体验者，赴基地切身体验了云南的少数民族风情和文化，加深了对中国的认识以及对中国的亲近感。

3 月 13 日　卡塞尔大学短训班结业

今天上午，为期两周的德国卡塞尔大学同济大学短训班顺利结业。短训班从 2 月 28 日开始，在短短的两周内，学生们除学习汉语外，还听了同济大学教授们精心准备的关于 2010 年上海世博规划设计、上海城市建筑规划设计及中德跨文化交际等讲座；参观了 2010 年上海世博展示中心，参观了上海大众汽车公司等几家涉德企业；游览了中国江南文化杰出代表——苏州园林、杭州西湖、水乡周庄和上海豫园等。

卡塞尔大学的师生都是首次到中国，上海的繁华、壮观，教师们授课认真负责，同济的治学严谨、学科特色、办学规模都给他们留下了深刻难忘的印象。虽然只是短暂的上海之行，但他们都表示爱上了上海、爱上了同济。有四名同学表示回国后马上申请卡塞尔大学的汉语学习班并争取尽快来同济大学长期留学。

4 月 19 日　新加坡联络处

新加坡书法家协会与学院多年合作，每年都组织一些新加坡书法家协会的学员到同

济大学浸濡，彼此信任，相处融洽。为了表示感谢，同时也是为了扩大学院的影响，扩大招生范围，18 日，蔡建国院长带队，我们来到新加坡。当晚，陈声桂会长、书法家协会的学员和同济大学新加坡校友会一起招待了我们。能在这里见到同济大学的校友，倍感亲切。

今天正式拜访新加坡书法家协会。协会距离我们的住处不远，是一幢白色小楼。走进去，书墨香充溢。书法家协会安排得很周到，似乎各有明确的分工，井井有条。看着这些年龄比我们都大的老人们忙前忙后，很感激，也很不安。

举行过简短的“新加坡同济大学国际文化交流学院事务联络处”挂牌仪式后，我们随陈会长参观了书法家协会，与正在研习的学员们进行了交流。

20 日我们还先后拜访了中国驻新加坡使馆教育处、南洋理工大学孔子学院、新加坡文化部门。

初到时，感觉不到这是外国，虽然新加坡官方语言确定为英语，但在旅馆、大街上和超市、商店里，处处皆可听到汉语。

4 月 26 日　庆熙大学孔子学院挂牌

4 月的韩国庆熙大学樱花盛开，浓浓的花香弥漫在校园。26 日上午，在庆熙大学国际校区，同济大学与庆熙大学合作建立的庆熙大学孔子学院举行揭牌仪式，这是韩国第 19 所孔子学院。

中国驻韩国特命全权大使张鑫森向孔子学院的成立表示祝贺。中国驻韩国大使馆教育参赞艾宏歌在会上致辞，表示使馆将大力支持庆熙大学孔子学院的工作，并希望该孔子学院办出新意，形成特色，使其成为中韩文化交流的桥梁。

在韩期间，我们还先后拜访了中国驻韩使馆教育处、韩国德诚女子大学、关东大学，并与汉阳大学、韩国外国语大学、庆南大学就双方的合作进行了广泛的交流。

5 月 3—6 日　王安忆德国巡讲

经过长时间的准备与协调，5 月 3—6 日，蔡建国院长率队，王安忆老师、陈思和教授和我前往德国进行巡回朗读和讨论活动。

考虑到柏林是德国的首都和政治、文化中心，又拥有洪堡大学和柏林自由大学两所大学的汉学系，柏林自由大学孔子学院和同济大学及汉诺威孔子学院多有合作，因此巡讲团决定把最后一站放在柏林，期待活动有一个圆满的落幕。同时，为了使活动能吸引不同的读者群，经过讨论，巡讲团将整个活动的行程安排为：巡讲代表团抵达法兰克福机场后，前往较近的埃尔朗根-纽伦堡大学孔子学院，进行首场朗读和讨论活动，活动协作方为埃尔朗根-纽伦堡大学孔子学院和汉学系；第二站为汉诺威孔子学院所在地下萨克森州沃尔夫斯堡（Wolfsburg，又译狼堡），协作方为当地的德国民间组织狼堡中国论坛（注册协会）、国际友协，活动后参观汉诺威孔子学院，和孔子学院德国承办方座谈；第三站是汉诺威孔子学院所在地下萨克森州奥登堡市（Oldenburg），协作方是奥登堡大学，王安忆作品的朗读和讨论会是该大学“中国周”的闭幕节目；最后一站是柏林，承办方是柏林自由大学孔子学院。按照巡讲团最初的设想，巡讲四站的读者构成依次应该是：德国汉学学生、学者和中国留学生，德国普通读者，德国大学生和中国留学生，以上全包括。

巡讲的形式安排：由王安忆本人用汉语首先朗读《启蒙时代》的片段，给德国读者（听众）以直观的感受，然后请专业或者业余的演员用德语朗读，保证作品的文学效果。这种做法受到了德国读者（听众）的普遍欢迎；听众提问，陈思和教授解答分析。

第一站：爱尔兰根（5 月 3 日），埃尔朗根-纽伦堡大学校委会会议厅

3 日，巡讲代表团抵达法兰克福机场后，即前往较近的埃尔朗根-纽伦堡大学孔子学院，进行首场朗读和讨论活动。在埃尔朗根-纽伦堡大学孔子学院的协助下，该大学校委会会议厅涌入了一百多名中德读者（听众）。王安忆和专业演员的朗读引人入胜，陈思和的分析丝丝入扣，听众提问有的轻松诙谐，有的尖锐，巡讲活动胜利地拉开序幕。当地媒体也对此活动进行了报道。

第二站：沃尔夫斯堡（5 月 4 日），沃尔夫斯堡古堡狩猎厅

经过 600 多公里的长途跋涉，巡讲团从德国东南的纽伦堡来到德国中部大众集团总部所在地——沃尔夫斯堡。当地德国民间组织狼堡中国论坛（注册协会）和国际友协为代表团的到来进行了精心准备：先陪同代表团参观 2000 年汉诺威世博会展馆“汽车城”，然后引导我们进入沃尔夫斯堡最古老的建筑——拥有 700 年历史的城堡——狩猎

厅。中国的当代文学（文化）与古色古香的欧洲文化氛围相遇，为朗读和讨论的成功做好了铺垫。

第三站：奥登堡（5 月 5 日），奥登堡大学图书馆报告厅

在参观了汉诺威孔子学院，与德国承办机构负责人进行了座谈之后，巡讲团前往德国西北部的奥登堡市。奥登堡和沃尔夫斯堡一样，位于汉诺威孔子学院工作范围之内——下萨克森州。汉诺威孔子学院通过向奥登堡市及大学提供汉语教学咨询、讲座、中国现代水墨画展等方式支持当地的中国文化活动。王安忆《启蒙时代》朗读和讨论会是奥登堡大学“中国周”的闭幕活动。

第四站：柏林（5 月 6 日），柏林自由大学孔子学院

为保证王安忆《启蒙时代》朗读和讨论活动的成功，柏林自由大学孔子学院做了扎实的准备，邀请了前洪堡大学汉学家梅薏华（Eva Müller）教授作为讨论嘉宾，并由孔子学院两名同事分角色朗读《父与子》章节。5 月 6 日晚，柏林自由大学孔子学院报告厅冠盖云集，老舍的德文译者来了，王安忆作品最早的德文译者来了……洪堡大学和自由大学的汉学系师生济济一堂，德国的文学爱好者、中国留学生等挤满了整个大厅。活动持续了 3 个多小时，精妙的问答此起彼伏，真正成就了一个柏林文学之夜。

本次巡讲团从德国南部巴伐利亚州走到中部下萨克森州，再到下萨克森州西北角，最后在位于东部的首都柏林画上句号，全程跋涉近两千公里。从活动的成效来看，可以说远远超出了预期。王安忆老师的作品、陈思和教授的解读、现场的问答交流，不但使每站活动成为愉悦的精神对话，也使参与其中的汉诺威孔子学院组织人员获益匪浅，更加增进了对于中国文化传播的信心。全部巡讲活动结束之后，中国驻德国使馆教育处为巡讲代表团举办了招待会，欢庆活动圆满成功。

举办中国作家巡讲乃至中德作家对话，深层次地宣介中国文化，一直在德汉诺威孔子学院的计划之内。这次王安忆《启蒙时代》德国巡回朗读和讨论活动，与之前的这些合作密切相关，也实现了资源节约和资源共享。

5 月 21 日　庆世博国际文化展示

今天下午，经过 2 个多月的沟通协调，“2010 庆世博国际文化展示活动”在南校区

篮球场拉开帷幕。活动紧紧围绕“庆祝世博”和“国际文化展示”这两个主题，由“学生才艺表演”“各国民族服装秀”“饮食文化”“茶文化”“婚典仪式”“传统节日文化”“手工艺品”“各国文字介绍”“书法、绘画及刺绣”9个项目串联而成，目的是让大家进一步了解各国的民俗风情和传统文化，以达到互相尊重、和谐相处、共同进步的目的。来自80多个国家的400多名留学生及教师参加了活动。

原汁原味的国外民族歌舞表演、字正腔圆的中文歌曲演唱、洋溢着浓郁的民族风情的服饰表演、有板有眼的中式婚典仪式的表演等，赢得了在座师生热烈的掌声和欢呼，把现场气氛一次又一次推上高潮，极为热烈。在舞台周边的9种异域风情展台上，有留学生精心准备的各种特色美食、现场表演的咖啡和奶茶的制作过程、亲手制作的手工艺品以及书法绘画作品，使所有师生都有机会参与到活动中来，每个人既是表演者，又是观众，零距离地融入外国文化和风土人情之中。

在2010年上海世界博览会举办之际，学院举办这样的国际文化展示活动，是经过深思熟虑的，也具有现实意义，对促进留学生融入上海和中国的现实具有推动作用。世博会以“城市，让生活更美好”为主题，是全世界的盛会，来自五湖四海的同学们齐聚一堂，为世博会增光添彩，体现了“和谐办世博”的主题，堪称同济版的“小小世博会”。

活动过程中，不断有留学生端着自己做的民族美食让大家品尝，的确风味迥异，用中国食材做出本民族特色的美食，一如不同文化之交融，只要心无距离，物质之间也是没有距离的。

5月25日　韩可龙教授来访

上午，接待德国波鸿鲁尔大学汉语言文学系主任韩可龙教授。他的汉语很好，我们交流毫无障碍。韩可龙教授介绍了波鸿鲁尔大学的汉学研究情况，我介绍了海外汉学研究中心迄今所开展的学术活动，并希望能与波鸿鲁尔大学进一步合作。

韩可龙表示，波鸿鲁尔大学十分重视国际交流，与同济大学的合作由来已久，未来将在语言教学、汉学研究等方面继续深化合作和交流。

5 月 27 日 “中外女生共话未来”

今天晚上，11 名女留学生（韩国的吴志妍、黄美淑、南允淑，日本的武下优子，摩洛哥的莎玛，加美利亚的雅利娜，俄罗斯的蒙丽娜，土耳其的百合，波兰的吴诗娜，比利时的帕丽斯，德国的朱丽雅）参加了同济大学“女子沙龙”，与女子学院的女生们联合举办了一场中外女生交流座谈会，效果出奇地好。

活动紧紧围绕主题“中外女生话未来”展开。中外女生们对婚姻、爱情和家庭等方面的话题颇感兴趣，讨论很热烈。既然是“共话未来”，又是专门的女生聚会，大家自然畅所欲言，主题也具有鲜明的女性色彩——以婚姻、爱情和家庭为主。

中国女生相比仍显羞涩，俄罗斯女生蒙丽娜忍不住沉默，率先向中国女生发问：听说中国男人不喜欢在外面工作的女人，如果女人学习太好，特别是读到了博士程度的时候，那么男人一定不会喜欢。同时她觉得中国“真正的男人”很少，好多都是“娘娘腔”。针对这个话题，女子学院的姑娘们纷纷表示中国有“真正的男人”，“娘娘腔”毕竟只是少数。女子学院的同学问蒙丽娜，俄罗斯的男人是不是可以接受女人比自己强？蒙丽娜毫不犹豫地说完全不能接受。

第二个话题是关于婚姻和工作哪个更重要，即如果工作和家庭产生了冲突，那么女人会放弃哪个呢。加美利亚的雅利娜表示一定会让家庭让步，她把工作看得比家庭更重要。在这个问题上，日本女生武下优子首先明确地表示自己不愿工作，因为按照日本传统，女人结婚后就不工作了，男人的地位始终还是比女人高。接着她说，她努力学习是为了提高自己以便进入好的公司，然后才能认识更优秀的男子，接着嫁人，这样就可以不工作了。在场的中外女生无不欣赏她的坦率，从她的话中也可以看出日本当代部分女性的价值取向。

随后一个话题是关于男女平等的。男人在家，女人敲门，男人是否会出来帮女人开门？蒙丽娜说，在俄罗斯很多女性会对男人说“不”，但是心里还是希望男人可以帮她开门。摩洛哥的莎玛引了一段摩洛哥的笑话：男人是家里的头，女人是脖子，只有脖子想看头的时候，才能看到头：脖子不想看的话，头就看不见了。另外，也谈到了做家务的问题。如今中国的 80 后小夫妻结婚后，往往为了谁来洗碗而大伤脑筋。已经嫁为人妇的雅利娜说，她不让自己的丈夫做家务，因为她很爱干净，每次她的丈夫做完家务后

她仍然觉得脏，于是她不得不重新去清理。

最后一个话题围绕着金钱和爱情展开。这个问题由德国姑娘朱丽雅提起。她从网上看到中国许多父母要求自己的女儿要找一个有钱有房有车的男人结婚，她好奇的是中国女孩会不会嫁给一个自己不爱的人。在这个问题上，日本的优子的观点是，她不会，因为她坚持结婚的意义是为了两个人能在一起。

活动过程中，我出来透透气，一名同济女生也出来了，对我感慨地说：没想到同济有这么多留学生！我顿时产生挫败感。

活动气氛一直很热烈。结束时，中外女生们交换了各自的联系方式，纷纷表示希望今后能够获得更多的交流机会，促进中外女生的友谊，让世界了解中国，让中国走出世界。

5 月 28 日　美国中央州立大学代表团来访

今天上午，美国中央州立大学校长 John W. Garland 带团访问学院，双方就学生交流、学术合作等进行了深入、广泛的交谈。为了展示学院的教学能力，我特意邀请代表团与预科生代表进行了座谈，就语言学习、环境适应、就业等问题交换了看法，预科生们全程用汉语对话。当我告诉代表团，这些预科生在中国学习汉语的时间还不到一年时，美国客人赞叹不已。

6 月 1 日　意大利威尼斯大学来访

今天下午，意大利威尼斯大学东亚系主任李集雅（Tiziana Lippiello）教授来访，我陪同她参观了学院资料室、中华文化展示室、教室等。我们共同希望以同济大学中意学院为平台，加强威尼斯大学东亚系与同济大学国际文化交流学院之间在语言教学、汉学等方面的互访与交流，并进一步推动两所大学之间的合作，共同促进中意两国之间的友谊与文化交流。

6 月 2 日下午，我在中意学院与李集雅教授继续交流，双方提议的合作方式为：威尼斯大学派遣学生至同济大学学习汉语或威尼斯大学与同济大学进行学生交换：威尼斯派遣学生赴中国学习汉语，同济大学方面协调派遣交换生赴威尼斯学习意大利语语言、文化、建筑或其他相应课程。

同济大学于2009年11月加入威尼斯国际大学联盟，与威尼斯大学等各加盟院校在此框架下开展包括能源、环境、文化遗产保护等多领域的项目合作。

6月4日　美国路易斯安那州立大学短训班结业

5月25日起，美国路易斯安那州立大学第四期汉语短期培训项目在同济大学顺利实施。短训班历时11天，活动丰富、内容充实，包括汉语学习、文化讲座、参观世博会和上海博物馆、体验中国文化（如书法、水墨画、剪纸、武术太极）、赴扬州苏州旅游等。此次短训班是学院“庆世博大型国际文化交流系列活动”之一，实现了“以世博会为契机，推广中华文化”的目标，受到了学生们的热烈欢迎。

我在欢迎仪式上表示，愿与路易斯安那州立大学在短期交流、教师互访、共建孔子学院等方面开展更丰富的交流活动，带队的Granger Babcock副院长热烈回应。

6月21日　克罗地亚萨格勒布大学来访

6月21日上午，克罗地亚萨格勒布大学校长Aleksa Bijelis教授一行6人访问学院，萨格勒布市副议员Holjevac女士及克罗地亚驻华大使司马安先生同行。

我向客人们简要介绍了学院的教学、科研及国际交流情况，还就双方合作建立孔子学院以及学生交流等事项达成了初步意向。

7月31日　德国中学生夏令营

傍晚5点半，“汉语桥——德国中学生夏令营”同济大学站开营式在学院报告厅准时开营。开营式由我主持，董琦副校长、德国驻上海总领事馆领事Dr. Thomas Prinz先生致欢迎辞。德国来华学生夏令营总领队胡春春介绍了夏令营活动安排。一名德国女教师和学生代表在发言中表达了自己的兴奋和幸运。

今年的夏令营规模扩大为全德国的 11 所孔子学院（含孔子课堂）选派的 126 名学生和教师，由汉诺威孔子学院总协调，分为北线组（北京—山东）和南线组（上海—安徽）。这次南线组的夏令营共有德国柏林、汉堡、汉诺威和莱比锡等孔子学院的 52 名学生和 4 名老师参加。同济大学主要负责承办德国中学生在上海的夏令营活动。

我作为夏令营的总领队，在有关接待方案的制订过程中，多次与德方总领队就日程规划、食宿安排、交通保障、安全保证等几个方面进行了沟通协调，并最终确定了一个详细周密的活动计划。考虑到德国中学生在上海只有短短 4 天的行程，为了让他们能借此难得的机会更多更充分地了解上海、了解中国、体验中国文化，这次上海的活动主要安排了两大主题：走近世博与感受上海，学习汉语与体验文化。活动的全程，安排了 4 名同济大学的学生陪同，另有 2 名同济大学德语系的学生作为导游介绍景点。尤其值得一提的是，8 月 2 日上午，学生们参观了位于上海虹口区的上海犹太避难纪念馆。通过馆内工作人员的讲解，大家了解了第二次世界大战期间从德国逃亡的犹太人如何在东方的这个国度幸存下来，并和这里的人民融洽相处，上海为他们提供了庇护，他们也为上海的经济、文化作出了贡献，从而被后人称颂，为德国中学生上了一堂生动的历史课。

夏令营的目的是让德国学生亲历中国文化，了解一个真实的中国。虽然上海站的行程只有 4 天，短暂却充实。作为接待方，在筹备过程中不断地完善方案，而在接待陪同期间，也根据实际遇到的问题应时而变，每个细节都尽力周到，例如学生们来到中国都要通过电子邮件向家人报平安，学院专门开放电子阅览室方便学生与家人联系。无论从交通、餐饮、生活各方面都竭力提供便利。作为上海站的接待方，我们还力求配合安徽方面的接待，对于赴安徽沿途时的餐饮困难问题，我们也尽力提供帮助，最终都得以顺利解决。

8 月 27 日 “雨过青山分外翠”

今天下午，同济大学和日本樱美林大学孔子学院联合主办、国家汉办与孔子学院总部担任后援的第四届全日本青少年汉语卡拉 OK 大赛决赛在同济大学一·二九礼堂举行。许琳主任、佐藤东洋士专程前来祝贺。

选手们纷纷表示，中国的语言太美了，中国歌曲也非常好听。决赛前一天，选手们还应邀参加了在曲阳社区举办的“社区踏歌行”活动，与上海本地居民畅谈世博参观体会。

9 月 1 日　德国预科教育专家演讲

今天下午，德国莱法州特里尔应用技术大学国际预科学校副校长巴赫（Elisabeth Bach）应邀访问学院，并为预科教师做了题为《德国大学的预科教育及对中国预科教育的借鉴意义》的演讲。巴赫女士详细介绍了德国预科教育的历史与现状，预科教育的基本规律及德国预科教育的经验，并就预科教育的目标、定位、教育方式、教学模式、教育质量、评估和监管等方面的问题，与预科教师进行了交流。

为保证预科教学和研究不断取得进步，本着立足长远、融入世界的原则，学院不断拓宽在预科教育方面的国际交流与合作渠道，并在师资培养、课程设置等方面充分借鉴发达国家对外国留学生进行预科教育的办法和经验，进一步提高培养来华留学预科生的综合素质和质量。

10 月 18 日　德国奥登堡大学来访

下午接待德国奥登堡大学中国事务负责人 Hans-Michael Trautwein 教授一行，就双方交流与合作等事宜进行了进一步沟通。

今年 5 月，同济大学作家代表团曾访问奥登堡大学，Hans-Michael Trautwein 教授等人给予了热情接待和周到安排，我首先就此表示感谢，并希望在学生交流、学术交流以及汉语推广方面双方能够加强合作。

Hans-Michael Trautwein 教授表示，奥登堡大学一直非常重视与同济大学的合作，如与汉诺威孔子学院经常合作举办各种活动，他希望今后进一步扩展与同济大学的合作。

10 月 22 日　法国 INSEEC 商学院校来访

今天下午，接待法国 INSEEC 商学院（INSEEC School of Business and Economics，英

赛克高等商学院）校长 Senanedsch Alain 一行，洽谈明年春季的合作项目——INSEEC 同济 MBA 研修项目。最后决定该项目的实施由留学生办公室主管，国际文化交流学院承办，经济与管理学院参与。

10 月 22 日　意大利帕多瓦大学来访

下午，意大利帕多瓦大学 Rudi Tranquillini 教授来访。帕多瓦大学始建于 1222 年，是欧洲最古老的大学之一，培养过伽利略、哥白尼等著名科学家。交谈中，Rudi Tranquillini 教授对同济大学“人才培养、科学研究、社会服务、国际交往”的办学理念表示非常欣赏，希望两校可以在语言、哲学、政治学以及国际关系学等方面展开广泛的合作，并非常乐意促成帕多瓦大学的语言生来同济大学研修汉语。

10 月 24 日　韩国汉阳大学来访

今天上午，韩国汉阳大学白贞姬教授来访，我向客人介绍了学院的基本教学、汉语培训情况，并希望白贞姬教授能积极推动学院与汉阳大学的交流与合作。我还向客人介绍了与韩国庆熙大学合作成立孔子学院的工作设想，希望以此为基地，推动学院与韩国大学的全方位合作。

白贞姬教授对同济大学的学术研究和发展表示敬佩，对学院与韩国已有的合作、交流表示欣赏。她希望就学生短期汉语学习项目、学术交流等与学院开展广泛的合作。

10 月 31 日　“星空下的告别”

2010 年上海世界博览会落下帷幕，在精彩纷呈的闭幕式上，国际文化交流学院 17 名留学生与其他中外演员和各国场馆代表参与了压轴节目“星空下的告别”舞蹈演出。

为了能出色地完成表演任务，从 10 月初开始，学生们克服了种种困难，经常一下课就奔赴排练现场，一直排演到深夜。其间，节目的舞蹈动作和组织编排经过多次修改，他们毫无怨言，总是耐心地学习新动作，积极地配合导演的调整安排。为了不影响

学业，很多学生还利用排练间隙，抓紧时间完成作业、温习课本。经过近一个月的辛勤付出，他们奉献了一场精彩的演出，获得了世博会闭幕式导演组的高度赞扬，多家新闻媒体争相报道，为学校赢得了荣誉，也向全世界展示了同济大学留学生的风采。

世博会期间，学院共接待了来自日本、美国、德国、法国、英国、新加坡和韩国等多个国家的近千名师生，共30多个团组，并合作开展了以“学习汉语和中华文化”“体验世博精彩”为主题的国际文化交流活动，主题突出，持续时间长，国别广，人数多，层次高，活动内容形式丰富，举办一次，成功一次，展现了学院的风采。

11月10日　院友会

今天讨论成立校友会事宜。毕业留学生是学院发展的重要资源，在未来的招生、拓展国际合作方面都会发挥积极的推动作用。大家一致同意按国别成立毕业生校友会，在可能的情况下，通过校友建立一些国外实习基地。但首要工作是尽快建立毕业生数据库。

11月12日　莫斯科财经工业大学来访

上午，莫斯科财经工业大学俄中关系分析研究中心主任、孔子学院院长易福成教授携团来访，我和人事处、外事办公室的同事一起接待。今年9月28日，该校副校长Vadim Lobov教授和易福成教授一行曾访问同济大学，就学生交流、学术交流、合作举办中俄文化论坛、学位教育等问题达成了合作共建意见。易福成此次是来落实合作的。我介绍了同济大学已经开展的孔子学院工作及对外交流情况，并希望与莫斯科财经工业大学的合作与交流能尽快进入实质性的阶段。易福成表示，莫斯科财经工业大学希望在学生短期培训项目、建立两校各层次校际交流项目以及通过远程视频会议进行孔子学院教学经验交流等方面加强合作。

下午，接待意大利特兰托大学前副校长Riccardo Zandonini教授，就如何依托同济大学的对意交流优势，充分利用学院在孔子学院、汉学研究、短期培训项目等方面的合作基础，继续加大在汉语培训、中国文化推广等方面合作等事项进行了坦诚交流。

Zandonini 教授介绍了孔子学院的筹建情况和开设中文课程的情况。最后，我们在“以孔子学院建设为契机，促进两校人文和科技的结合与交流”上达成共识，双方都愿意以共建孔子学院为契机，推进两校间的科技合作以及上海与特兰托两地间的地区性合作。

12 月 10 日　第五届孔子学院大会

10 至 12 日，在北京参加第五届孔子学院大会，本届大会以“孔子学院可持续发展”为主题，96 个国家和地区多所大学的校长和孔子学院的代表共 1 400 余人参加。会议期间，围绕“孔子学院与所在大学学科及当地教育系统连接”“双方校长对孔子学院的支持及促进双向交流”“加强中外双方院长合作机制的有效性”“国际汉语教师合格标准与本土教师培养”等议题举办了校长论坛和院长论坛。

全球 30 所孔子学院获“先进集体”称号，30 人获“先进个人”称号。樱美林大学孔子学院获得了“先进孔子学院”荣誉称号，汉诺威孔子学院中方院长胡春春博士被评为“孔子学院先进个人”。

2011 年

1 月 10 日　庆熙大学第一个汉语短期班

由中文系金璟硕主任带队，韩国庆熙大学孔子学院首次派学生到同济大学进行汉文化短期培训。因我协调了创办全程，感情自然深些，所以全程参加了该班的教学和文化体验活动，并为每名学生颁发结业证书。

此次短训班围绕“上海城市与海派文化”主题，除课堂听讲外，还带领学生参观了上海世博会展中心、东方明珠、上海历史陈列馆等，游览了人间天堂古典园林之都——苏州，让学生在实践中亲身体验中国文化。

1 月 15 日　“新世纪中国比较文学”学术会议

承谢天振老师和宋炳辉师兄信任，同济大学以海外汉学研究中心和亚太研究中心的名义承办了“回顾与展望：新世纪中国比较文学”学术会议，今天在中法中心召开。此为上海市比较文学研究会年会，来自复旦大学、上海外国语大学、华东师范大学、上海师范大学、上海交通大学、上海社会科学院，以及意大利、日本和韩国的学者近 200 人参加了会议。

我的硕士生们负责会务工作，会场布置整齐，会议服务周到。

1 月 26 日　“中外平视丛书”

近年来，有感于中外文化交流仍然存在误读、误解、误导现象，我起意策划一套“中外平视丛书”，采取平等视角，使中外文化互相理解。计划分中日、中韩、中德、中法、中意、中美、中英、中俄，采取中外作者合作方式，每本书包括两部分内容：一是中国如何看待某个国家，二是某个国家如何看中国。书的装帧设计，封面可以采取正反两种方式，即两面看是两本书，实际上是一本书。自觉创意很好，难的是作者和内容的选择。

4月1日 “汉语国际传播研究会”筹委会第一次会议

在马秋武教授的全力协调下，同济大学国际文化交流学院和外国语学院牵头，复旦大学、上海交通大学、上海外国语大学、上海师范大学共同发起的汉语国际传播研究会筹委会今天举行第一次会议。会议由马秋武主持，著名语言学家、中国语文现代化学会会长马庆株教授、副秘书长谭汝为教授与会发言，对由上海多所名校发起组建“汉语国际传播研究会”表示了充分肯定和全力支持。会上讨论了办会宗旨、原则、研究领域、学会构成、主要工作等内容。秘书处决定放在同济大学国际文化交流学院。

4月6日 中韩关系研究设想

因庆熙大学孔子学院成立，我最近一直在想，庆熙大学孔子学院除汉语教学外，应该充分发挥两校人文研究优势，在学术研究方面做些事，列入孔子学院年度工作计划，将庆熙大学孔子学院建成向韩国传播中华文化的重要力量，把中国人的人生观、世界观客观告诉韩国的大学生，减少他们对中国的误解。

庆熙大学是韩国名校，也有中文系，可以由庆熙大学搜集整理韩国关于中国的研究资料，整理成书后翻译成中文，做成“韩国中国研究系列”，也可同时列入海外汉学研究中心的工作计划。

4月26日 孔子学院工作座谈会

下午两点，“同济大学孔子学院工作座谈会”在学院216会议室召开。组织部、文科办、人事处、财务处、外事办公室、留学生办公室及各文科学院、中意学院和中法学院代表出席了会议并参与讨论。

目前，与同济大学合办的孔子学院已有三家，孔子课堂有两个。其中，日本樱美林大学孔子学院与学历接轨的“汉语特别课程”“全日本青少年卡拉OK大赛”等已成为孔子学院特色项目、品牌项目，受到国家汉办好评。汉诺威孔子学院组织的德国中学生来华夏令营、宝隆纪念图片德国巡展、王安忆《启蒙时代》德国巡回朗读讨论会等活动

也在德国社会引起热烈反响，受到诸多中外媒体关注。2010 年 5 月，在国家汉办及孔子学院总部召开的赴孔子学院“巡演、巡讲、巡展”工作总结会议上，同济大学是众多与会单位中唯一一所“三巡”俱全的高校，得到了国家汉办和与会高校代表的高度赞扬和广泛好评。

同济大学的孔子学院迄今已成立五年，目前处于发展的关键时期，需要学校各部门大力支持。大家一致认为，孔子学院工作是学校“国际化办学”过程中对外交流的重要工作之一，为各学院提供了对外交流“走出去”的国际平台，也为学校干部海外挂职锻炼与培养提供了一个很好的平台。各学院将结合自身特点，充分利用好这一平台，在孔子学院“巡演、巡讲、巡展”的“三巡”工作以及孔子学院相关研究、教材建设等方面发挥作用并作出贡献。

5 月 4 日　谭中先生来沪

谭中先生和夫人今晚到上海，约我和王义桅小聚。谭先生很健谈，对自己在印度的教学和从事中日文化交流合作之事所谈甚多，拳拳之心可鉴。谭先生希望同济大学在中印文化交流方面做一些工作，争取成为上海的中印交流中心。我因研究泰戈尔颇得先生教诲，表示将尽力为中印人文交流尽力。

5 月 5 日　顾彬讲座

今天晚上 7 点，顾彬（Wolfang Kubin）在中德学院 202 报告厅演讲，题目是“学者在中国扮演的角色——昨日与今朝”，听众甚多，但演讲并无新意，基本仍围绕他对中国文学的批评展开。很多听众可能也是出于一种慕名的冲动前来。

外国人批评中国，往往在本国会博取名声。有一个意大利学者曾告诉我一个让我觉得耸人听闻的新闻：有一个意大利人写了十几本关于中国的书，但这个意大利人一次都没有到过中国，而且不懂中文。这些书有一个共同特点就是批评中国。他在接受采访的时候被问道：“你为什么对中国有那么多误会?”他说：“很简单，只要是中国的都可以批评，读者们喜欢。”但顾彬批评中国当代文学在中国很出名，甚至有很多崇拜者，这

却是中国文学界的悲哀：我们的作家不知道为何写作，为谁写作，我们的批评家没有自己独立的批评标准。常看到很多中国作家言必称拉美文学，实际上自己不懂外文，只是读了翻译作品，所以在某种程度上可能只是受了中国翻译者的影响吧。而言不称中国译者之功，依然是文化不自信的表现，骨子里还是崇洋媚外心理在作祟。

5 月 9 日　英语通识类课程见成效

今天《同济信息》（2011 年第 2 期）发文，题目是《同济大学英语讲授“通识类”系列课程建设显成效》。作为全英文授课课程体系的重要组成部分，英语讲授“通识类”系列课程自 2008 年起开始建设，依托学校的专业优势与特色，面向全校留学生，迄今共开设了 9 门，涵盖了中国历史与文化、社会经济、城市发展、城乡建设、可持续发展、外交与国际关系、知识产权保护等领域。课程所用的英文教材和课件全部由教师们共同收集、编写，有些英文教材已经编写成熟，即将出版。按照计划，通识课将建设成英文授课的“精品课程”和“国际化品牌课程”。

5 月 13 日　留学生版《同济之歌》

今天下午，外国留学生国际文化展示活动在南校区篮球场拉开帷幕。活动由学院主办，学生会国际部协办。整场活动由“才艺表演”“民族服装秀”“饮食文化”“茶道”“婚典仪式”“传统节日文化”“手工艺品”“各国文字艺术”“书法、绘画及刺绣”等项目串联而成，旨在让参加活动者了解各国的民俗风情和传统文化，以达到互相尊重、和谐相处、共同进步的目的。

第一个出场的节目是留学生自编自唱的《同济之歌》，旋律虽然简单，却充满了质朴的情感。在演唱者的带动下，师生们一起唱响了这首留学生版的《同济之歌》。在 3 个多小时内，学生们献上了来自太平洋美丽岛国的舞蹈，字正腔圆的中文诗歌朗诵、洋溢着浓郁民族风情的世界各国服饰表演、有板有眼的模拟婚典仪式等。周围不断响起掌声和欢呼声。

在舞台周边的 10 个异域风情展台上，摆放着留学生精心准备的各种特色美食。有

的留学生现场表演咖啡和奶茶的制作过程、有的则亲手制作手工艺品、有的现场展示书法和绘画作品。所有师生都有机会参与活动，每个人既是表演者，又是观众，可以零距离地融入异域文化和风土人情之中。

举办各国文化展示的目的，是希望留学生不但能在同济大学学习中文和中华文化，而且能以同济大学为舞台，展示本国文化，从而使同济大学成为世界各国文化交流融汇的平台，而留学生们则可成为展示各国文化风采、传播文化和友谊的“大使”。

7 月 5 日　中韩青年教师座谈会

今天上午，韩国庆熙大学研究生代表团一行 30 余人在学院与同济大学研究生和青年教师座谈，主题是“中国的教师培养制度”及“在中国做教师需要具备的素质”。讨论主要涉及中韩两国小学、初中、高中、大学以及留学生教师培养办法、中韩两国教师资格证的取得以及考试制度的差异、留学生教育模式等。由于参加讨论的都是已经从事教育工作和即将从事教育工作的青年教师和研究生，因此讨论非常热烈，讨论结束，大家仍意犹未尽，纷纷交换了联系方式，并期待下一次有机会再进行交流。

7 月 7 日　郭尚文来访

今天上午，中德学院德方副院长郭尚文（Jari Grosse-Ruyken）一行来访，他希望日后在中德文化交流、学生活动、留学生英语通识课程建设等方面与国际文化交流学院保持密切沟通与联系，并推动双方开展进一步的合作。我表示全力支持。同济大学对德合作是传统，中德学院是窗口。同济大学建有汉诺威孔子学院，也是对德的重要窗口，两个窗口虽相隔万里，但目的是一样的，因此在诸多领域存在合作的机会和可能，双方共享资源，加强协作，可为中德人文交流做更多的工作。

8 月 13—19 日　韩国行

受韩国庆熙大学与亚洲和平研究所邀请，我带团访问了庆熙大学孔子学院。13 日下

午，庆熙大学外国语学院院长尹宇燮教授、中文系主任金璟硕教授等热情接待了我们，并就双方如何运用孔子学院这个中韩文化交流的平台，开展多种形式的汉语培训、中华文化体验、汉语言本科“1+3”中外合作办学、中外高中校长互访交流、高层学术论坛等相关事宜进行了坦诚、富有成效的交流。

14—16 日，到天安市参加由亚洲和平研究所举办的题为“东北亚和平、合作与发展”的学术交流活动。我发言题目是“东北亚的和平之途”。结合东北亚的历史和文化的复杂性，提出民族独立和文化协同的关系问题。我属于外行，但秉承和平之心，发自肺腑。

在韩期间，我们还拜访了中国驻韩国大使馆，报告同济大学与韩国近期合作交流情况。另外还走访了韩国韩神大学、江南大学、德成女子大学、韩国外国语大学、釜庆大学、釜山大学、韩国外交通商部外交安保研究院中国研究中心等韩国高校和研究机构，就合作开展中韩文化交流活动、优势资源共享等进行了广泛交流。

这次在韩国，在首尔与师兄金炅南、在釜山与师弟安承雄见面，回想在复旦一起读书、打网球、吃大排面、红墙饭馆喝酒、翔鹰电影院看电影的时光，不胜怀念。

8 月 26 日　德国北威州短训班结业

1—26 日，29 名来自德国北威州的大学生到学院进行短期汉语培训，德国科隆大学外办亚洲项目负责人 Preuschoff 女士带队。同学们在学习汉语之余，还练习中国书法，学打太极拳和武术，登东方明珠广播电视塔，游览城隍庙和豫园，乘坐磁浮列车等，充实的汉语课程和丰富的课外活动深受学生们喜爱。结业汇报演出时，他们纷纷展示了各自突飞猛进的汉语水平和诸多活动照片，以及这一个月内赴中国各地游览的精彩视频。我给同学们颁发了结业证书，鼓励他们继续学好汉语，有机会再来中国看看变化。

今晚恰逢第五届全日本青少年卡拉 OK 大赛在同济举行。德国学生还以一首《茉莉花》献演助兴，吉他伴奏，小组合唱，优美动听，再配上婀娜多姿的舞蹈和极具感染力的太极扇表演，赢得了台下观众的无数欢呼和掌声。颇有斗歌之趣。

8 月 29 日　大阪孔子课堂首期夏季汉语研修班结业

今天下午，日本立命馆大学孔子学院大阪孔子课堂第一期汉语研修班结业，我在结业典礼上向各学员表示了祝贺，希望他们回日本后继续努力，在学好汉语的基础上多多了解中国，相互增进理解，为日中友好作出贡献。随后，13 名学员们用汉语表达了他们在同济大学留学的感受，表达了对上海和同济大学的喜爱、对授课老师的感谢，纷纷表示下次有机会一定再来同济大学留学。学生们流利的汉语让人吃惊。

兴趣是最好的老师。为了激发同学们学习汉语、感悟中国的兴趣，学院在短短一周的时间里，除了生动活泼的汉语课之外，还安排了中国书法和中国画等中华文化体验项目，世博园中国馆、东方明珠、浦江夜景、豫园以及上海马戏城的杂技表演受到了学员们的一致好评。

9 月 5 日　“海外华文作家笔会暨采风活动”

今天上午，在上海闸北区大宁灵石公园水上会议室举行“品味上海 · 海外华文作家笔会暨采风活动”欢迎仪式，活动由上海市人民政府侨务办公室主办，我受邀出席。活动期限从 9 月 4 到 9 日，来自美国、加拿大、新西兰、澳大利亚、比利时、德国、荷兰、日本、韩国、新加坡、马来西亚、泰国、菲律宾、印尼、文莱，以及中国香港、中国台湾等 17 个国家与地区的 38 位作家应邀参加了这次活动。海外华文作家将深入上海社区，走进新农村、幼儿园、敬老院、卫生院，还参观了一些文化中心、工业园区、博物馆、民间艺术馆、藏书楼、寺院、教堂等，体验感悟上海的变化。

华人文学作为“中国形象”的一部分，自身就是世界看中国的一扇窗口。如何保证海外华人作家真实、自信、客观、公正地表述中国问题，也应成为中华文化走向世界的核心命题。只有这样，华文文学才会成为中国经验、中国心理的真实载体，西方读者才能借以了解真实的中国。

9 月 7 日　韩国国民大学来访

今天上午，韩国国民大学国际部尹炅雨教授来访，我与客人就可能的合作进行

了交流，主要涉及学生短期交流、学历生教育以及学术交流等。我还重点介绍了韩国庆熙大学孔子学院的情况，希望国民大学与同济大学和庆熙大学保持沟通、加强合作。

9月25日 “全球视野下的中欧关系”

参加政治与国际关系学院举办的同济大学国际与公共事务研究院理事会、中欧学术连线成立大会暨“全球视野下的中欧关系”学术研讨会。王义桅安排我点评邱震海的讲座“中欧战略伙伴关系的社会基础：转型期的中欧如何相互适应?”。恭敬不如从命，我仔细聆听并进行了发言。

> 这两天的会给了我很多启发，特别是邱震海老师的文章，因为也是命题嘛，让我点评，所以我就随意谈谈。2009年，在德国汉诺威举行过一次“莱布尼茨—孔子”跨文化座谈会，有很多德国媒体参加，针对德国媒体对中国的很多批评，我记得当时邱震海先生提出“你们应该扎扎实实地研究中国”。所以这次会议我看邱震海先生提出“转型期，中国应该扎扎实实研究欧洲，特别是德国”。这里面就有一个相成性，相辅相成性，也就是说，目前中国，包括欧洲都处于一个转型期，但欧洲有一个灿烂的未来。我相信这句话，因为欧洲有着历史悠久的发展经验，包括遇到的矛盾和问题。对于这些矛盾和问题，我们作为中国学者不应该隔岸观火，而应该把它们当作自己的问题，因为欧洲遇到的问题也是全人类都会遇到的问题。所以邱震海先生这篇文章提出欧洲发展得早，德国发展得早，但早有成功也有失败，而我们中国发展在后有一个优势就是我们可以学习很多东西，包括他们的一些经验，包括他们失败的一些教训。所以作为一个外行，我想也最后说一个外行的话，有一个东西是肯定改变不了的：中国永远是中国，美国永远是美国，日本还是日本，民族的分歧、文化的冲突肯定永远存在，但是我们作为研究者，我们作为一个人文学者是不是有一点可以自己改变，而且可以促使更多人改变。所以我提出这点，从文化研究者的角度来讲，我们是不是可以自己先做到这一点，也就是说把别人的问题，把别国的问题，把其他人的问题，甚至说人与人之间的都当作自己的问题，而

且抱着一种很敬畏的态度，如履薄冰，就好像如果我自己家出现这样的情况我怎么解决。然后，如果有那么一天的话，我想也就不存在什么中国教训、中国经验，不存在什么欧洲经验、欧洲的智慧，那就是全人类的智慧、全人类的经验，我想如果有那么一天，那是全人类的福祉。

9月28日　模块化专家

经过半年的协调，德国哥廷根大学吉尔特教授接受邀请，今天抵达上海，正式成为同济大学模块化专家。我接她住下后简单吃了晚饭，即谈在同济大学的工作安排。吉尔特是同济大学的老朋友，对汉诺威孔子学院一直很支持，也多次来访。

在同济大学期间，吉尔特表现出德国人的认真和负责。她认真按照既定的工作计划，在四平路本部和嘉定校区，系统讲授了我所负责的英文课“中国历史与文化”，受到听课留学生的普遍好评。她上课方式灵活，采取课堂讲授和讨论相结合的方式，较好地激发了留学生对中国历史与文化的兴趣，对促进外国留学生了解中国历史与文化，起到了积极作用。

在同济大学期间，吉尔特教授还利用自己对中国文化和文学有深入研究的专长，面向全校师生，尤其是国际文化交流学院、人文学院、外国语学院的年轻教师和研究生举办了“德国的中国观”“中国现当代文学在德国”的学术讲座，并举办了题为“我之所在，即为中华文化——谈孔子学院和对外汉语教学工作”的讲座；同时参加了上海市作家协会举办的“2011上海写作计划——东西方的未来”报告会，与上海作协主席王安忆进行了座谈。

10月13日　斯里兰卡教育部长来访

今天上午，在教育部国际司亚非处、上海市教委国际处、同济大学外事办公室、留学生办公室相关人员陪同下，斯里兰卡教育部部长古纳瓦德纳先生一行4人到访学院。我向客人们详细介绍了学院在教学、科研、对外交流等方面的基本情况，以及斯里兰卡学生在我校的学习、生活情况。古纳瓦德纳部长则对学院在教育等方面给予斯里兰卡学

生的帮助、支持表示衷心的感谢，并简单介绍了斯里兰卡高等教育的现状，希望双方在学生交流、教师培训等方面开展更广泛的合作。

纳瓦德纳部长一行饶有兴致地参观了学院教室、语音室、文化展示室，还与正在同济学习的斯里兰卡学生进行了亲切交谈。当斯里兰卡学生用流利的汉语表达对中国、斯里兰卡两国政府及同济大学和国际文化交流学院的感谢时，古纳瓦德纳部长禁不住连连赞叹。

10 月 18 日　留学生沪语秀

今天下午，在四平社区文化活动中心广场上举办的杨浦区“四平杯沪语才艺秀”活动中，学院日本留学生浜本佳宏和东仁美用上海话表演了脱口秀——外国人学说上海话。虽然他们的上海话还略带日本口音，但风趣、幽默的表演引来台下杨浦区社区居民的阵阵欢笑和掌声。最终，凭借细致的编排和出色的现场表现，加之来自上海滑稽剧团的专业评委们对外国人学说上海话的鼓励，该节目获得一等奖。

中国的方言都是中文大家庭的一员，方言文化都是中华文化的有机组成成分，对留学生而言，除了学好普通话，也应了解学习所在地的方言和地方文化，这样既了解了中国语言和文化的丰富性，也能有助于他们深入所在地的生活，有获得感、存在感和在地感。为此学院数年来坚持为留学生开设上海话选修课，帮助他们了解上海文化，融入上海生活。这门课每年都吸引了很多留学生，包括很多中国学生。目前学生中已经有很多能将上海话说得很溜了，很多留学生到超市、菜场都操着一口流利的上海话，处处流露出“结棍”（厉害）的神情。媒体纷纷以“留学生热学上海话”为题予以报道，并结合方言保护和传承，呼吁向留学生学习，学说上海话，保护上海话，传承上海话。

我接受记者采访时说：同济大学是上海地区较早为留学生开设上海方言选修课的高校，当然，留学生学说上海话也经历了一个从不了解、了解到喜爱的过程。下一步将根据留学生的实际需求，鼓励任课教师自编教材，满足留学生“更好融入上海、更易体味中国文化”的心愿。

10 月 21 日　孟柱亿教授讲座

我听闻韩国外国语大学孟柱亿教授今天来沪，上午特意到浦东机场“截留”，直接将其请到同济大学附近的一家饭店，并约兄弟高校的几位专家一起座谈，大家虽纷纷“指责”我做法“野蛮”，但相谈甚欢。

下午请孟柱亿教授先在同济大学演讲，题为《韩中文化差异所引起的交际障碍及解决方案》。孟教授首先分析了韩中文化差异所引起的交际障碍，即语言交际的问题和非语言交际的问题。要扫清这些障碍，孟教授认为要做到以下几点：第一，要合理理解文化的概念；第二，要确定积累文化知识的原则，如要考虑交际的方向性、要对韩中两国国情文化进行细致的对比、要考虑韩汉两语的异同以及适应汉语的特点、考虑交际障碍的程度；第三，要重视培养跨文化交际态度。

讲座结束后，复旦大学、华东师范大学、上海外国语大学、上海交通大学的专家围绕对外汉语教学的现状、孔子学院的发展等问题与孟柱亿教授和在座师生进行了座谈。

10 月 22 日　泰戈尔诗朗诵会

今天下午，印度驻沪总领事馆和上海市作家协会联合在上海市作家协会大厅举办“心灵之桥”——庆祝泰戈尔诞辰 150 周年泰戈尔诗朗诵会。我受邀参加，见到了很多老朋友。

这是印度驻上海总领事馆与上海市作家协会连续第三年举办纪念泰戈尔的朗诵会了。印度驻上海总领事戴思锐等百余位中外作家、学者、文学爱好者以及上海作协“2011 上海写作计划”的驻市作家们参加了朗诵会。

朗诵会开始前，首先由一位印度艺术家演唱一段由泰戈尔作曲作词的歌曲作为“开幕曲”，这是印度的传统。著名表演艺术家曹雷、蔡金萍、陈慧，参加上海写作计划的印度诗人苏迪普·森（Sudeep Sen）和印度社区的友人们用中文、英文、马拉地语和泰戈尔的母语——孟加拉语朗诵了泰戈尔的《园丁集》《吉檀迦利》等著名诗集中的名作：《告别》《婴儿的遐想》《怀念中国》《姑娘和灯》《大地母亲》《守望》《光明》《我的心》等。

10 月 24 日　特兰托大学副校长来访

今天上午，意大利特兰托大学副校长 Caria Locatelli 一行来访。该校目前正与同济大学合作推动孔子学院建设，我们也一直在积极努力。Locatelli 副校长回顾了意方申办特兰托孔子学院的情况。双方就申办和筹建过程中的多项工作交换了意见，并达成共识。

目前，意大利特兰托孔子学院还在申办过程中。如果获批成立，将着重突出我校与特兰托大学在设计创意、多主体参与以及两城互动等多方面的特色，同时对巩固同济大学与特兰托大学长期以来建立的合作关系将起到重要作用。

10 月 26 日　同济附属中小学校长代表团访韩

26 日，应韩国庆熙大学孔子学院邀请，由学校工会和国际文化交流学院组织，我带队，同济附属中小学及基地学校校长代表团访问韩国，受到韩国相关部门热烈欢迎。在韩期间，代表团拜访了京畿道教育局、庆熙大学孔子学院和庆熙大学附属中小学、台章高中、灵德中学、灵德小学、高科技高中等 10 余家韩国教育机构和学校，并参观了昌德宫，探访了東草市雪岳山。访问期间，代表团就中韩两国的教育改革、教育发展理念、大学招生及毕业情况、中韩教育体制差异等问题与韩国同行进行了交流，并加深了对孔子学院的了解。

此次出访是继庆熙大学孔子学院校长代表团访问同济大学后的回访，学校工会一直鼎力支持，其间协调工作甚多，颇觉劳累，好在一切顺利，收获丰富。

10 月 26 日　香港电台采访

今年 9 月 25 日上海世界博览会博物馆正式对外开放。整个展馆总共有两万平方米，分成三层楼，包括“世博全景”、中华智慧和世界文明及人类未来。

今天上午，香港电台记者到学院采访，让我谈谈世博会对中国开放的影响。我的回答是：许多人在世博会之前对世界一无所知，但通过世博，可以接触到外国文化，中国人开始多了一种尊严感。

10 月 29 日　汉语秀

今天，同济大学学生会组织、举办了留学生汉语秀，活动仿照“汉语桥”的形式，经过初赛胜出的留学生，以汉语表演诗歌、朗诵、绕口令、话剧等形式参加复赛，并参与现场汉语答题环节，活动完全由学生策划、组织。孔子学院奖学金生伊万诺娃、马丽娜、库拉诺娃、安娜合作表演了话剧《白雪公主》，标准的汉语发音、出色的演出与编排，赢得年轻的大学生们阵阵掌声和喝彩，并被推荐在学校艺术节进行表演。活动让留学生们交了很多中国朋友，融入了同济大学校园。

2007 年进入国交院工作时，我就一直有一个梦想，那就是全部以留学生为演员，排演一出中国戏剧作品，如《雷雨》《龙须沟》《茶馆》等，在全国巡演。动机源于我中学时第一次登台朗诵诗歌的完全忘词，我当时就发现，上过舞台，哪怕是表演时完全失败，都是一种成功。对留学生而言，登台用汉语表演，不仅是锻炼汉语能力，更是一种人生经历。这次留学生表演短剧，算作梦想的开始吧。

11 月 19 日　第一届预科教育研讨会

学院主办的“第一届预科教育研讨会”今天在中法中心举办，天津大学、山东大学、南京师范大学、北京语言大学、华中师范大学、东北师范大学等高校及北京语言大学出版社等单位代表共计 60 人参会。围绕留学生预科教育中的一些瓶颈问题，各位一线教师纷纷支招，就大纲设置、教材编写、课程安排、教学策略、学生管理等重要问题出谋划策，因女老师多，更显热烈，而且生活气息浓厚。其中针对预科生计算机课程应如何设置、相关教材应如何编写等问题，讨论得最为热烈。

11 月 25 日　第二届留学生汉字书写比赛

今天下午，在逸夫楼一楼报告厅举行了第二届留学生汉字书写比赛，来自 100 多个国家的 300 多名留学生参加了比赛。比赛由师生共同主持，紧紧围绕汉字书写这一主题，包括“看图写汉字”“猜字谜”“用汉字写出日期和时间”“留学生唱中文歌曲”

“留学生快板表演”“看部首写汉字”“快乐传真”“生字开花”“根据古文字猜现代汉字”“词语接龙”“留学生舞蹈表演”“看问句说答句”12个项目，多角度、多层次地挖掘出汉字的趣味性。整个过程，比赛与游戏穿插，知识与兴趣并举，教师与学生互动，形式活泼，气氛活跃，参加者积极踊跃，鼓励之声不绝于耳。

11月29日　学院讲座成品牌

今天“中国新闻网”发文《在沪留学生热学汉语迷上中文》，介绍自2007年开始我主导发起的两个系列讲座品牌“汉语国际传播论坛”和“海外汉学家论坛”。

在全世界掀起“汉语热”的背景下，很多留学生都把学习汉语作为今后求职、发展的必备条件之一。很多同济大学毕业的留学生选择继续在上海读研深造，或到跨国企业等外国驻沪机构工作。为满足这些留学生学习汉语、了解中国文化的热情，学院专门开设了两个论坛，迄今已邀请了30位中外著名学者和作家为留学生做报告，“外国人给外国人讲中国语言与文化”本身就是一种相辅相成的语言文化氛围的营造，使留学生在异文化交流中了解上海、认识中国。“每次讲座都爆满，课堂气氛活跃，人气始终很旺。”

按照我的设想，下一步还应将年轻教师“送出去”，通过海外培训、体验和感悟，更好地了解留学生的需求，实现专业知识和国际意识的融合，这样以后能在与留学生的互动中寻找到更有效的方式推广汉语。

12月16日　大阪滋庆学园来访

今天上午，日本大阪滋庆学园常务理事桥本胜信教授和汪立新博士来访，我先引领客人参观了学院的教室、语音室和文化展示室，并就双方师生互访、学术交流等事宜交换了意见，希望双方继续保持沟通，加强合作。

我感兴趣的是滋庆教育集团一贯实行的产学协同教育模式，学生读书和职业能力培养结合密度高。我一直在思考的是，汉语走出去，不能“赤裸裸”地走出去，得借船出海，“依苇渡江”，其中就包括职业技能与汉语的结合，即“汉语+职业或专业”培养，

将对留学生的汉语教育与其职业技能培养结合起来，特别是为一些海外中资企业或外国涉华企业培养既能讲汉语、了解中国文化，又掌握一定专业技能的专门人才。这样也能消除汉语与中华文化走出去引发的一些负面舆情，大隐于世、于生活。

12月31日 “西方人看西方”丛书

应山东一家出版社邀请，我策划了一套文学随笔、游记类作品，今天发去了。所选篇目都是世界著名作家、历史学家的游记类散文，包括 *Travels Through France and Italy*（Tobias Smollett），*My Four Years in Germany*（James W. Gerard），*Twilight in Italy*（D. H. Lawrence），*Italian Letters*（William Godwin），*Passages From the English*、*French and Italian Note-Books*（Nathaniel Hawthorne）等。所选篇目皆为他们游历世界过程中对历史文化的思考的结晶，是文学与历史、地理、艺术等的完美结合，适合文学爱好者、旅行爱好者和对西方文化感兴趣的读者阅读。

中国人看西方，有时犹如雾里看花、水中望月，但西方人自己看西方呢，是不是就清澈如镜？透过这些西方“徐霞客”，我们可以更贴切地认识西方、了解西方。

2012 年

1 月 3 日　韩国中学校长代表团来访

韩国庆熙大学孔子学院组织的韩国中学校长代表团今天到校，进行为期六天的研修访问。代表团由尹宇燮教授领队。我为研修班做了“中国国情与民情”的讲座，介绍了中国目前的社会、生活中的热点问题。

研修团还访问了同济大学第二附属中学，并赴浙江普陀山参观体验中华佛教文化，在江南古镇西塘探寻传统文化保护与传承之道。

1 月 13 日　中外学生融合文化建设重点项目

今天得到通知，经同济大学文化建设委员会办公室评审，我申报的“中外学生文化、学术交流平台建设”项目获得立项和资助。

该项目包含三部分：（1）中外学者系列学术讲座，旨在邀请国内外著名学者以“中外文化传播：理解与信任”为主题开设讲座，培养中外学生的国际意识和跨文化交流能力，加深对民族文化与世界文化关系的认识，开阔知识视野，掌握文化交流的基本理论和技巧；（2）中外文化展示活动、中外文演讲比赛、中外学生学术沙龙等，旨在增强同济大学中外学生对不同文化的特质及彼此关系的理解，深化同济大学的国际化发展战略；（3）中外文化体验活动，旨在组织中外学生调研同济大学不同学科的国际文化交流的历史和现状并提出建议，走访、体验上海的“国际化”风情，感悟不同民族文化和谐交流和相互促进的历史意义与当代价值。

3 月 3 日　南亚的声音

受印度驻沪总领馆邀请，参加斯里兰卡、印度、巴基斯坦驻上海总领事馆联合主办的对话。Kunal Basu（印度）、Sunethra Rajakarunakare（斯里兰卡）、Arvind Subramaniam（印度/美国）、上海籍的作家 Mishi Saran 担任主持。

这是首次举办以南亚作家为主的文学节，对话会人不多，但气氛很热烈，西方文学与亚洲文学的关系是讨论热点。我从文学创作的“民族性”“亚洲性”和“世界性”的关系角度，提出文学创作的作家主体责任问题。

3 月 17 日　中日合作研究设想

今天杨光俊院长来为学院老师做讲座，讲座之后我们进行了座谈。借鉴之前“中国学”丛书的合作经验和教学，我谈了一些设想，建议从四个方面双方加强合作：

（1）汉语国际传播与世界中国形象的塑造；

（2）媒体中的汉语国际传播；

（3）汉语国际传播与媒体的功能——以《光明日报》为例；

（4）中国现代文学翻译中的汉语规范化问题研究。

3 月 23 日　“日本与我”

今天下午，毛丹青在同济做讲座，题为《日本与我——悠悠古今，另类日常》，本次活动由国际文化交流学院与日本国驻上海总领事馆共同主办，地点在中法中心。演讲是纪念中日邦交正常化四十周年的官方活动之一，由日本国政府外务省发起，先后在中国的五座城市进行为期十天的巡回演讲，同济大学是上海唯一的一站，也是此次巡讲的最后一站。

毛丹青着重讲述了日本的生死观，他用平实的语言讲述了自己在细枝末节中领悟的人生真谛，为在场的听众呈现了“零距离”的异域文化，展示了中日文化之间的渊源和传承脉络。我在点评中称毛丹青富有哲学的基调与感性，善于在任何日常生活中寻找个人化的真实存在。

演讲会自始至终座无虚席，听众不仅来自同济大学，还有来自上海各大高校的学生和文学爱好者，以及从外省慕名而来的中外学生。

4 月 5 日 《齐德拉》与同济

收到印度驻上海总领馆的邮件，毛世昌教授组织兰州大学师生排演的泰戈尔诗剧《齐德拉》拟到沪演出，希望同济大学能作为该剧在上海演出的一站。

我很乐意。泰戈尔与同济大学有缘。中国人最早了解泰戈尔，与同济人有关。第一次世界大战以后，德国社会各界逐渐视东方文化为拯救西方文化弊端的良药，而此时在德国留学的同济大学毕业生，如宗白华（1918 年毕业于同济大学医学预科，1920 年赴德）和魏时珍（1913 年考入同济大学德文科，1920 年 4 月赴德）等，则及时向国内介绍了德国的东方文化热及“泰戈尔热”，进而推动 20 世纪 20 年代中国兴起第一次“泰戈尔热”。除此之外，他们还在德国发起成立“中德文化研究会”，研究德国之强与中国之弱的根源，分析泰戈尔在德国受到欢迎对中国文化现代化的启发。因此，中国最早的泰戈尔研究，也与同济人有关。同济大学的文脉，自然包含了这个特殊的“泰戈尔期”。

兰州大学版《齐德拉》若能到同济大学演出，无疑会与泰戈尔再续前缘，进一步加深同济大学与印度的文化交流。

我立即起草了关于《齐德拉》的介绍和在中国的演出情况，发给了印度驻沪总领馆。

印度总领馆希望在同济演出的时间是 4 月 20 日晚，但恰巧 4 月 18—20 日期间同济有重大活动，大礼堂已有安排，所以只能提供 600 个座位的演出场所，印度驻沪总领馆觉得不合适，此事最终无果，遗憾。

4 月 23 日 《泰戈尔在上海》首发式

今天下午，受印度驻上海总领事馆邀请，参加在上海市档案馆外滩新馆举办的《泰戈尔在上海》（中英双语）新书首发式。这天正好是世界读书日，活动由上海市档案局馆、印度驻上海总领事馆携手上海文艺出版（集团）有限公司、中西书局共同举办。印度驻沪总领事戴思锐女士在首发式上致辞，介绍了图册的编撰经过，回顾了中印两国人民间的深厚情谊。上海市对外友好协会、新加坡驻沪总领事、瑞典驻沪总领事、保加利亚驻沪总领事、印度驻沪文化领事等中外来宾 60 多人出席首发式。印度侨民社团则在首发式上动情地唱起了由泰戈尔作曲的印度国际大学的校歌，上海市档案工作者朗诵了泰戈尔的诗篇。

《泰戈尔与上海》图册分为“生如夏花”“沪影寻踪”“中国之旅”“墨香遗韵”4个部分，收录了有关泰戈尔的档案图片200余幅，集国内数家档案馆、博物馆之馆藏珍粹。

首发式后，参观了“泰戈尔的中国之旅”图片展，与若干老朋友合影留念。

4月24日　“孔子—莱布尼茨国际教育对话研讨会”

今天上午，在德国汉诺威参加“孔子—莱布尼茨国际教育对话研讨会”，这是德国“2012中国文化年”正式活动之一，也是汉诺威孔子学院继2009年“孔子—莱布尼茨跨文化对话”之后，举办的第二届以孔子和莱布尼茨命名的国际研讨会。

研讨会以中德教育对比与交流为主题，同济大学、德国下萨克森州、德国外交部、德国下萨克森州教育部、哥廷根大学、汉诺威应用科学大学、DAAD（Deutscher Akademischer Austauschdienst，德国学术交流中心）、中国国家留学基金委、中国驻德国使领馆、安徽省教育厅以及来自中德经济界和企业界的近500人参与了研讨会。

作为这次研讨会的系列活动之一，汉诺威孔子学院在汉诺威世博会广场举办了“在汉诺威发现中国”广场文化展示活动。我和春春一道随处看，与一位茶道师聊了聊，品尝了一杯红茶；在一处折扇展示处欣赏了丰富多彩的婉约“扇艺”，另外还有中国书法、饮食、服饰等各种展示活动，类似于跳蚤街市，德国作家作品中，包括歌德的作品，都有过类似集市的描写。我环顾一周，越看越觉得像。文化力量之强大，又见一斑。

4月25日　德国下萨克森州留学生预科部调研

上午，陈强、胡春春、程妤和我一道拜访了位于德国汉诺威的下萨克森州留学生预科部，并对该预科部的教师培训选拔、课程设置、考试考核等进行了调研。下萨克森州预科部负责人Schreiber接待了我们，并向我们介绍了德国预科教育的历史、现状和下萨克森州预科部的一些典型做法，并带着我们参观了教学环境，古色古香，幽静幽然。

我邀请 Schreiber 先生方便时访问同济大学预科部并介绍德国预科教育经验，Schreiber 先生非常高兴地答应了，连说知道同济大学与德国合作情况，很乐于到同济做客。

5 月 9 日　阿曼苏丹国高等教育部来访

今天上午，阿曼苏丹国高等教育部次大臣阿卜杜拉·穆罕穆德·萨利米一行来访，同行的包括阿曼苏丹国高教部大臣计划发展顾问、高教部留学派遣司司长、高教次大臣办公室代理主任等。客人们参观了学院的图书馆、教室以及文化展示室，对办学环境表示赞赏，并就未来的合作尤其是学生交流计划进行了协商。

5 月 11 日　留学生国际文化展示

今天下午，作为同济大学建校 105 周年系列庆祝活动之一，国际文化交流学院主办、学生会国际部和四平社区文化活动中心协办的“2012 来华留学生国际文化展示活动”在大学生活动中心下沉式广场举行。300 多名留学生参加了各个项目，包括各国服装文化、饮食文化、茶文化、节日文化、婚典文化、手工艺品、各国文字、书画文化及才艺表演 9 大板块，以展台布展的形式进行展示，其中才艺表演作为整个活动的一条主线穿插于各大板块展示之中。

序幕由四平社区文化活动中心的腰鼓舞拉开，然后是才艺表演板块，由留学生讲解员以与现场观众互动的形式向大家介绍了展示的内容。在服装文化板块，参展人员身穿各自国家的民族服装，以独特的猫步 T 台走秀，夺人眼球。在饮食文化板块，30 多个国家的 60 多名学生自制的美味佳肴、特色点心，让在场观众大饱了口福。在茶文化板块，呈现给大家的不仅是不同国度的咖啡、奶茶，留学生还像模像样演绎了一把地地道道的中国茶道。出自留学生之手沏泡的中国茶，味道似乎不一般。除此之外，留学生们还模仿了中国传统婚典礼仪、“九条龙”现场手工制作、各国文字展示、书画寓意和故事等，吸引了越来越多的观众，达千人之多。

女教师们也身穿旗袍大秀身材，还助兴了歌舞表演，博得了现场的喝彩。

“色、香、味”俱全，民族风超强，国际范儿十足。这是一场具有异国风情、艺术独特、舞姿优美、歌声动人的盛会。

5 月 15 日　天台山“欢乐健康游”

5 月 15—16 日，我和程晔带 12 名留学生乘小巴一路颠簸，到浙江台州参加在天台山举办的“中国旅游日首游天台山主题活动”，留学生的到来成为活动热点，备受欢迎，人人成明星，媒体纷纷采访。留学生伊万诺娃、盖芳等还在活动现场宣读了“欢乐健康游”倡议书。

活动期间，留学生们走霞客古道、观王羲之墨池、赏自然风光、赴茶园采茶品茶……沿途景色迷人，途中不时遇到的文化典故之地、文化体验之处，更令同学们兴致勃勃。路上不时有好奇的中国游客围着留学生问东问西，留学生们彬彬有礼、温文尔雅，能代表同济大学的形象。

5 月 20 日　博士点专家论证会

今天下午，来自北京师范大学、南开大学、复旦大学、华东师范大学、上海师范大学、上海外国语大学的 9 位语言学界著名教授、博士生导师受邀对学院拟建设的“汉语国际传播研究基地”和“汉语国际传播”二级学科博士点相关工作进行论证。

今年 1 月，学校启动自主设置（增设、更名）二级学科工作，马秋武院长非常支持，拟在外国语言文学一级学科下自设“汉语国际传播”二级学科博士点，为此，我们认真起草了自主设置方案，并按程序邀请专家进行论证。同时在文科办支持下，我们计划成立汉语国际传播研究基地，作为学科建设的学术支撑。

专家们认为，设置汉语国际传播研究基地是一项具有前瞻性、符合国家发展战略的科学规划，将有力推动同济大学的学科发展，创新学科建设，扩大国际影响。而汉语国际传播二级学科的设置，不仅可以有效推动和深化世界汉语教学水平，促进汉语国际传播事业的健康持续发展，还能丰富和深化汉语教学理论与实践研究，促进语言学学科理论建设。专家评议小组经过认真论证，一致同意同济大学在外国语言文学一级学科下自主设置“汉语国际传播”二级学科。

5月25日　“中日青年京剧鉴赏会”

今天晚上，为庆祝中日邦交正常化四十周年，“雅韵流芳——中日青年京剧鉴赏会”在同济大学一·二九礼堂圆满落幕。本次活动是2012日本外务省中日国民交流友好年指定活动，表演者均来自同济大学京昆剧社和日本樱美林大学学生京剧团，来自106个国家的500多名留学生一同观看了演出。

日方首先带来了名剧《三岔口》，两位男生演绎了高难度的打戏。同济大学的女生“不让须眉”，扮演了穆桂英、杨贵妃。在互动环节里，留学生们穿起了京剧的戏服，甩起了古典的水袖，营造出了一种中西合璧、中外多元文化交流的氛围。

中央电视台、东方卫视、日本NHK电视台等多家媒体报道了此次盛会。

7月5日　上海高校外国留学生对外汉语教学研讨会

今天，学院承办的“2012上海高校外国留学生对外汉语教学研讨会”在中法中心C201召开，这是上海高校外国留学生教育研究会的年会。来自上海各高校的近百名对外汉语教师参加了研讨会，议题包括对外汉语的教学法研究、教材开发与使用和师资培养模式研究等。大家平时就很熟，会上畅所欲言，结合上海市对外汉语教学的现状与未来建言献策，对同济大学的国际化建设，尤其是国际平台建设的经验纷纷赞扬。

9月10日　留学生《文汇报》展示书法作品

今天《文汇报》之“阔步向前喜迎十八大”版面刊登了题为《高等教育国际化，让上海更“海派”》的报道。学院短期班留学生展示书法作品的照片被放到了最醒目的位置。报道中提到了同济大学留学生数量增加之多、分布之广：“2004年，全校留学生凑一起，才勉强过千。8年之后，同济留学生的数量已翻了两番，达4 600余人，分别来自106个国家。”报道说明，上海一直在积极推动高等教育的国际化发展，上海会成为

下一个最受欢迎的国际学生留学地。

9 月 19 日　德国波恩大学来访

今天上午，参加接待来访的德国波恩大学校长 Jürgen Fohrmann、副校长 Armin B. Cremers 一行。波恩大学是一所以人文社科见长的大学。同济大学坚持可持续发展理念，也将加强人文及社会科学学科建设作为核心任务。

会谈结果是将政治社会学、自然科学和语言作为两校合作的重点领域。

9 月 22 日 《谭云山》首发式

今早乘机到京，参加《谭云山》新书首发式仪式，活动由中国人民对外友好协会和中央编译出版社合办，地点在友好协会和平宫。我随身携《泰戈尔：中国之旅》书稿，当面交给中央编译出版社的邓彤编辑。按照计划，参加过新书首发式后，23 日我还参加北京大学魏丽明教授学生的开题报告会。刚到北京，就接到家里电话，父亲病故，一下慌了神，赶紧买火车票，经郑州，23 日凌晨回到商丘。

昨天出发前即接到堂兄电话，本拟当夜开车回商丘，但总侥幸以为还像过去一样，父亲会好起来。

10 月 8 日 “德国预科教育模式探究”立项

今天，中国高教学会外国留学生教育管理分会课题 2012 年立项名单发布，我和同事们合作申请的“德语预科教育模式探究”课题在立项名单内。

课题着眼于研究和借鉴德国预科教育的成熟经验和教训，完善中国预科教育的各项工作，进一步提高中国来华留学生的综合素质和培养质量，真正实现预科教育的目标。课题研究的内容主要包括：德国预科教育的管理模式和运作模式，德国预科学生管理的激励措施，德国预科教育的淘汰机制，预科学校课程设置与大学课程的衔接问题，德国高校外国申请者入学德语考试（DSH）和中国汉语水平考试（HSK）的比较研究，德国预科结业标准分析，德国预科师资队伍的组成与结构分析，德国预科教育质量跟踪和教育效果评价体系等。

10 月 13 日　首届汉语国际传播学术研讨会

10 月 13—15 日，中国语文现代化学会第十届年会暨首届汉语国际传播学术研讨会在同济大学举行。由中国语文现代化学会和同济大学联合主办，近 300 名国内外专家学者与会。

开幕式上，举行了“汉语国际传播研究分会”和“汉语国际传播研究基地”的揭牌仪式，并选举产生了汉语国际传播研究分会的首届理事会，秘书处设在国际文化交流学院。

会议以“汉语国际传播：任务与方法”为主题，围绕“中国语文现代化：历史、现状与未来”“汉语国际传播之学科建设”“汉语国际传播之教材研究”“汉语国际传播之教学法研究”“汉语国际传播之文化研究”“海外汉学、华文教育与汉语国际化关系研究”“汉语本体研究”“中外语言比较研究和中介语研究”“国际汉语测试研究”“汉语计算机辅助教学与软件开发研究”等汉语国际传播的关键问题展开了深入讨论。

马庆株教授、李宇明教授、王立军教授、吴应辉教授等分别从语文现代化、汉语国际传播研究等不同角度做了大会主题发言。与会学者认为，中国文化应紧握住全球化这个难得的机遇，改革汉语教材、创新汉语传播手段、实现国家汉语传播的可持续发展，焕发出新的生机与活力。同时学者们也已意识到，在新的历史条件下，不应再效仿建立在对外侵略基础上的西方国际传播的老路，而是要找到一条具有中国特色的和平的国际传播的新路，用“润物细无声”的方法来获得国际信任和尊重。

会务组强悍有力，值得一记。

11 月 24 日　“上海的日本文化”

昨天到达大阪，今天上午在立命馆大学孔子学院大阪孔子课堂讲《上海的日本文化》，听众来自大阪和京都地区，老人居多。这也是 2012 年度同济大学 · 立命馆大学孔子学院联合讲座的最后一讲。

我从日本人最早来到上海的历史说起，重点就近代以来日本和上海的互相交往进行了详细的介绍。最后回顾了中日邦交正常化以来日本和上海的友好交往历史，指出现今日本文化已经成为上海文化的一个组成部分，未来的上海和日本将在“相互理解，求同存异”的基础上，继续扩大经贸和文化的交流，把“中日友好”这一主题传承下去。

讲座结束后，由汪丽勇引导，参观了大学校园和附近的寺院及乡土风情。

11 月 27 日　错失良机

今天下午，校学术委员会听取各自设二级学科汇报。同时汇报的还有知识产权和工业工程。

自设学科程序复杂，包括专家论证、公示等，我们申报的“汉语国际传播”前期程序都顺利通过，但校内还是存在竞争的，是三选二。

因学院举办运动会，我一人独往，单刀匹马，去瑞安楼一楼会议室汇报。我强调说：同济大学的汉语国际传播二级学科博士点将作为创新型交叉学科建设，服务于学校“人才培养、科学研究、社会服务、文化传承创新”四大功能。将有效整合校内各种资源，突出学科特色优势，提升学科地位，促进学科理论与应用研究，解决汉语国际传播过程中面临的主要问题，既能为汉语和中国文化的国际传播培养合格人才，又能扩大同济大学的国际影响力，拓展学校学科增长点。

我讲得慷慨激昂，但专家们的提问也很尖锐，比如学科骨干师资短缺，学术影响力不足等等。

傍晚得到通知，未获通过。失去了一个创造历史的机会。

这一打击，让我足足消沉了半年，遗憾一生难消。因为若成功，同济大学在汉语国际传播学科建设领域就一马当先了。

12 月 27 日　“友谊樱花树”

今天下午，日本樱美林大学向同济大学“赠予友谊樱花树”的仪式在雨中举行。二

株象征着日本樱美林大学情谊的“八重樱”在南校区第二教学楼南落土：一株在楼东南门右侧，一株在楼南路与主干道交叉点上。恰逢细雨，嘉宾挥锹填土，种下象征友谊和合作的樱花树。

遗憾的是，主干道旁的樱花树第二年就枯了，南门外的一开始长势很好，还开过一年花，虽有些零落，加上西南门外的一株樱花树，大家都以为南校区也将形成赏樱区了，可惜未成。可能是土不好吧。但见证过这个仪式的老师，每到 3 月，心中都开着两株樱花树上的花儿。

12 月 28 日　“汉语言文学本科”专业成立十周年

今天下午，在学院三楼报告厅，历任老院长、日本樱美林大学教师、留办、教务处和人文学院等兄弟单位教师、学生代表济济一堂，并共同庆祝“汉语言文学专业”成立十周年，并在纪念墙上签下名字。

“汉语言文学本科”在学校国际化发展战略中的作用日益重要、厥功至伟，创办之艰，历历在目。专业成立以来，已经培养了一大批来自世界各国的毕业生，共同烙下了“同济人”印记，桃李天下芬芳。

2013 年

1 月 18 日　拜访印度驻上海总领事

今天上午，受印度驻上海总领事馆邀请，我与印度驻上海总领事史耐恩（Naveen Srivastava）先生就双方的合作进行了交流。总领事希望以国际文化交流学院为平台，推动中印文化的交流。我向总领事介绍了国际文化交流学院的对外交流现状和设想，并就今年拟在同济大学举办的东西方文化交流国际学术论坛，征求了总领事的意见。总领事表示支持。我们还就印度的汉语推广及中印学者之间的学术交流交换了意见。

2 月 24 日　预科教育专项课题开题

今天上午，学院举行国家留学基金委预科教育专项课题开题会。课题是经学校向国家留学基金委申请设立的，由预科部负责经费支持和具体建设，主题涉及预科教学方法、教材编写、学业考核标准、学生管理等方面，希望借研究成果能够为深入提高预科教育质量，提升预科教育层次作出贡献。

此次立项课题 8 项，其中重点项目 4 项，一般项目 4 项。8 位课题负责人分别从项目的研究意义、研究内容、课题实施方案、预期成果等角度进行汇报，国家留学基金委来华事务部、上海市教委国际交流处、上海大学、上海外国语大学、复旦大学、同济大学的专家提问并给予指导，提出了很好的建议。

3 月 11 日　印度驻上海总领馆文化参赞来访

今天下午，印度驻上海总领馆文化参赞 Vijay 先生来访。印度总领馆希望通过国际文化交流学院这个平台，将更多的印度学者介绍到同济大学，扩大与同济大学的学术交流与合作。我重点介绍了今年 6 月将在同济大学举办的“从泰戈尔到莫言：百年东方文化的世界意义”国际学术会议，希望总领馆能从邀请印度学者与会、组织与会学者参观和其他活动方面提供支持，Vijay 答应由总领馆出面邀请印度著名的中国问题专家参会

并负责相关费用，同时可安排在闭幕式后邀请与会代表享受一次正宗的印度餐。

3 月 20 日　夏威夷大学客人来访

上午，美国夏威夷大学马诺阿分校海外留学中心主任 Sarita Rai 教授和法律系 Alison Conner 教授来访，就明年春学期的合作项目进行了洽谈。

马诺阿分校海外留学中心计划与学院合作建立该校的海外留学基地，每年派送学生来学习一至两个学期。该校将选派教师作为项目负责人全程监管，其间为该校项目生及同济大学的学生开设两门英语授课的课程。

4 月 3 日　书法饰墙

下午，邀请天津书法家书写的十几幅书法作品挂在了学院三个楼层，文字是我选择的，包括“学好汉语，感悟中国”“博观约取，厚积薄发”“满招损，谦受益”“敏而好学，不耻下问”“绳锯木断，水滴石穿”“书山有路勤为径，学海无涯苦作舟”“三更灯火五更鸡，正是男儿读书时。黑发不知勤学早，白首方悔读书迟”“读书破万卷，下笔如有神”等。留学生可能不懂或不全懂其中意义，但作为一种语言文字环境，对留学生学习中文和理解中国文化，自然是一种熏染。

5 月 7 日　在日本名古屋大学招生

应日本名古屋大学邀请，5 月 7—9 日，我带队访问日本。8 日在名古屋大学与滨口道成校长等就学生交流、学术交流等广泛交换了看法，并一致明确将共同努力，推动双方的合作。随后，我们举行了名古屋大学汉语教师及汉语研修生交流会，并介绍了同济大学及学院的基本情况，及自 2010 年开始的名古屋大学与同济大学合作举办的暑期汉语研修项目，引起了不少学生的兴趣。

至晚，该校中文教学负责人杨晓文教授请吃烤肉，交谈中才知是河南同乡，顿觉亲切，谈到后面的合作，自然顺利多了。

9 日，拜访了日本龙谷大学，与国际部津守部长等进行了交流，并看望了在该校学习的同济大学学生。

5 月 31 日 《他者的中国》

2012 年 8 月，受北京三多堂传媒科技有限公司邀请，为该公司拍摄的《世界的中国形象》系列中的《印度的中国形象》写脚本。脚本完成后，总导演对脚本进行了初步的电视化改写，并于年底开始拍摄。这次因举办“从泰戈尔到莫言”国际会议，邀请了 30 多位印度学者和学生到会，三多堂利用这个机会，来上海对与会印度学者进行系列采访，我与三多堂商量后，确定了五位学者接受采访，包括 Samik Bandyopadhyay，Alok Rai，Udaya Narayana Singh，Sabaree Mitra，Uma Dasgupta。在会议开始前，根据我之前的脚本，先对我进行了采访。采访内容包括：印度是从什么时候开始认知中国的？“支那 cina”这个词最早出自印度，“支那”形容了一个怎样的中国形象？公元前四世纪至公元四世纪，印度的社会发展是一个什么样的状态？这期间产生了什么样的文学著作？这些著作的诞生给印度人带来什么样的影响？史诗作品《摩诃婆罗多》在印度文化史上的地位是什么？它讲述了一个怎样的故事？有一些印度学者认为《摩诃婆罗多》是印度的民族史诗，内含印度民族的“集体无意识”，堪称是“印度的灵魂”。您认同这种说法吗？您认为这种“无意识”对于印度人理解中国形象有哪些影响？这本书中所描绘的中国形象是什么？这一时期，印度与中国的关系有什么样的特点？《摩奴法典》是一部怎样的著作？在《摩奴法典》中，“支那人”的地位发生了什么样的变化？第一次到访中国，泰戈尔的行程是如何安排的，他到了哪些地方，与哪些人物会面？他此行的目的是什么？真实的中国形象与泰戈尔的想象有了出入，这些不同具体表现在哪些方面？中国人对泰戈尔的来访以及他所倡导的理念是如何反应的？印度佛教是什么时候传入中国的，是如何在当时的中国社会盛行开来？印度佛教的宗教特点是什么？它为什么被中国民众所接受？鸠摩罗王向唐使者求请老子像和《道德经》，为何中国的道家文化会受到印度的青睐？十九世纪，“中国”在这批印度学者的笔下被塑造成什么形象？“中国”被印度人民投射了一种怎样的精神寄托？数百年的殖民地历史，对印度人民造成何种影响？独立后的印度，在本国的发展方面，是一种什么态度？中国对印度的发展，可能扮

演什么样的角色？等等。

采访持续了一上午，口干舌燥，好在应付自如，也担心会出现一些细节错误。可惜最后因公司经营问题，采访未播出。

6月1日 “从泰戈尔到莫言”

为庆祝莫言获得诺贝尔文学奖并纪念泰戈尔获得诺贝尔文学奖100周年，经一年筹备，“从泰戈尔到莫言：百年东方文化的世界意义”国际学术研讨会今天正式开幕，会期两天。会议由同济大学和中国人民对外友好协会等主办，上海市比较文学研究会、北京大学、复旦大学、上海市作家协会、上海翻译家协会、瑞典皇家科学院等合办。

泰戈尔是一位始终保持一颗纯真之心的伟大诗人，会议开幕日又恰逢六一国际儿童节，会议精心安排了一个特殊的“序曲”：四岁的小女孩蒋高钰走上舞台，大大方方地朗诵起泰戈尔的童诗“噼里啪啦下大雨”，此时中外学者惊喜不已，顿时响起热烈的掌声。

同济大学三位校领导先后出席了相关活动。印度国际大学校长 Susanta Kumar Dattagupta、印度驻上海总领馆总领事 Naveen Srivastava、中国人民对外友好协会文化交流部主任马小明、上海人民对外友好协会常务副会长汪小澍、上海市人民政府侨务办公室副主任蔡建国、上海市文联专职副主席沈文忠、上海市作家协会副主席赵丽宏、上海市档案局副局长朱金铃在开幕式上分别从泰戈尔对印度、中国和世界的意义、莫言获奖对中国文学的价值、东西方文化交流的历史和未来等角度，对大会的意义和价值进行了阐述。新加坡书法家协会会长陈声桂则向大会赠送了书法作品“世界大同”。

复旦大学陈思和教授，芝加哥大学东亚研究中心谭中教授，印度前外长夫人 Radha Rani Chakravari，上海师范大学郑克鲁教授，上海市比较文学研究会会长、《中国比较文学》主编、上海外国语大学谢天振教授，复旦大学杨乃乔教授，兰州大学毛世昌教授，北京大学魏丽明教授，中国社会科学院研究员刘建，瑞典皇家科学院诺贝尔研究图书馆馆长 Kristian Fredén，印度德里大学教授 Sabaree Mitra 以及印度学者 Uma Dasgupta、Udaya Narayana Singh、Alok Rai 等中外学者先后作了主旨发言。上海外国语大学宋炳辉教授、上海档案馆邢建榕先生、苏州科技大学王燕教授、北京师范大学李正荣教授、中国人民

大学王义桅教授、同济大学张生教授、《收获》杂志的叶开先生、印度国际大学 Avijit Banerjee 教授等分别主持和点评了主旨演讲。来自印度、美国、英国、德国、法国、意大利、俄罗斯、越南、韩国、日本、加拿大、瑞典等国的中外学者 200 多人参加了会议。

会议分五个专题展开讨论。(1) 泰戈尔与中国；(2) 从泰戈尔到莫言：东方文化复兴的回顾与展望；(3) 莫言：乡土性与世界性；(4) 东方文化国际化与翻译；(5) 东方与西方：文化冲突与融合。

会议期间还举办了"'梵典'与'华章'：跨越喜马拉雅的彩虹"中印文化交流会，邀请印度国际大学校长 Sunsanta Kumar Dattagupta 做了题为《吉檀迦利——亚洲第一部诺贝尔诗集与和平乡的季节》的演讲，将泰戈尔诗歌中对自然、人性和生命的赞美，通过歌舞演唱的方式，生动展示，把观众带回到天人合一、人与自然和谐一致的境界。

1 日下午，作为会议的一项议程，中央编译出版社还举行了我的新著《泰戈尔：中国之旅》发布会及签名赠书活动。

2 日下午，中外代表同游四明村，共瞻泰戈尔雕像，那么多印度人同时出现在上海街头，并不多见，引得街上行人纷纷驻足。当晚，印度总领馆招待印度餐，我和朱婕、刘怡菲等向代表们敬酒感谢，也向中外会务组感谢。举办会议不易，幸有这样一支敬业又能干肯吃苦的团队，使会议从筹备到举办以及善后，都能有条不紊地进行。郁龙余教授因事未能与会，但赠送了 100 套《泰戈尔辞典》，给与会代表极大鼓舞。

"中国新闻网"、《文学报》、《中华读书报》、《环球时报》、《东方早报》、《上海采风》、"东方网"、《同济大学学报》(社会科学版) 等对会议进行了采访与报道。

会后，代表们纷纷希望能将会议论文结集出版，作为纪念。论文集最后由三联书店出版，书名《从泰戈尔到莫言：百年东方与西方》(2015 年)。

6 月 7 日　佛罗伦萨大学孔子学院签约授牌

今天，在意大利博洛尼亚大学举行的孔子学院欧洲片区会开幕式上，国家汉办主任许琳与佛罗伦萨大学校长 Alberto Tesi 共同签署了在佛罗伦萨大学设立孔子学院的协议，并颁授了"孔子学院"牌匾。

同济大学第四所孔子学院出生！围绕打造特色孔子学院的目标，佛罗伦萨孔子学院的重点工作将结合佛罗伦萨当地的历史、文化特色和同济大学佛罗伦萨校区工作的开展，突出人文、艺术、设计、历史遗产保护等主题。

6 月 24 日　坦桑尼亚 Mzumbe 大学校长来访

今天上午，在逸夫楼参加接待了来访的坦桑尼亚 Mzumbe 大学校长 Joseph Andrew Kuzilwa 和教学副校长 Josephat Itika。双方探讨了两校教师交流和学生交流的可能性。双方商定，在同济大学推动成立非洲文化研究中心，在 Mzumbe 大学成立中国文化研究中心，并以中心为平台，推动中非文化交流。

7 月 12 日　“东方文化交流丛书”项目策划书

今天上午，丁会欣发来她起草的“东方文化交流丛书”项目策划书，这是我嘱咐她着力打造“同济文化”品牌的一项工作。

就东西方两大文化概念来说，东方文化和西方文化体系之间是相互学习的，且在相当长的时间内，有一方占主导地位。就目前来看，占主导地位的是西方文化。但文化间的交流不是一成不变的，从历史上来看，东方文化和西方文化的关系是“三十年河东，三十年河西”。

东方文化间的交流、融合，既是历史因缘，亦是时代的需要。在这样的背景下，出版“东方文化交流丛书”显得尤为重要和意义深远。要交流首先要了解彼此，只有真正意义上了解彼此才能产生对话的可能，才能最终互为借鉴之镜。此套丛书可以作为交流的途径，推动中国文化“走出去”，他国文化“请进来”。中国文化应积极和其他东方国家的文化对话、碰撞、交流、融合。只有这样，才能让对方认识自己，让自己认识对方。既推动中国文化走出去，也借他国之镜，反思和审视自我，更好地认识自我、提升自我。

“丛书”聚焦中—日、中—印、中—泰、中—韩、中—俄之间的文化交流，在学术研究著作之外还有普及类的图书，视角更确定，中国始终是该套丛书的核心和圆轴。

7 月 22 日　庆熙大学孔子学院理事会

今天在庆熙大学水原校区参加孔子学院理事会。韩方院长尹宇燮首先介绍了 2012 年度孔子学院各项工作的开展情况：注册学员数量较 2011 年翻一番，参加 HSK 考试人数以及推荐孔子学院奖学金学生人数均显著增加，举办了“中国文化日”等具有影响力的活动，研究生学分课程“论语讲堂——诵读与讲解”也入选亚洲孔子学院经典案例。2013 年以来，学院在《京仁日报》报社设立汉语教学专用教室，并举办了中国经典翻译比赛、研讨会等活动项目，进一步扩大和提升了汉语教学与文化传播的范围和层次。

7 月 25 日　“汉语桥—德国中学生夏令营”

今年是“中德语言年”，7 月 25 日，“汉语桥—德国中学生夏令营”第一批 78 名师生同济大学站活动顺利开营，活动持续到 28 日。开营仪式上，古琴老师演奏了一曲《高山流水》，边演奏边讲解，颇具中国古风。

国家汉办委托同济大学连续三年承办了“汉语桥—德国中学生夏令营”。基于同济大学的对德合作优势，同济大学专家们用德语为师生们做了系列文化讲座，主题包括“同济教育”“如何理解中国：历史与现实”以及“同济与德国”。

夏令营自 7 月 15 至 28 日，德国师生由北而南行程跨越北京、安徽、上海三地，同济大学站是最后一站。在上海期间，营员们登临东方明珠电视塔、浦江夜游、参观上海犹太难民纪念馆、观看上海马戏城杂技表演，还学习了太极拳招式、品尝地道上海菜，体验中国传统文化等，感受到了上海的独特魅力。

7 月 30 日　“中国国情与民情”

今天下午，为第三届韩国京畿道地区中学校长代表团讲“中国国情与民情”，按照代表团的要求，我将内容分成时政、民生、科技、文化和教育等几个方面，立足微观，以实例透彻地阐述当今中国社会的实情，让校长们感受当下中国的发展变化。

在上海期间，校长团欣赏了古琴演奏，参访了华东师范大学汉语教师研修基地，参

观了浦东陆家嘴金融贸易区，参观了东方明珠与上海历史陈列馆。随后赴福建武夷山参观考察了紫阳书院、岩茶基地等。

8月24日　“语言文字教育中的文化因素”

今天上午，在上海师范大学东部教苑楼C座多功能厅参加“2013年度上海市普通话水平测试员年度培训暨注册大会”，来自全市的测试员、上海市语言文字水平测试中心特聘专家、有关领导和工作人员近290人参加了培训考核和注册活动。

会上，我被聘为“上海市语言文字水平测试中心特聘专家”，并做了《语言文字教育中的文化因素》的报告，从语言、文字入题，讲到语言文字和文化的关系，并展望汉语文化国际传播的“上海模式”。

9月2日　德国北威州联盟大学生汉语夏令营结业

今天下午，8月5日开营的德国北威州联盟大学生第四届同济汉语夏令营举行结业式，同学们分六组，从六个主题分别阐述了他们在华期间的各种感受：从食材、餐具和礼仪等方面比较中德饮食差异，从自己与中国签证官和司机打交道的经历介绍怎样跟中国人打交道，有介绍自己在同济的一天生活经历，有举上海、北京、香港和无锡的例子来比较中国城市的，等等。同学们都一致认为，这一个月的夏令营是个人一生中非常有意义的经历，都表示非常喜欢上海、喜欢同济大学、喜欢中国文化。最后师生一起合唱中国歌曲:《茉莉花》《我和你》《月亮代表我的心》等。

我看着这群德国年轻人兴奋的面孔，真心为他们祝福。夏令营这一个月，上海遭遇了140年以来最热的酷暑，37℃、39℃、41℃……上海的气温屡创新高，甚至连续四天温度超40℃。在酷暑中，学院教师始终坚守在各自的岗位上，认真负责、耐心细致地做好教学及带班工作，全心全意为他们营造出优质的学习及生活环境。虽然走在室外如置身烤箱，滚滚热浪不断袭来，但老师们顶住高温“烤”验，陪他们学唱中国歌曲，学习中国书画，学打太极拳；游览了外滩、南京路步行街、上海城市规划馆、东方明珠、上海历史陈列馆、豫园、玉佛寺等。这种精神本身，就是对学生们最好的中

国文化教育。

9 月 16 日 《同济大学学报》(社会科学版)对学院进行介绍

《同济大学学报》（社会科学版）支持学院工作，在今年第四期对学院进行介绍，分“学院介绍”“学术研究”“主要学术研究方向”，并配上了“首届汉语国际传播研究会代表合影”、李宇明教授在同济演讲时与师生的合影、王安忆受聘学院兼职教授照片、学院资料室、著作剪影等。

10 月 3 日 瑞典诺贝尔博物馆邀请

今天收到瑞典诺贝尔博物馆邮件邀请，博物馆拟于 12 月举办诺贝尔奖特别展示活动，希望同济大学能组队参加相关活动并就双方合作进一步交流。我回复尽量参加。

6 月 1 日“从泰戈尔到莫言”会后，瑞典诺贝尔博物馆的 Kristian Fredén 先生就一直盛情邀请我们去访问，并且就邀请信的细节和日期多次相询，我希望能去参观交流一下，但最终未能抽出合适的时间。

11 月 3 日 “诺贝尔文学奖与亚洲”

今年 9 月下旬，我邀请名古屋大学教授杨晓文访问同济大学。在同济大学期间，我们商定在名古屋大学举办一次国际会议，作为同济大学“从泰戈尔到莫言”会议的回声，共同推动东方文化的世界性影响。

昨天，我如约到达名古屋大学，今天上午参加由日本名古屋大学主办，同济大学协办的“诺贝尔文学奖与亚洲”国际学术会议，来自中国、日本和韩国的学者围绕“亚洲诺贝尔文学奖的历史、现状和将来”“亚洲的文学观”“中日韩对诺贝尔文学奖的不同态度”等主题进行了交流。

我在大会上作了题为《东方文化、西方文化与世界大同理想》的演讲，分析了诺贝尔文学奖中所蕴含的东西方文化冲突，并希望诺贝尔文学奖尽快回归文学本身，只有这

样，诺贝尔文学奖才会真正成为世界文学和文化交流的平台。会上，我还介绍了于今年6月在同济大学举办的“从泰戈尔到莫言：百年东方文化的世界意义”国际会议上的各种观点，听众就此提出很多问题，包括“日本下一个会获得诺贝尔文学奖的作家是谁”等。

今天早起，我在名古屋大学校园散步，竟发现了郁达夫纪念碑，喟然，愧然，成诗两首。

11月8日　以色列高教代表团来访

今天下午，参加外事办公室活动，接待以色列高等教育理事会以亚关系处处长Tsameret Zohar、以色列驻上海副总领事Oren Rozenblat以及陪同来访的以色列海法大学、特拉维夫大学、巴伊兰大学、Shamoon工程学院、本古里安大学等高校代表。

同济大学与以色列特拉维夫大学和海法大学目前已经开展了建筑城市规划遗产保护与经管领域的联合教学和师生交流项目，但语言方面的合作还不多，而对方的兴趣点主要也在科研合作项目、面向中印等亚洲国家的学生和教师交流奖学金项目。但我责任在身，仍在发言中介绍了学院的语言交流项目，希望能有个相关的项目先起步。

11月19日　“Buddy Program”

今天上午9点，同济大学中外学生交流项目“Buddy Program”展示墙在学院西侧廊厅举行揭幕仪式。校团委、校学生会相关负责人与留学生同学们一道为展示墙揭幕。

“Buddy Program”项目由学生会主办，旨在通过中外学生交流会、特色线下小活动和期末欢送晚会暨“十佳Buddy”颁奖仪式等一系列中外学生共同参与的交流互动活动，打造一个富有同济特色的、具有国际化校园文化氛围的中外学生交流融合平台，迄今为止已办了5年。这次在学院投入使用该项目，是因为学院留学生较为集中，方便留学生们参与，同时通过留学生间的人际辐射效应，吸引校内其他学院更多留学生加入该项目；此外，考虑到留学生缺乏获得校内学生活动信息的渠道，展示墙还将成为宣传同济校园文化活动的园地。

展示墙融合了古朴静谧的中国风和活泼动感的青春元素，从多角度展现了“Buddy Program”项目的活力。展示墙包括四个栏目，分别是照片栏、公告区、寄语墙和成果集。

11 月 28 日　汉语国际传播研究分会章程

今天完成“中国语文现代化学会汉语国际传播研究分会章程”。一个组织要正常运行，必须制度先行。“章程”分总则、任务、会员、组织机构、资产与财务、变更与终止、附则。

学会的宗旨是：组织和协调海内外有志于从事汉语国际传播方面研究的学者，加强和推进汉语国际传播的学术研究和学术交流工作，为进一步做好汉语国际化，增强中国软实力，扩大我国在国际上的影响作出贡献。学会坚持民主集中制原则，严格按照章程，走民主自律、自我发展的道路，努力将学会建设成有国际影响力和中国特色的社会团体。

学会的基本任务是：打通国内语言学与国外语言学的阻隔，推动汉语国际传播的研究工作；打通中文界与外语界的学科界限，通力协作，相济互补，为搞好汉语国际传播研究共同努力；打通汉语言学、文字学、汉文化等相关研究领域中的阻隔，开阔学术视野，推进汉语国际传播研究；向社会宣传汉语国际传播工作，展示汉语国际传播研究的优秀成果；积极协调海内外的热心人士和社会力量，以汉语的国际传播推动对外文化交流工作。

作为学会秘书处，学院为完善学会的各项规章制度做了很多工作，包括中外团体和个人会员入会申请程序、理事会制度、财务制度、网站建设等。

12 月 9 日　谭中先生重游同济

今天上午赶到西郊宾馆，拜访谭中先生。谭先生此次来参加上海社科院的会，12 月 4 日邮件通知我，让我来见。上海社科院还专门安排了一名研究生照顾他，很是周到。

谭先生很健谈，从自己的成长经历和在印度的工作经历，谈及印度的中文教学、中国研究和中印人文交流合作关系，对其中的一些人与事如数家珍，细节感人。他鼓励我继续做好泰戈尔研究，同时要多关心中印关系，在大背景下将具体研究做得更为细致。

我怕谭先生太累，谈了一个多小时就叫了辆车，直接带谭先生重游同济，并与朱婕、怡菲见面。这两位 6 月会议的主将，见到谭先生很激动，谭先生显然也很高兴。

12 月 11 日　马来西亚华文教育研讨会

今天上午，参加上海华文教育研究中心专家年会，主题是“成功教育在马来西亚华文教育的实践”。来自马来西亚华文学校的 30 余名校长及教师，以及国务院侨办、上海市人民政府侨务办公室、市教委、各区县侨务办公室、上海华文教育研究中心及上海华文教育基地的 100 多名代表与会。专家与曾经外派马来西亚的教师、来自马来西亚的校长和教师等进行了深入探讨，以期把更多的“成功教育”实践于海外的华文教育之中。

我在会上结合“成功”理念谈了自己的想法，尤其是中国教育中以批评为主导的“不成功”教育理念对孩子的负面影响。我认为，每个差生背后都有一段屈辱的历史，还原其自信，就是恢复其历史的清白。意思是说，要多相信学生，允许学生犯错改正。也就是信任教育和表扬教育，即成功教育。被相信会成功的孩子，成功的自信和可能也就越大。

下午，学院举办了首届“脱口说汉语——外国留学生中文歌咏、诵读大赛”，这是学院中外学生融合培养计划的一部分，同济大学的汉服社、金笛社、吉他协会也表演了精彩的文化节目。

如何遴选经典、实用、有趣、内容丰富的诵读篇目，如何让留学生结合本民族的文化和表现形式将中国文化经典作品的意蕴表达出来，并通过诵读提高语言能力和文化素养，是这次比赛的核心价值所在。当留学生们伴着非洲歌舞朗诵《三字经》时，中国文化要素似乎一下子具有了现实的动态感；当李白的《静夜思》在带有异域色彩的情景中表现出来时，使人顿有天下共一月之感。其他篇目如苏轼的《水调歌头 · 明月几时有》、朱自清的《春》、毛泽东的《七律 · 长征》、舒婷的《致橡树》、徐志摩的《再别康桥》等，也都被留学生们别具一格地一一歌咏及表现出来。

不但让留学生学会汉语，而且还能理解汉语所蕴含的中国文化意蕴，才能使他们真

正理解汉语、真正会用汉语、从感情上理解和亲近中国文化，这是诵读的最终目标，要实现这一目标，需要创新形式，注重实效，让留学生知言明义，一次诵读，受益终生，这样才能将这一文化品牌工程经典化，成为留学生与中国文化之间的桥梁。

12 月 23 日　申报汉硕报告

今天上午约研究生院谈设立汉语国际教育专业硕士一事，重点谈了本专业的市场前景和对同济大学国际化发展的重要价值。虽然上海高校已经有不少汉硕点，但随着世界中文热的兴起，汉硕生就业前景非常好，尤其是有非常悠久的对外合作历史、深厚国际资源的同济大学，若能有效融入汉硕生的学业培养，一定能形成同济大学汉硕特色。

研究生院表示支持，但限于学校对专业学位点设置有限制，总量不能增加，所以只能等有其他专业退出，才有机会设置。

继续积累基础，以待时日。

2014 年

1 月 9 日　卓越联盟留学生教育与管理研讨会

今天学院组织举办了“卓越联盟留学生教育与管理若干关键问题”研讨会，华南理工大学、哈尔滨工业大学、天津大学、西北工业大学、大连理工大学、同济大学等卓越联盟高校，以及上海交通大学、华东师范大学、华东理工大学等上海市高校的留学生教育和管理部门负责人出席会议。会议主题是：留学生管理与服务体系、留学生突发事件案例汇编、留学生档案管理、留学生本科生统一入学标准等。大家都是行家，谈话单刀直入，坦诚坦率，并就编撰《卓越联盟高校留学生突发事件管理案例集》、实施卓越联盟高校留学生教育与管理人员实岗交流制度等达成了共识，甚至还协商制定了实施计划。

1 月 24 日　印度共和国日招待会

中午，应印度驻上海总领事馆邀请，在上海扬子江万丽酒店参加庆祝印度第 65 个共和国日招待会。先由印度驻上海总领事史耐恩介绍了印度为推动中印关系所做的工作，然后就是自助环节，品尝正宗的印度餐。餐厅内，“印度制造”的标牌很是醒目。我以为会有印度歌舞表演或讨论会什么的，但吃完就没事了。

其间，我与史耐恩简单进行了交流。史耐恩感谢同济大学在 2013 年为推进中印文化所做的工作，今年是中印文化交流年，他希望与同济大学继续合作，共同推进中印文化交流。

2 月 14 日　“汉语国际教育”学位点专家论证会

上午，邀请复旦大学的吴中伟，华东师范大学的张建民，上海交通大学的凌德祥，上海外国语大学的徐宝妹、赵蓉晖，上海师范大学的陈昌来，同济大学的马秋武 7 位教授对“汉语国际教育”硕士专业学位点进行专家论证。我就学位点的运行条件和培养方案进行了汇报。经过两个多小时的讨论、审议，专家们一致认为同济大学“汉语国际教育”硕士专业学位点具有良好的基础运行条件、完整合理的培养方案和较为完善的体制机制保障，符合申报条件，同意同济大学增列“汉语国际教育”硕士专业学位。

材料准备过程很辛苦，工作组分工合作、精益求精，废寝忘食、瑕疵必究，几次深夜加班。大家都憋着一股劲，志在必得。

2 月 19 日　申报材料公示

同济大学学位评定委员会办公室今天公示了增列硕士专业学位授权点申报材料公示，包括护理、教育和汉语国际教育，公示内容包括申请表、专家组评审论证会议记录、专家签到表。

创建学科是我的理想。但 2012 年申请增设汉语国际传播二级学科博士点失利后，我几乎将国际文化交流学院的学科建设只作为梦想了。这次虽然只是增设硕士点，但对学院来说仍是重大学科突破。从申请开始，所有材料都务求增一字多、减一字少，同时与其他单位加强协调互助。

2 月 24 日　“薛宝钗”到同济

下午，2014 春季学期开学典礼在 312 报告厅举行。春季入学的汉语进修生及汉语本科新生，与老生共聚一堂，迎接新学期的到来。我用英文向同学们提出了学习方面的要求。我告诉同学们，学习汉语就像追求一位心仪的对象，需要付出真心，付出努力才会赢得最后的成功。此外，学好汉语需要养成良好的学习习惯，好的开端是成功的一半。

来自德国的留凯瑟琳娜和博茨瓦纳的“薛宝钗”分别代表老生和新生发言，与大家分享了学习汉语的经验和对汉语学习的理解，为同学们在新学期取得好成绩加油、打气。

2 月 28 日　法兰西商学院来访

上午，与经济与管理学院、外事办公室等一起接待法兰西商学院校长 Patrick Molle

一行。Patrick Molle 介绍了该校作为法国新型双学位学校的办学理念与发展战略，双方共同探讨了两校可开展的合作内容和方式。我重点谈了开展语言文化交流合作的可能路径。

3 月 4 日　日本的学生证买到半价票

上午，2014 年春季樱美林大学同济汉语短期研修班圆满结业，这次共招了 20 名学生，在同济进行了 3 周的汉语研修。我为同学们做了一次“中国国情与民情”的报告，介绍了在经济、文化和民生方面中国发生的一些新变化、出现的一些新现象，鼓励同学们多从中国人的日常生活中认识中国、了解中国和理解中国。

研修班同学都是第一次来中国，因此，在保证汉语学习的基础上，重点安排了一些能突出上海和江南地方特色的文化体验活动，如参观东方明珠并夜览黄浦江美景、游览江南古镇西塘、品尝上海菜、逸夫舞台观赏京剧表演等。最让同学们惊奇的是，一位学生用樱美林大学的学生证居然买到了半价的学生优惠票，她大感意外，直说上海真是一个国际城市。

3 月 13 日　进系统

今天上午，与教务处质管办协调学院汉语言本科教学管理进入学校一体化系统事项。这也是到国际文化交流工作后就一直推动的工作，因为只有将学院的教学管理工作纳入学校整体教学管理系统，才更容易得到学校的关注和支持，同时从教学场地、教师协调能力方面更容易形成全校都关心留学生教育的局面。只有理清管理机制和体制问题，才能从制度层面保证学院教学和研究进入学校大视野。

教务处最后同意支持学院教学与全校一体化发展，但学院必须做好充分准备，从人才培养质量目标、管理部门职责、资源共享、过程保证、质量跟踪机制等方面形成系列制度，主动对接学校相关要求，一旦时机成熟，即启动一体化工作。

留学生教学具有特殊性，进入学校系统就必须接受学校质量保障体系的规范，这对老师和留学生也都会形成一定的压力。但没有压力就难有发展；没有监管，有时并不是幸事。

3 月 17 日　大阪大学春季汉语研修班开班

世界汉语教学学会副会长、日本大阪大学古川裕教授率该校 20 名学生来学院进行短期汉语研修。古川裕教授是著名汉学家，一口流利的汉语令每一个与之交流的人折服，他对学院工作一直高度支持，我在开班仪式上强调了这一点并对他表示感谢。

研修班以“中国文化体验”为主题，除强化汉语口语训练外，还举办了丰富多彩的文化体验活动，让同学们从“城市文化”“中国传统文化”以及“传统与创新”等方面了解体验中国文化。据此还安排参观了上海标志性景点东方明珠、上海历史陈列馆、多伦路文化街、鲁迅故居、豫园、外滩、新天地、田子坊、红坊创意园区等，乘游船游览黄浦江璀璨夜景，观赏传统技艺与高科技结合的多媒体杂技表演 ERA 时空之旅，体验中国传统文化——古琴、书法、中国水墨画和中国太极拳等，游览杭州和江南文化名镇乌镇。

我为研修班开设了“中国现代作家与上海”的讲座，重点介绍了上海作为一座国际化都市，在历史发展中如何形成了适合中国现代文学繁荣的土壤，并介绍了一些重点作家在上海的写作情况。

大阪大学的学生素质较高，也很懂礼貌，生活态度也积极向上，几次接触下来，印象很深。我开古川裕教授的玩笑，问他：学生是本来素质就好，还是他带了以后才好？古川裕教授幽默一答：你好我好，大家都好。智慧！

3 月 25 日　“是花总会开”

今天下午在图书馆十楼闻学堂讲课，题为“是花总会开——从西方女作家笔下的女性看西方社会的变迁”。我结合之前为全校本科生开设的人文选修课“西方女性文学赏析”，从西方女性文学史及西方女性文学经典作品两个方面，介绍了西方女性文学的变化如何反映出西方女性社会地位的变化，西方女性文化的变化如何折射出了西方社会、政治、文化的沧海桑田，并且证明了女性社会地位的改变可以使女性对人类社会作出难以估量的贡献，证明了从这个世界另一半人类的视角看过去，世界则是别样的天地。

在提问环节，学生们的问题超出了文学范畴，涉及女性社会地位、女性未来职业发展、文学与专业的关系等，我尽可能一一做了回答。

3 月 25 日　泰国总领馆来访

今天上午，泰国驻上海总领事馆商务处商务领事庄妮嘉一行来访，并与在读的泰国学生进行了座谈。

我重点介绍了汉语国际教育专业硕士的申请和未来建设设想，并提出有可能与泰国总领馆合作，开设泰国专班，订单式培养泰国所需要的汉语国际教师师资，庄妮嘉很感兴趣，同意就此事进一步磋商，并在泰国物色选择一些感兴趣的学校进行针对性的合作。

将本土汉语师资培养真正落地，从培养伊始就有工作方向和需求指引，这样在人才的适应性和针对性方面，就可以提前预设、规划，避免资源浪费的同时，又能保证人才培养的实用性。

3 月 28 日　留学生女生文化节

同济樱花又开了，樱花大道一片粉红。中午，学院来自 10 个国家的 10 名女生受邀参加女子学院主办的 2014 年同济大学女生文化节开幕式“衣袂翩跹花飞扬”，包括韩国、俄罗斯、尼泊尔、毛里求斯、博茨瓦纳、德国、蒙古国、乌克兰、哈萨克斯坦、美国。她们身穿民族服装在樱花下走秀，飘逸灵动，把樱花大道变成了国际化大道。美国青年歌唱家朱丽叶·皮特拉斯（Juliet Petrus）则身着旗袍演绎中国风，并用一首中文歌《我爱你，中国》让围观的学生和市民情不自禁一阵阵鼓掌喝彩。

同济校园吹起了一股别样的世界风，校园文化国际化的日常化、多元化不动声色融入生活，细雨无声。

3 月 28 日　中日汉语教学与研究对话

同济樱花又开，春雨绵绵。上午，名古屋大学客人踏着春雨、穿过樱花大道来到学

院，连连赞誉着同济校园的美，我开玩笑说：客人们淋“湿”而来，实际上是淋出了“诗”意。

日本客人是来参加中日汉语教学与研究讨论会的。名古屋大学国际言语文化研究科福田真人，杨晓文教授、玉冈贺津熊教授和伊东章子博士，我和刘运同、李萍、许涓、侯文玉、程妤迎接。讨论会不限特定主题，大家尽兴谈、随性谈，从中日汉语教学方法的异同到郁达夫的病态美，从中日审美的差异到文学中的病理学，话题层出不穷。会上还重点探讨了汉语国际教育专业以及名古屋大学国际言语文化中心的研修生制度。

在工作交流时，我用 PPT 回顾了自 2010 年以来的“日本名古屋·同济暑期汉语研修班”。客人们感谢学院为研修班精心设计的课程和教学安排，称赞学院的环境好、教育更好。

4 月 18 日　环同济四平社区国际文化交流展演

今天下午，到四平文化中心参加环同济四平社区第三届国际文化交流展演活动。活动由学院与四平社区联合主办，是与四平路街道办事处共建协议框架下的重要活动之一，旨在为社区居民和留学生架构交流与沟通的桥梁。我代表学院致辞，介绍了学院留学生教育走进社区的初心和目标，并对四平社区提供的良好平台表示赞赏和感谢。

孔子学院奖学金生朱丽叶·皮特拉斯与社区合唱队共同演唱了开场音乐《我爱你，中国》，气势磅礴、震撼全场。日本留学生明仓步美则深情演绎了京剧选段《霸王别姬》。学生们还献演了民族舞蹈，与社区居民良好互动。

展演还设置了民俗文化展示区，脸谱、捏面人、剪纸，让留学生们备感新奇，在老师指导下，纷纷上前一试身手，创新意味浓厚。

4 月 24 日　“泰戈尔在我心中”

今天收到郁龙余老师邮件，嘱我参加由深圳大学印度研究中心主办的“泰戈尔在我心中”有奖征文比赛，并担任评委会副主任。比赛 2013 年已举办过一次，很成功，获奖作品集《泰戈尔落在中国的心》已由中央编译出版社出版。

2014 年是中印友好交流年，征文对象为大、中、小学校教师和学生，硕士、博士研究生，一切泰戈尔作品喜爱者。字数在 4 000 字以内。选题范围包括但不限于泰戈尔作品读后感、泰戈尔与中国、泰戈尔与我、我的印度之旅、印度文化感怀、中印友谊的桥梁、泰戈尔和中国学院、泰戈尔的文化观、泰戈尔和谭云山、泰戈尔与诺贝尔文学奖、泰戈尔与中国新文学、泰戈尔与中国作家、泰戈尔与东方文学、泰戈尔与西方文学等，但必须是原创。

参赛者踊跃，我后来审阅了 100 多份征文，泰戈尔在中国还有这么多喜爱者，且不同年龄层次的人都有，令人颇感欣慰。

4 月 28 日　先生去了河西

今天下午，复旦大学文科图书馆举行“复旦大学图书馆藏书暨前馆长贾植芳先生藏书捐赠河西学院仪式”。先生的藏书全部捐赠河西学院，我们作为学生，也都捐赠了一些藏书，我把先生指导我编、写、译的一些书，如《中国大论坛》《大师与中国》等共 60 多本书捐了出来，与先生的书共藏一室，如同当初在先生家，或静或动地陪着先生，吃饭、聊天。

5 月 5 日　白乐桑同济行

今天下午，白乐桑教授应邀在学院为师生作题为“法国的汉语教学与研究”的讲座。白乐桑教授用一口流利而优美的中文，围绕法国汉语教学的发轫、发展和特点，从中法文化交流史视角，阐释了汉语学习与中国文化海外传播的关系，并对如何以语言为媒介，促进中法两国留学生教育谈了自己的思考。

白乐桑教授从 1969 年开始学习汉语，一生都致力于推广汉语、发展法国汉语教学和法中语言文化的交流。他儒雅的气质以及对中国文化丰厚底蕴的真切理解，让听众为之惊叹，也使演讲的时间一延再延。

6 日下午，白乐桑教授应邀参加了由中法工程和管理学院与图书馆联合举办的“感受法国文化”立体阅读系列活动，并在四平路校区图书馆一楼报告厅讲授本次系列活动第一讲“走进龙的国度——法国留学生在中国”。讲座前，在法国驻沪教育领事、校外事办公室和图书馆负责人的陪同下，白乐桑教授参观了“感受法国文化”立体阅读系列活动的有关展览和图书馆十楼的中国传统文化传承基地“闻学堂”。

作为主持人，我先重点介绍了白乐桑教授在汉语国际传播中的贡献和对同济大学国际化发展的帮助。随后，白乐桑开讲，他一张口，流利的汉语就引起了一阵热烈的掌声。他以“偶然中的必然”开篇，回应听众对其学习汉语的好奇心。他与现场听众轻松分享了当初来华学习汉语的缘由，还向现场师生展示了来华学习汉语期间大量的史料，包括北京语言大学旧貌照片、他与来法同学的合影以及写给父母的信件等。白乐桑教授通过一个个真实故事向在座师生展示了中法文化交流的历史画卷。中国文化的独特性、汉字的独特性以及中华饮食文化的独特性这三种特性是他对多年来学习汉语的精辟总结。作为一位汉学造诣深厚的法国人，他以“明天又是新的一天”与在座师生共勉。

在最后总结时，我感谢白乐桑教授对汉语与中华文化走出去所作出的杰出贡献，并介绍了汉语国际传播研究会最近的一项工作设想，即为更好地发挥国外著名汉学家或相关机构在汉语国际传播工作中的作用，推动学会在国内外更好地开展汉语国际传播工作，学会拟设立以海外汉学家或机构命名的研究分会机构。可获命名的汉学家必须是热心汉语和中华文化国际传播工作，且具有公认的社会影响的学者；在汉语国际传播和汉学研究领域取得突出成就，且具有国际影响的学术研究成果的学者；在国际汉学界具有较高威望，且能组织和协调海内外有志于从事汉语国际传播研究，为中国文化的海外传播作出突出贡献的学者。专题研究会的命名方式为“汉语国际传播研究会×××研究分会”。白乐桑教授是学会理事，基于他在该领域的研究成果，拟设“白乐桑研究分会”，设专题研究“白乐桑现象”及其所代表的法国汉语教学与研究及汉学研究的特点和规律。白乐桑教授表示将尽力支持学会的工作。

5 月 6 日　立命馆大学美食节

不去日本，就能吃到日本美食，同济学子有口福。6—7 日，学院与立命馆大学孔子学院大阪孔子课堂在嘉定校区和四平路校区食堂分别举行日本美食节。立命馆大学的厨师们做了原汁原味的日本豚骨拉面和亲子盖饭等日本特色美食，师生排起了长队。

去年11月，学院协调组织同济大学后勤集团赴立命馆大学举办中国美食文化周活动，将原汁原味的中国美食文化介绍给了日本在校大学生，也深受日本师生欢迎。

礼尚往来，双方一致同意将美食节活动继续下去。中日厨师“以胃相通”，推动了中日文化交流的普及化和大众化。

5月13日 “中华文化国际传播”丛书体例

今天召集“中华文化国际传播”丛书作者讨论会，经过充分酝酿讨论，最后确定下来丛书编写的基本体例，具体包括6个方面。

（1）基本定位

① 不加任何主观情感的判断和评价，原汁原味，根据原始材料撰写，将材料和文字重新组织起来让读者知道原始材料的各种特征性质；② 整套书是文化书，不是旅游手册和景点介绍，但可围绕某一章要阐释的文化要素取舍景点；③ 该书读者对象是具备一定汉语和中国文化知识的外国人（含留学生），而非学术书，但学术性是基础；④ 可作为文化类课程教材、普及读物；⑤ 条件成熟，可出版中英双语版或外文版。

（2）写作视角

① 行文过程中时时保持外国人的观察视角，要适当设置视角的起伏变化，视域大处着眼、小处工笔，疏落有致、外松内紧；② 作者避免主观判断和评价，但可适当有情绪表达，以造成阅读的张力，但需有感而发，不能太主观；③ 视角可有盲区，即无需面面俱到，但一旦与本章文化要点密切相关，则着笔要准、深；④ 注意不要流露出某一特定国家的视角特点，要尽量中庸，读者都以为是在用他的视角着眼。

（3）整体框架

本丛书作为一有内在关联的系列，各书在保持独立性的同时，彼此亦环环相扣。第一本书《中华文化之旅》可视为尖塔结构，从点到面、以点带面，不求全，但求精准；第二本书《中华文化问答录》可视为塔座，是第一部书的内容补充，以词条形式展现，试求灵活实用；第三本书《中外文化传播经典案例》，是分析文化传播的一些技巧及经验教训，可视为文化传播的实用手册；第四本书《中华文化国际传播：途径与方法》是重点谈论中国文化传播的途径和方法，学术性、专业性强，是文化传播理论性质的著作。

（4）行文三原则

① 由浅入深：忌掉书袋，可引用，但解释时要深入浅出；② 由点到面：从一个点深入挖掘，并将这些点在广度和深度上浸染浸润；③ 深入浅出：要有效消化所掌握材料，进而提炼，以自己的文字表述，字字丰润、句句幽邃，让读者有回味的欲望。

（5）单章基本结构

① 某地特地风土人情地貌，地域文化总体特征，适当突出季节性，如谈北京的“和”，可选择具地域文化特征的标志性文化点，让人知道你在北京，等等；② 围绕某一章的文化要点，遵循内在（隐）的文化之旅路线，先自然过渡到这一“点”（可以通过一个地方、一个人、一句话、一个景观等来体现，形式不限），一旦到达这一点，则可通过不同侧面多角度集中轰炸式突出这一点，要炸碎，显露内核和精髓；③ 通过某一地域的文化点，自然过渡延伸到该点在中国文化视域下的普遍性，从点到面，向纵深挖掘，如从谈北京的“和”到谈全中国的“和”；④ 专章写作时，要时时放眼全中国（实写河南，也是在写中国，每章结束，都有跨出省界的文字表述或意味）；⑤ 本书尽量不加注释，难解之处，以平易之笔释之；⑥ 兼顾当代性。

（6）时间节点

2014 年 8 月底。每人先写 1 000 字小样，2014 年端午节前交。

为了便于大家统一基本写作原则，我还特意写了一首“红萝卜之歌”，方便大家选好萝卜、谈萝卜，让读者想吃萝卜。

我面前有一筐漂亮的红萝卜，
我精选其一，
我不停地说啊，说啊，
懂吗？可能不懂，
我又不停地变换其角度，展示啊，展示啊，
看到了吗？里面有什么？
我拿刀削啊、刮啊、切片啊，显露其内心……
于是，你知道了这真是一棵好萝卜，

健康、透明、营养、解渴、耐饥、美观……
但是配色拉，还是咖喱？
配牛肉，还是海鲜？
是红烧，还是清蒸？
或只是生吃？……
众口众调，
与我无关，且自去逍遥。

5月15—16日　泰州体验戏曲文化

15日，晴空万里、风和日丽，学院组织88个国家、420名外国留学生赴江苏省泰州市开展为期两日的教学实践活动，共11辆大巴，行程四小时，一路浩浩荡荡。

15日，去溱湖国家湿地公园。一路游览了湿地科普馆、湿地精品园、麋鹿观赏园，学生们流连忘返。丛生的芦苇、清新的香蒲花，田园梦圆。

16日，参观梅兰芳纪念馆。泰州是留学生了解中国戏曲文化的重要一站，留学生们在这里了解了梅兰芳的艺术生平，参观了梅兰芳的生活实物等。园林内泰州戏迷票友正在进行京剧表演，学生们围了一层又一层，还发出票友般的喝彩。捷克的卡瑟琳娜，美国的陆勇还拿着折扇模仿起台上演员的动作。当听说梅兰芳是男扮女装唱京剧时，大家更觉新奇。名仓步美曾在日本樱美林大学学习中文和京剧近六年，但“到了泰州才知道这里是梅先生的故乡；泰州很美，中文里有一句话‘一方水土养一方人’，我想就是这个意思吧”。

5月20日　大谷顺子教授来访

大阪大学教授大谷顺子今天来访，我与客人一起回顾了双方的合作交流情况，并介绍了学院的教学和发展规划，希望大谷教授继续支持已有的合作项目，并共同探索新的合作的可能。

大谷顺子教授是日本著名社会学家、汉学家，她表示，将运用自己的社会影响和活

动，切实推动大阪大学与我院在汉语培训、教师学术层面的交流。

5 月 23 日　留学生中文放歌《我爱你，中国》

今晚，作为献礼孔子学院创建十周年和庆祝同济大学建校 107 周年系列活动之一，学院在一·二九礼堂为孔子学院奖学金留学生朱丽叶·皮特拉斯举办了主题为“我爱你中国”的中文歌曲专场演唱会。

演唱会开场，朱丽叶以一首《春江花月夜》震撼全场，随后她接连演唱《玫瑰三愿》《春思曲》《燕子》等一系列中国现代歌曲，地道的中文、深厚的唱功，加上声情并茂的演绎让观众陶醉其中。演唱会的压轴节目是朱丽叶与四平社区合唱团的倾情合唱《我爱你，中国》。作为配合，日本学生名仓步美惟妙惟肖地演绎了京剧《秋江》经典人物——道姑陈妙常；厄瓜多尔的法瑞佐用《水调歌头》和 *More Than Words* 抒发了对汉语和中国文化的无限热爱。

朱丽叶·皮特拉斯是一名来自美国的青年歌唱家，现为美国芝加哥哈罗德华盛顿学院声乐系副教授。2014 年，朱丽叶获得孔子学院奖学金，她带着 5 岁的儿子来到上海，展开这段“改变人生之旅”。来中国之前，朱丽叶不认识一个汉字，现在却可以进行汉字的读写，期中考试也取得了不错的成绩，她激动地给国家汉办写信：我的汉语不是完美，但是我很高兴在同济大学学习汉语。

在同济读书期间，朱丽叶参加了很多校内外演出，如“女生节”活动、四平社区的“上海市民文化节”活动，擅长古典音乐演绎的朱丽叶“感觉自己受到了摇滚歌手的待遇”，这让她倍感惊喜。

今晚的演出，从朱丽叶到主持人，乃至志愿者，均为同济大学 2013 年度孔子学院奖学金留学生。这证明，孔子学院已成为中外教育和文化交流的重要平台，极大地促进了各国人民尤其是像朱丽叶这样的年轻人对中国语言的学习和中国文化的了解。

5 月 29 日　新突破

今天国务院学位办发文，我们申报的汉语国际教育硕士专业学位点列入国务院学位

委员会发布的2014年审核增列的硕士专业学位授权点名单，今年就可以招生了。学科建设乃多年愿望，雾开一角，毕竟有光了。想想自己到国交院工作八年，如今终于有了属于国交院自己的学科，感慨系之，顺口一吟：

无　题

癸巳伊始，春阳既望。头顶触壁，仍有凉意。岁月倏忽，然无无情之感。肝胆同事，可逆春秋，我和伙伴，为之惊呆，有感。

汉风古韵淳于醇，语日言月至于臻。
国富民强根基厚，际会风雨心神稳。
传文释惑本命在，播诚环宇亦丹心。
柳声似海萍如石，婕妤不再是女名。

这首诗包含了参与申报材料撰写工作的各位老师。其中柳，谐刘（运同），又喻柳动春来，意味希望；声，指风吹柳枝飘动的声音，亦谐“生”，柳生，即留学生，似海，指柳枝飘动之声大，有气势，喻指学院留学生教育之前景，亦指留学生人数之多，另指留学生学成后都如滴水入海，似乎不存在，却都实实在在地成为留学生事业的一分子；“海”则指潘海峰；萍，喻指李萍，意志坚定，做事稳妥，亦指曾经不确定的汉硕点终于尘埃落定；婕，喻指学院二女杰，即郑婕和朱婕。郑婕监考时为严肃考纪，让学生都将手机交上来，我去巡考，见讲台上黑压压一片，场面殊为震撼，印象难以磨灭；朱婕平时亦强悍，人称亦自称女汉子，工作强度越大，战斗力越强；妤，指我院另一 Super lady 程妤，给我的感觉是无所不能，无所畏惧。“三女侠”堪能代表留学生教育岗位上女老师们的风采。

5月29日　“留学生海洋周”

今天上午，作为同济大学107周年校庆活动单元之一，“同济大学外国留学生海洋周”在学院举行揭幕仪式，海洋与地球科学学院、留学生办公室、文科办以及留学生代表参加了开幕式。揭幕仪式后，留学生们还开展了“一人一笔画海洋”活动。他们兴致勃勃地用手中的笔描绘出心中的大海的景象和自己的“同济梦”“海洋梦”。

去年 12 月 19 日，我到海洋学院拜访，就联合举办“同济大学外国留学生海洋周”达成共识，双方决定：依托海洋学院的海洋科普基地，举办“同济大学外国留学生海洋周”系列活动，向外国留学生普及海洋科学常识，展示同济大学乃至中国在海洋科学研究领域的成就，引导留学生们关心海洋、认识海洋，在潜移默化中了解中国所倡导的包容、合作、可持续发展的海洋文明理念。

“海洋周”分三个板块：同济 · 海洋，侧重展示同济的海洋科学科研成果；中国 · 海洋，侧重展示中国的海洋科学研究成就以及海洋文明理念；世界 · 海洋，侧重以全球化的视野展示海洋科学发展脉络、当前的研究热点以及对未来的展望。

《东方教育时报》（2014 年 6 月 4 日）以《同济“留学生海洋周”了解中国的海洋文化》为题报道了此次活动。

6 月 13 日　日本龙谷大学代表团来访

今天上午，日本龙谷大学国际部次长荒木利雄一行来访。我曾拜访过该校并与国际部的汉语老师进行过交流，印象很深。我向客人介绍了学院的留学生教学和研究情况，并与对方探讨了双方教师交流以及其他学术交流的可能性。

荒木次长表示，龙谷大学非常重视与同济大学的合作关系，希望在保持学生交流的同时，加强在留学生教育等方面经验交流与合作。

龙谷大学是位于日本京都的一所具有 300 多年历史的大学，与同济大学有长期友好合作关系，两校签有学生交流协议，现有一名交换生在学院学习汉语。

6 月 25 日　法国里尔一大代表团来访

今天下午 3 点，法国里尔第一大学亚洲地区项目执行员 Francois Danneville 一行来学院参观交流。2003 年，同济大学与该校签署校际合作协议，里尔一大每年派出管理、信息技术、建筑等专业的学生到同济大学进行一个学期或一个学年的非学历短期交流，目前同济大学已接收 17 名非学历项目交流生。鉴于此，我提出基于已有合作项目，为同济大学在读的里尔一大学生开设语言和文化兴趣课程，待时机成熟，开发语言交流项目。Francois Danneville 表示赞同，并表示将积极推动。

6 月 26 日　中华文化国际传播“同济模式”

今天下午，同济大学宣传思想文化工作会议在四平路校区逸夫楼报告厅召开。会议主题是如何面向全媒体时代，构建大宣传格局，为以可持续发展为导向的世界一流大学建设提供强大精神动力和文化支撑。学院作为宣传部遴选出的十二家交流单位之一，围绕“积极致力于中华传统文化的国际传播”在会上介绍了具体做法和经验，报告题为《创建中华传统文化国际传播的“同济模式”》，包括“明确认识，理清思路，确定目标，扎实推动”“理论先导，教学相长，内外合作，搭建平台”“学生进步，学院发展，国内知名，国际认可”三个板块，具体介绍了学院围绕中华文化走出去在育人、理论创新和讲好中国故事方面的独特做法。

7 月 21 日　一期学员

6 月初，教育部语言文字信息管理司面向全国高校和相关机构组织第一期“语言文字应用研究优秀中青年学者研修班”。上海市语委推荐我参加，很觉荣幸，只是年龄偏大，已不属于中青年了。但学习机会难得，也就假装再年轻一次了。

培训地点在北京华文学院昌平校区，时间从 7 月 21 日到 25 日，住在校内。来自全国各地的 65 名学者参加了研修活动。

培训主题包括：语言文字工作的重要地位和作用，语言文字政策和法律法规体系，新中国语言文字工作发展史，大力推广和规范使用国家通用语言文字，科学保护各民族语言文字，语言文字规范标准制修订，语言文字国际标准化工作，少数民族语言文字规范化、标准化和信息化，国家语言战略研究，语言政策国别研究，语言文字与文化传承，语言文字信息化工作，国家语委科学研究工作，中国语言生活状况研究，中国语言资源有声数据库建设，辞书与语言文字规范化，教育领域的语言文字工作，如何为政府提供咨政报告，推进学术研究和政府决策的互动（一个案例）等。李宇明教授、张浩明司长、郭熙教授、文秋芳教授、王奇处长等分别做了政策和学术报告。

语言文字应用具有重要的战略意义，语言文字工作者应珍惜时代赋予的使命，把语言文字工作与国家需要有机结合。本来觉得研修一周时间太长，到结束时却感到一周时间太短。语委领导亲力亲为，演讲专家高屋建瓴，演讲内容丰富实用，把学员们培养成了“语言生活派”。体会有四。

（1）语言文字工作事关国家安全、文化存亡，必须加以规范和管理

中国是个多民族语言国家，对各民族语言文字的态度直接影响到国家的国内和国际形象，关系国家安全和社会发展。但不容否认，国民的语言文字意识和认识都还落后于语言文字发展的需求，因此，必须由政府主导、科学规划，普及国民的语言文字知识，提升国民对语言文字与国家发展的关系的认识，把国民语言文字能力的提升与国家实力的提升结合，在国家实力的发展和积累中实现国民语言能力的积累和提升，从而使语言更好地服务于国家综合实力的建设。

（2）推广普通话与民族语言保护应平行发展、并行不悖

民族语言保护事关民族团结大局，应予以充分重视，并基于各民族语言文化传统，整体设计，科学规划，有序推进，注重细节，采取切实措施，使语言文字保护工作成为实现和谐中国梦的有力支撑。

政府应始终将语言问题视为事关民族尊严的大问题，及时解决语言保护过程中出现的各种问题。

不同民族语言，以及汉语的各种方言，所代表和传承的文化都属于中华文化的一部分，应得到同等地位。

（3）语言文字工作成功的关键是建设一支“拿得起”也“放得下”的人才队伍

语言文字工作实用性强，因此需要语言文字工作者上得了课堂、下得了乡壤，要能一手握“笔杆子”，一手握“锄把子”，使学术研究接地气、饮活水，紧紧立足于国家和社会发展需要。政府应从政策层面积极引导，解决语言文字工作者在科研和实际生活中的困难，提供“保护伞”，逐步培养一支年龄结构合理、基础知识扎实、实践意识强烈、工作方法务实、感情上热爱语言文字研究的人才队伍。

（4）发动和组织民间力量，为语言文字工作提供源源不断的精神力量

在某种程度上，语言文字工作是一场群众战争。语言文字的根和干都在民间，只有充分挖掘和引导民间力量，才能使语言文字本身及对其传承、保护和研究不断获取生动

新鲜的血液。政府机构应有效吸纳民间力量，培养一批民间学者、志愿者，并运用现代科学技术，把语言文字应用工作变成如同衣食住行一样的日常工作。

7 月 27 日　卓越汉语国际教育人才培养基地

为了响应国家汉语国际推广战略，推动学校国际化建设，促进学校人文社会科学的快速发展，今天完成了《关于建设卓越汉语国际教育人才培养基地》的报告，希望经过若干年的建设，使同济大学的汉语国际教育工作在国内外知名度明显提高，部分理论创新在汉语国际传播领域有影响力。

基地将围绕汉语国际教育领域中的重大、前沿理论问题展开科学研究，推出一批在国内、国际具有积极影响的原创性科研成果。并在学校支持下，大力加强相关软硬件建设，建成“汉语国际教育远程视频教室”“微格教学实验室”，建立“汉语国际教育专家库”“对外汉语教学数据库”“汉语国际教育素材库”和“国别汉语教材库”，结合孔子学院工作，构建海外汉语国际教育合作交流平台等等。

8 月 3 日　日本汉语教师培训

今天下午，受国家汉办委派，在日本樱美林大学参加日本汉语教师研修会，培训共三天，北京大学陆俭明教授、马真教授、郭锐教授、张英教授，北京语言大学张旺熹教授，韩国外国语大学的孟柱亿教授，大阪大学的古川裕教授，上海师范大学的齐沪扬教授，樱美林大学的杨光俊教授，寰语学院的郑丽杰老师等分别做了学术和教学方法方面的讲座，我做了题为《中华文化国际传播的两个视角及相关问题》讲座。来自全日本的对外汉语教师及有志于汉语研究的年轻学者 120 人参加了研修班并获得了孔子学院总部、国家汉办颁发的“外国汉语教师培训证书”及樱美林大学孔子学院颁发的“中国语教员研修证书”。

我是第一次在日本参加汉语教师培训，看到日本有那么多对汉语、对汉语教学充满热情的老师和学生，也看到了在日本举办这样高水准学术讲座、教学培训的意义，让我很受鼓舞。

8月14日　汉语国际传播研究分会的宗旨、任务和目标

根据要求，今天起草完成“汉语国际传播研究分会的宗旨、任务和目标”材料，学会组织体系更加明晰。

学会宗旨：组织和协调海内外有志于从事汉语国际传播方面研究的学者，加强和推进汉语国际传播的学术研究和学术交流工作，为进一步做好汉语国际化、增强中国软实力、扩大我国在国际上的影响作出贡献。

学会任务：打通国内语言学与国外语言学的阻隔，推动汉语国际传播的研究工作；打通中文界和外语界的学科界限，通力协作，相济互补，为搞好汉语国际传播研究共同努力；打通汉语言文学、文字学、汉文化等相关研究领域中的阻隔，开阔学术视野，推进汉语国际传播研究；向社会宣传汉语国际传播工作，展示汉语国际传播研究的优秀成果；积极协调海内外热心人士和社会力量，以汉语的国际传播推动对外文化交流工作。

基本目标：联合国内外相关教育机构和社会、学界力量，在全球范围内推动和提升汉语国际传播理论研究和实践工作。学会将本着学术自由、平等原则，联合一切有益于汉语国际传播的力量，以人才建设为中心，凝练具有深远发展前途的学科研究方向，努力提高汉语国际教育师资队伍的教学与科研水平，深入开展教学改革和科学研究，全方位科学推动汉语国际传播工作更好更快发展。

按照我的设想，只要有序推进，用5～10年时间，就可将学会建设成世界汉语国际传播领域的学术研究中心、专家集散中心、思想产出中心、后备青年人才培训中心，为中华文化的国际传播贡献创新思想和切实的实践成果。

8月15日　东北亚和平会议

昨天早晨从浦东国际机场出发到首尔，今天参加“东北亚和平、合作与发展”国际学术会议，同行者有复旦大学的朴昌根教授夫妇等，受蔡建国院长委托，我荣任团长。

我的发言题目是《“恒温”的中韩关系是东亚稳定的基石》。基本观点是：国际关系常常出现“升温”或者“降温”之说，而这都不是中韩两国关系的常态。对中韩两国来说，可以也一定会出现短时间的升温或降温，但两国更应该努力使两国关系“恒温”，

这种状态至少具有五个方面的战略意义：有助于维持朝鲜半岛的稳定；有助于建立新的稳定的国际秩序；有助于中韩两国获得独立自主发展的空间和时间，并加深双方的战略合作；有助于稳定美国在亚洲的角色定位和影响力；可使两国的战略合作超越地区层面，从而具有全球战略意义。

每次到韩国，都震惊于其小菜之丰盛。正餐后来碗冷面，堪称完美。至于参鸡汤，并未觉出特别。会议主办方很热情，从安排餐食方面就可以体现出来。

9 月 15 日　学好汉语的“十锦囊”

下午，400 余名留学生新生齐聚四平路校区一·二九礼堂举行开学典礼，共同迎接汉语学习之旅。我从汉语学习规律角度出发，向留学生们传授了学好汉语的“十锦囊”，从良好学习习惯的养成，到如何克服学习汉语过程中可能遇到的困难，具体包括：坚持预习、认真听讲、积极提问、课后交流、完成作业、多交朋友、做好卡片、博观约取、大胆开口、主动研究。

关于国际中文教育我是外行，常常从感性出发，不着边际。在一次教师工作会议上，我还提出教好汉语需“三心”“二意”，三心即“爱心、善心和诚心”，二意即“一心一意、实心实意。”

9 月 23 日　印度驻沪总领馆会议

习近平总书记即将访问印度，并将与印度总理莫迪会面，这对中印两国的未来合作将产生积极的推进作用，两国在政治、经济和文化领域的合作，也将迎来新契机和新变化。印度驻沪总领馆为此邀请上海部分印度研究学者，围绕习近平总书记此次访印进行讨论，并对中印关系的未来走向进行研讨。

会议从 10:30 开始，与会学者十多位，多是国际关系领域的专家。首先是史耐恩介绍印度对习近平总书记访印的欢迎态度和期许，然后是学者们各抒己见。会后进食印度餐。

我以为史耐恩应该接受学者的提问并与学者交流，这样效果会更好些。给我的感觉

是：他说他的，我们说我们的，是两条线，而不是交流。

9 月 26 日　波鸿鲁尔大学暑期汉语研修班结业

德国波鸿鲁尔大学暑期汉语研修班今天结业，共 16 名学生。在发表感言时，同学们表示，自己第一次来中国，感受到很多中国的新鲜事物，经过在中国两个月的学习，自己的汉语水平有了很大的提高，敢和中国人交流了，也没以前害羞了。

我给学生们颁发了结业证书，夸奖同学们汉语水平提高得很快，并希望他们回国以后再接再厉，将来能成为德国研究中国问题的专家，为促进汉学在德国的发展作出贡献。

同学们把自己亲手制作的剪纸送给我，剪纸很漂亮。

9 月 27 日　“孔子学院日”

今天是全球首个“孔子学院日”，学院举办了一系列纪念活动，包括奖学金留学生参加孔子学院总部/国家汉办面向全球开展的“我的梦想与中国”主题有奖征文比赛，参赛作品中有四篇文章先后登载于《光明日报》、《人民日报》（海外版）以及《孔子学院》期刊等平面媒体；“我的梦想与中国”故事会活动中，有来自波兰、博茨瓦纳、俄罗斯、厄瓜多尔、韩国、吉尔吉斯斯坦、老挝、日本、泰国、乌克兰等国的 12 名孔子学院奖学金留学生参加比赛，分享他们的中国梦。所有参赛选手演讲均紧紧围绕“中国”“梦想”这两个关键词，语言流利、故事感人。

10 月 15 日　华尔街英语（国际）创始人来访

今天下午，华尔街英语（国际）创始人（董事长）、华尔街英语（中国）创始人（名誉总裁）Tiziano Peccenini（中文名：李文昊）来访。我向客人详细介绍了学院教学与英语教学的相通性与相关性，就“同是外语教学”这一特点，希望双方就语言教学的理论与实践加强合作与交流。Tiziano Peccenini 先生深为我院良好的教学和学习环境所触

动，表示将尽快专门安排时间到我院全日制学习汉语。

10 月 24—28 日 “李宇明上海学术周”

10 月 24—28 日，由同济大学国际文化交流学院与汉语国际传播研究分会、上海高校语文教育联盟联合主办，上海交通大学、上海外国语大学、上海财经大学共同承办，复旦大学、第二军医大学协办的“李宇明上海学术周”系列演讲活动圆满结束。此次活动的总题是：中国语言规划的理论与实践；各分题是：语言生活与语言规划（上海交通大学），全面规划语言的国际传播（同济大学），语言规划的学科构想（上海外国语大学），由单语主义到双语（多语）主义（上海财经大学）。

李宇明教授的系列讲座从战略规划的高度，结合语言生活实际，联系汉语与中华文化国际传播的现实和理想，系统阐述了语言理论与实践的关系。他指出：语言生活是指运用、学习和研究语言、语言知识、语言技术的所有活动。语言生活是人类最为重要的社会生活之一，政府需要管理的不是语言，而是语言生活。

关于语言规划、语言政策，李宇明教授指出：在中国，语言规划通常称为“文字改革”“语文现代化”“语言文字工作”等，也积累了不少的成果和实践经验。研究者应基于现实情况，以史为鉴，总结规律，用以解释、评价已然的语言规划成果，预判正在发生的语言规划，为某国家、某地区、某领域制定科学的语言规划。

关于汉语国际传播，李宇明教授指出，汉语国际传播要避免表层化现象。汉语国际传播是一项崇高的事业，这项事业好比唱一台大戏。“唱什么戏，怎么唱戏，就是我们怎么进行汉语教学的问题。”

李宇明教授的系列学术活动在上海各界，尤其是语言学界引起了很大反响，客观上也促进了国内的学术交流与互动。而上海各高校在这次活动的组织和协作中所表现出的高效、团结、互助的精神，也给学界和社会各界留下了良好印象。

29 日早晨，我送李宇明教授到虹桥机场，他表扬我说：“我一开始以为我不可能在上海待一周，结果真待了一周。宜学有本事。”我回答：“我知道学生求老师总是有求必应。”实际上，这一周我一直深感不安，还时时愧疚。李老师事务缠身，能在上海进行一周的学术活动，是对上海语言学界的信任，更是鞭策和鼓励。

10 月 25—26 日 “汉语国际传播：跨文化视域下的语言与文化”

10 月 25—26 日，“汉语国际传播：跨文化视域下的语言与文化”国际学术研讨会在同济大学召开。近 200 位国内外专家学者与会。

会议开始前，裴钢校长与出席开幕式的北京语言大学党委书记李宇明教授，上海市政府参事、侨务办公室副主任蔡建国教授，上海大学副校长叶志明教授，华东政法大学副校长刘晓红教授，上海市语委主任、市教委语管处处长凌晓凤女士等嘉宾会见，并就我校正在开展的语言教学改革和学生培养方面的问题与大家进行了交流。

前世界汉语教学学会会长、北京大学中文系陆俭明教授，中国语文现代化学会会长、南开大学中文系马庆株教授、天津师范大学国际教育交流学院谭汝为教授、日本樱美林大学孔子学院院长杨光俊教授、中央民族大学国际教育学院院长吴应辉教授、厦门大学海外教育学院院长郑通涛教授、上海外国语大学语言研究院副院长赵蓉晖教授等国内外著名学者分别做了主旨发言。

本次会议内容丰富，形式让人耳目一新。除了大会主旨发言，25 日下午，大会还围绕汉语国际传播领域的热点话题，精心组织了一场别开生面的“交锋论坛”，邀请学界权威，围绕三个热点话题，进行了对话和交流。三个话题分别是：“目前汉语国际教育的教材、课堂语言与现实生活是否脱节：应用什么样的语言传播中国文化”“大华语与小汉语：谁应作为汉语国际传播的主导者和实践者”“汉语热：实热还是虚热，应降温还是升温；方法与目标：兼及如何规划汉语国际传播的未来”。论坛由胡春春、翟艳、黄美旭分别主持，李宇明、陆俭明、马庆株、谭汝为、杨光俊、吴应辉、姚喜明、张豫峰、陈慧中、李萍等作为嘉宾，主持人和嘉宾都是语言与文化传播领域的专家，都有理论和实践的建树和经验，所以整个论坛高潮迭起，思想和学识的正面交锋碰撞出无数的智慧火花。

汉语国际传播事业任重道远，使命的传承需要青年，但青年学者在成长过程中会遇到很多学术和生活上的困惑，为他们答疑解惑，事关汉语国际传播事业的未来。为此，25 日晚，会议主办方专为青年学子安排了一场“青蓝对话”，寓“青出于蓝而胜于蓝”之意，请学界权威与高校“青椒”进行零距离对话。这天晚上，国际文化交流学院一楼东厅显得特别温馨。烛光摇曳，琴声悠扬，温馨而优雅。对话围绕“汉语国际传播与青

年学者的学术人生”及“汉语国际传播与青年学者的幸福人生”两个主题展开，陆俭明、李宇明、马庆株、谭汝为、杨光俊、吴应辉、郑通涛、张豫峰、孙冰、翟艳等与青年学者们论人生，聊幸福，谈学问，展未来，并寄语青年学者：坚定信心，锲而不舍，不但能接下汉语国际传播的火炬，而且还有能力让火炬越燃越亮。

会议也展示了同济大学留学生教育的成效。会议开幕前，学院留学生们表演了哈萨克斯坦传统舞蹈，朗诵了《一棵开花的树》，合唱了一首《茉莉花》，并共同用流利的汉语对代表们说：“同济大学欢迎您！”引起代表们的一片叫好。会议期间，青年古筝演奏家、同济大学陈珏老师还为代表们弹奏了一曲《渔舟唱晚》，学院的五位青年教师则表演了古琴曲目《梅花三弄》，也赢得满堂喝彩。

这次会议在汉语国际传播学界产生了很大的反响，报告厅内座无虚席，连走道都或站或坐满了人。代表们纷纷表示：会议不但主题切合实际，而且形式新颖、生动活泼、气氛热烈，没有一场是按时结束的，话题往往延伸到路上、饭桌上。这样的热烈场面，让与会学者感叹不已，纷纷称赞会议组织用心、专心。“没想到学术会议可以这样开。”代表们感慨地说。

11 月 4 日　大阪大学代表团来访

今天上午，大阪大学副校长岗村康行、古川裕教授、大谷顺子教授一行来访，大阪大学东亚事务所工作人员陪同。

因与大阪大学有多年合作关系，尤其是古川裕教授，大家对他更为熟悉，所以话题很多，也不拘谨。双方都希望继续加强学术交流，进一步拓宽师生相互交流的渠道，除了每年一次大阪大学组织汉语进修班到同济外，还可以推动更多的同济大学生到大阪大学去交流、学习。

11 月 10 日　教学型职称协调会

今天与校职能部门开协调会，希望在学院教师教学型职称评定方面有所突破，这也是多年困扰老师发展和学院发展的老大难问题。

与其他学院比较而言，国际文化交流学院教师长期承担繁重教学任务（平时周课时最少14节，最多达到22节，寒暑假还有短期班教学任务），授课种类更换频繁；除了完成繁重的教学任务外，几乎所有教师都担任班主任工作，负责学生联系、考勤、课外活动指导、突发事件应对等繁琐细致的工作，少数教师还参与教学管理。高负荷的工作量占据了教师大量的精力，在一定程度上造成了学院整体科研力量相对薄弱、科研成果相对较少的现状。一些长期工作在教学第一线，本着对学生负责的精神，兢兢业业、保质保量完成教学任务的教师，虽然教学经验日益丰富，教学水平逐步提高，却由于科研成果相对较少而长期不能晋升职称。鉴于这种实际情况，希望学校能为学院增设教学型职称，如“高级讲师”等，侧重教学质量考核，同时完成一定的科研工作量。

一上午谈下来，感觉希望渺茫。但总有办法的。

11月11日　与 *Shanghai Daily* 合作

今天上午，*Shanghai Daily* 的编辑们来访，就加强学院留学生教育与媒体合作进行协商。报社表示，可邀请留学生撰写在上海生活的博客文章，在 *Shanghai Daily* 的报纸版面、网站专栏、微信公众号等平台进行发布；定期邀请留学生免费参与上海日报 *iDEAL Shanghai* 组织的各种线上线下活动；报社可以给留学生提供实习机会，参与报社 *iDEAL Shanghai* 网站的内容采写、运营策划及活动组织等；双方可以共同策划活动，如中国传统文化体验、上海人生活考察等。报社可以通过嫁接上海市新闻办采访线、旅行社、各地旅游局等报社合作伙伴资源，为留学生社会实践考察活动提供组织安排。

我就共建文化体验基地、合作组织文化活动等问题谈了自己的看法。大家觉得，最直接可行的合作，可能是报社运用自己的社会资源，在留学生文化体验活动地点的选择和宣传方面发挥优势。后来的事实证明了这一点。

12月7日　漳州龙人古琴

到厦门参加第九届全球孔子学院大会，日本樱美林大学孔子学院再度获得全球“先进孔子学院”荣誉称号。与各孔子学院代表聚谈，有久别重逢之感。

今天利用会议间隙，到访龙人古琴文化村。欣赏了龙人古琴文化村村副主任、古琴非遗传承人张锦冰弹奏的琴曲，并参观了古琴制作工艺，实地考察了文化村的建设。

2013 年 6 月 23 日，龙人古琴文化村与学院签订古琴文化教育合作协议，在学院设立“龙人古琴研究院国际学生教育基地”，建立龙人课堂，双方合作开设国际学生古琴文化课，打造琴曲欣赏、文化探究、古琴弹奏三位一体的复合型古琴文化课，共同培养古琴教学师资，以传承古琴文化为核心开展相关活动，指导留学生学习古琴演奏，成立留学生古琴艺术团。古琴艺术团自成立以来，举办了多场古琴主题活动，如 2013 年 12 月 13 日举办的“龙人古琴·同济雅集”活动，丰富了学院的文化活动，共同为中国优秀文化走向海外齐心协力。

12 月 21 日　江浙沪汉语国际教育硕士专业学位教学联盟成立

21 日，在北京师范大学参加第五届全国汉语国际教育人才培养论坛暨专业硕士培养工作研讨会，其间参与成立“江浙沪汉语国际教育硕士专业学位教学联盟”，联盟由华东师范大学国际汉语教师研修基地提议，江苏、浙江、上海三个地区的汉语国际教育硕士专业学位培养单位共同参与，旨在推进汉语国际教育硕士专业学位发展，加强区域交流与合作。教学联盟将密切配合全国汉语国际教育硕士专业学位教育指导委员会的工作，努力打造汉语国际教育硕士专业学位创新培养和交流互动平台，提高汉语国际教育硕士专业学位研究生培养水平，充分发挥引领和示范作用。

联盟是国内汉语国际教育领域第一个专业性的教学研究共同体，极大地推动了各会员单位之间的专业交流、师生交流、教学资源共享，进一步提升了本区域汉语国际教育硕士专业学位研究生的培养水平。

12 月 26 日　留学生迎新联欢会

今晚学院举行迎新联欢会，楼内流光溢彩，象征着平安喜乐的红灯笼高高挂起。

经过一个学期的共同学习和生活，来自不同国家的新留学生之间建立了深厚的友谊，师生之间也产生了深厚的感情。即将到来的元旦，是他们在中国度过的第一个新

年，学院策划了以“迎新”为主题的联欢活动，号召各班以班级为单位，举办不拘形式的迎新活动。各班级都使出浑身解数，让班级的布置和活动的安排与众不同。有的班级以冷餐会的形式，大家一起分享各自国家迎新年的习俗，交流来华后的经历和感受；有的班级设计了很多跟汉字有关的趣味游戏，大家一起参与，寓教于乐，其乐融融；有的班级搭了小舞台，留学生们各施才艺，挥洒激情与活力；还有几个班级聚在一起，展开了卡拉OK比赛……本来是各班单独举行活动，但开始不久班与班之间就开始了“串联”，班级活动成了大联欢会，留学生们跳起各自国家的特色舞蹈，就连平时很羞涩的阿拉伯国家的留学生也加入了群舞的行列。

2015 年

1 月 13 日　“全国留学工作会议”

今天下午，学校传达“全国留学工作会议”精神，并结合学校“十三五”规划国际化工作的制定，针对出国留学和来华留学工作进行讨论。特别是针对学校留学工作中的一些突出问题，如来华留学生辅导员设置、教学管理系统国际化建设、课程国际化建设以及来华留学生住宿等问题，大家提了一些有益的建议。我重点谈了招生机制制度化和灵活性的关系问题。

1 月 22 日　汉硕教指委

今天下午，同济大学汉语国际教育专业学位研究生教育指导委员会召开工作会议，我先介绍了专业学位点成立以来所做的工作，尤其是通过调研所形成的同济汉硕培养的基本思路，即“5+2”模式：周六周日听老师上课，周一至周五作为老师上课。通过选拔，优选汉硕生给留学生上课，这样可以让学生将课堂所学迅速应用于教学实践，不但能加深对所学知识的理解，而且能锻炼教学技能。作为唯一一所只招收在职生的高校，这样做，就能避短扬长，形成特色，培养出优秀的学生。我开玩笑说，这样的学生战场生存能力强。大家都表赞成。

委员们就招生、培养、院系合作等工作交流了自己的看法，并表示将以各种方式，完善学位点的建设。大家一致认为，学位点应以国家需要为前提，以制度建设为基础和保证，在课程设置、导师配备、导师培训、学生质量保障体系等方面形成自己的特色，保证学生培养质量。

1 月 26 日　印度驻沪领馆国庆招待会

今天印度驻沪总领事馆举行庆祝印度第 66 个共和国国庆招待会，我受邀出席。史耐恩总领事进行了简短致辞。讲毕，即食印度咖喱餐，品种不多，但都比较地道。端着

盘子走来走去，遇到了几位老朋友，大家略聊即散。

去年习近平主席成功访问印度，印中关系借此良机，发展合作势头良好。2014 年是印中友好交流年，今年是印度旅游年，明年是中国旅游年，印度总领馆希望协调中印政府和民间力量，继续推动中印人文交流合作，促成中印政府部门、社会团体、艺术家互访，共同推动在经贸、文化、人文领域的深层次合作。

1 月 28 日　“汉传天下”

今天上午，校党委书记杨贤金教授、冯身洪主任到学院调研，察看了教室、学生活动空间等设施环境，看望了学院在岗工作的部分教职工，并举行了工作座谈会。

杨贤金书记充分肯定了学院工作的成效，希望在此基础上，根据国家汉语国际推广和软实力提升的战略需要，结合自身优势和特点，明确发展定位，进一步巩固现有的工作成果，积极融入学校发展大局，将学院的发展与学校人才培养、科学研究、社会服务等中心工作有机结合起来。关于留学生管理，他希望能推动留学生趋同化管理，促进中外学生的融合发展，比如中外学生同住，增加交流的机会，一是可以更好地提高留学生的汉语水平和中国文化融入，二是可以推动中国学生的国际化，实现不出国门的国际化。毕业回国的留学生则可加入同济大学在当地的校友会。

调研结束后，我请杨书记给学院题签学生文化活动的队旗，他欣然在学院留言簿上留下“汉传天下”四个字，代表了对学院的期许。

2 月 11 日　留学生走进“阳光家园”

下午，俄罗斯、日本、肯尼亚等 10 个国家的近 20 名留学生走进四平社区“阳光家园”，与残障学员们进行交流。学生们带着礼物和祝愿，与学员们一起欢度农历小年。尽管他们汉语还不是很好，但仍勇敢地与大家一起吟诵《三字经》，唐诗《悯农》《春晓》《静夜思》等。大家还一起唱歌、玩游戏，为冬日的阳光之家增添了一份暖意。

留学生中有不少学生热心公益，且有着丰富的志愿者工作经验。他们来到中国后，不仅希望学习汉语，更希望能延续自己的公益梦。为此，学院坚持将留学生社会实践活动与同济大学“服务社会”的办学理念相结合，积极探索留学生培养路径，力求在提升留学生汉语能力的同时，帮助留学生更好地理解中国文化，接触中国社会，为留学生提供了解中国社会的良好平台和途径。

3月2日 “5W+1H”

今天是春季学期开学的第一天。料峭的春寒掩抑不住师生们迎新的热情，在开学典礼上，面对世界各国学生的新鲜面孔，我在各位老师门前班门弄斧，与留学生新生们分享了汉语学习的“5W+1H”原则，对同学们的学习提出了具体的要求。

Why：为什么学习汉语？原因可能是对中国好奇，对中国文化、文学、食物感兴趣，或对汉语本身好奇等。

Who：如果你是自己选择学习汉语的，这个问题就容易，如果是家长、周围环境逼你学习的，就要调整心态，从被动学习学会主动学习；为谁而学？首先是为你自己，当然客观上也是为你的家庭、你的民族、你的国家，也是为中国、为世界。

What：学习什么？先是学习汉语，进而是学习、了解和理解中国文化，形成跨文化理解世界的习惯和视角。

Where：美国教育家杜威曾在美国倡导“生活即教育”，并曾通过胡适及其本人在华演讲，影响中国的教育理念。课堂学习内容一定要和生活结合，要学在课堂，用在生活。中国的每一个地方，都是学习汉语和了解中国文化的课堂。

When：实际上，从一开始动了学习汉语的念头，你就已经在学习汉语了。只不过现在是系统学习。上课是有时间限制的，但学习是无固定时间的，只要想学，任何时候都是学习时间，要学会的是：从学习汉语到不自觉地用汉语思考，自然用汉语回答问题。即 From now on。

How：如何学习汉语？人各有法，法法不同。但也有一些基本原则，如养成良好习惯，不怕困难，找到最适合自己的学习方式等；多与老师、同学交流，随时随地学习，向身边的每一个中国人学习；等等。

3 月 2 日　上海市专业学位研究生实践基地建设项目

接研究生院通知，让汉语国际教育专业申请上海市专业学位研究生实践基地，首次招生的专业学位点有此机会，我自然倍加珍惜，连熬了几夜，内加两个通宵，尤其是经费预算，没想到需如此细化到人、次，煞是费心。好在今天终于完成提交。

基地全称是“同济大学汉语国际教育 *Shanghai Daily* 实践基地”，合作单位是 *Shanghai Daily*，之前与该报主编和编辑们多次交流，所以这次合作很顺利。基地将依托报社英语新闻和新媒体两大采编平台，媒体视觉中心、技术中心，以及市场推广和广告中心，根据实习学生的需求，有针对性地为学生提供新闻传播、新媒体传播、外宣事务性工作、国际传播、跨语言与跨文化交际等方面的实践、训练，在企业导师的帮助和指导下，帮助实习生了解和掌握媒体外宣或国际传播行业的专业知识和实际技能，以理论指导实践，在实践中运用理论，提升专业知识，锻炼语言应用能力和国际交流能力，搭建从专业知识到专业技能之桥，帮助学生将来更好地从事汉语国际教育工作，更有效地传播中华文化。在这个平台，学生们所面对的是具有不同语言和文化背景、对中国有不同诉求的外籍人士，远比对外汉语课堂上单纯学习汉语的留学生更复杂、更广泛，也更具代表性和挑战性，但更符合中华文化国际传播的对象要求。在这个宽广的跨文化交际平台上，学生们能多层面、多角度锻炼自己的语言应用能力，提升中外文化交流意识和能力，掌握跨文化交际技能，并加深对中华文化国际传播的对象人群的复杂性和艰巨性的认识，在实践中掌握中华文化国际传播技能，提升国际传播能力。

基地建设主要内容包括：创建“跨语境模拟教室”、“跨文化交际移动课堂”、“中外文化流动体验室”、“中华文化才艺训练营”（系列活动）、“汉语国际社区”，推动汉语国际教育教材、教学法研究，凝练一支稳定、高质的导师队伍等。

3 月 5 日　留学生社区庆元宵

下午，受四平路社区邀请，学院组织了德国、俄罗斯、老挝、美国、日本、意大利等 10 多个国家近 30 名留学生参加的第十一届元宵民俗风情节活动，与社区居民们共同

庆祝元宵节。老挝学生还把家乡风俗带进社区，盛装为大家奉上传统舞蹈《欢乐乡村》。非洲学生表演了家乡舞蹈 *Azonto*，并用中文祝大家元宵节快乐。

元宵节活动采用了游园会的形式。走进互动现场，精美的布艺画、充满书韵墨香的瓷刻、栩栩如生的蛋雕、色彩斑斓的大风筝等杨浦区非物质文化遗产项目让留学生大开眼界，而一旁的草编、剪纸、编织、龙凤糖画等民间手工艺更是让留学生流连忘返。一条条五颜六色的灯谜也让留学生备感新奇，他们驻足许久、热烈讨论，就想看看自己的中文水平到底行不行。孔子学院奖学金留学生杨如凤说："这太难了，我们回去要更加努力学好中文。"

社区专门为留学生准备了汤圆体验区，社区阿姨悉心指导和解说，留学生们越包越圆，甚至举行了一场小型比赛，吸引了社区居民围观和喝彩。同学们有的在课堂上学习过元宵节的故事，但从没见过汤圆，更没亲手做过汤圆。阿姨最后把学生们包的汤圆煮出来给他们吃，味道自然不一般。

3 月 11 日　汉语热词、热语

今天完成并提交国家语委科研项目申请书，题目是"当前汉语热词、热语在汉语国际教育中的应用研究"，由李挺完成主体内容设计，我进行了一些技术性修改。起意研究这个题目，主要还是基于留学生汉语教学的当下性问题，即让留学生了解当代中国。汉语热词、热语具有鲜明的时代特色，是中国社会、文化发展变化的动态反映，能够反映当代中国社会面貌，也是留学生需要尽快了解和掌握的学习内容，所以，有必要积极引导、加强研究，探索将当代中国社会中的热词、热语有机融入汉语国际教育的理论与方法，使汉语热词、热语成为塑造中国正面形象的积极元素。

课题主体内容是解析当代汉语热词、热语的特征，以及从语言层面、社会心理认知层面和文化成因层面进行综合分析。汉语热词、热语含义的多层面、多维度特征，增加了留学生学习汉语热词、热语的难度，但其包含的丰富的当代文化含义，也会激发留学生学习汉语的动力。因此，应加强研究其特征，剖析其含义，科学应用于汉语国际教育，并正面引导，塑造积极的中国形象。

3 月 16 日　日本九州大学来访

上午，日本九州大学留学生中心主任郭俊海先生来访，我详细介绍了学院与日本相关大学和研究机构的合作，并希望就学生交流、教师互访等项目加强双方的合作。郭俊海先生表示支持。他介绍说，九州大学是日本的著名大学之一，非常重视与同济大学的语言文化交流，并建议双方基于已有的合作基础，提升合作层次和频次，扩大合作范围。

3 月 25 日　澳大利亚 Scots 学校来访

上午，澳大利亚私立男子高中 Scots College 国际项目负责人 Scott Puzey 一行专程来访，就合作开办短期留学生培训项目进行了磋商和探讨，我表示了欢迎之后，坦诚地基于项目合作可能的风险，对项目实施过程提出了明确要求，在保证稳妥的基础上加快建设节奏，希望在今年 9 月开始接收第一批澳洲短期留学生，将这一项目打造成既体现学院汉语教学实力和文化传播优势，又能结合同济优势学科、普及中国科技前沿知识的独特项目，吸引更多的澳洲留学生来我校就读。

4 月 1 日　专栏

去年学院举办的“汉语国际传播：跨文化视域下的语言与文化”国际学术研讨会反响很好，收到会议论文近百篇，《同济大学学报》（社会科学版）慷慨相助，在 2015 年第 2 期刊发了其中四篇论文，即陆俭明老师的《汉语国际教育与中华文化国际传播》，程晔的《中国语言文化推广机构的跨文化传播策略研究》，李海燕的《汉字楷书字汇域外传播的对照与联系——以中国宋本〈玉篇〉和韩国〈全韵玉篇〉为例》和我的《从葛浩文看汉学家中华文化观的矛盾性》。谢闽老师嘱我写几句话交代一下背景，作为“编者按”：

> 在当前经济全球化、文化多元化的背景下，世界各主要国家越来越重视本国语

言和文化的国际推广，并将其视为国家战略及国家、民族强盛的重要标志。加强汉语与中华文化的国际传播，不仅是提高我国综合国力、扩大我国国际影响力的战略举措，也是维护国家文化安全、实现中华民族伟大复兴的迫切要求。我们需要辩证分析，知己知彼，科学研究，合理布局，创新途径，占据主动，在充分保证中华文化作品质量的前提下，有效、适当、适度借助各种力量，助推中国文化走向世界，也让世界自然地成为中华文化的一部分，最终实现不出国门的世界化。

4月7日　韩国师姐

今天早晨从浦东机场出发，中午抵达仁川国际机场。第一站先到韩国建国大学，建国大学接机。副校长金溶植教授出面接待，并希望在学生交流、优势学科互补、中韩文化体验交流等方面，加强与同济大学的合作，尤其是以汉语言文化交流为平台和桥梁，开拓和扩展两校相关领域的合作与交流。

师姐鲁贞银现任该校教授，这是我们复旦大学毕业后第一次见面，很觉亲切。她送我一套锻炼的器具——握手器和拉力器，可以边走边锻炼，我答应一定物尽其用。

离开建国大学后，我们乘车到达庆熙大学水原校区。

4月8日　邱国洪大使演讲

今天在庆熙大学国际校区图书馆举行庆熙大学孔子学院第四届理事会，理事会期间，恰逢庆熙大学孔子学院邀请中国驻韩大使馆邱国洪到庆熙大学演讲，我们一起到中央图书馆文艺复兴大厅参加了演讲活动。邱国洪大使演讲的题目是《中韩关系进入全面发展新时期》。他从中韩两国源远流长的交往史讲起，认为当前中韩关系处于建交以来的最好时期。两国发展方向相融相通，共同利益不断扩大，战略合作全面加强。中韩两国将进一步深化两国战略沟通和政治互信，促进两国各领域务实合作，为共同发展增添新动力、开辟更加广阔的空间。两国将全面加强在国际、地区问题上的合作，向世界传递中韩维护地区和平稳定的共同意愿；为促进地区和平发展、推动相关问题解决做积极贡献；掀起中韩友好的新高潮，为两国长远发展奠定坚实基础。

邱国洪大使认为，当前中韩关系处于建交以来的最好时期。两国发展方向相融相通，共同利益不断扩大，战略合作全面加强。同济大学与庆熙大学都是名校，一些学科在世界上具有领先优势。他深信两校之间的交流与合作必将促进两校的更快发展。

4 月 20 日　庆熙大学国际交流处来访

今天上午，韩国庆熙大学国际交流处处长申恩姬一行来访，我接待了客人，并就今年暑期在同济大学举办汉语夏令营的相关事宜进行商谈。我回顾了刚刚在庆熙大学召开的孔子学院理事会，希望庆熙大学国际处面向全校组织学生来同济大学进行研修。

会后，我陪同客人参观了校园和校史馆，考察了学校食堂和宿舍，体验同济大学学生的日常饮食和生活。

4 月 24 日　首届江浙沪汉语教学技能大赛

今天与刘运同教授一起到浙江师范大学，参加首届江浙沪汉语国际教育硕士教学技能大赛，上海师范大学、复旦大学、华东师范大学、上海大学、上海外国语大学、苏州大学、南京师范大学、浙江大学、扬州大学等 11 所高校的近 20 名中外选手参赛。

大赛分中国学生和留学生两个组别，分别开展说课、模拟教学、教学反思、答评委提问 4 个环节的技能比拼。

同济大学汉语国际教育硕士专业今年 9 月将迎来第一批学生，了解友校的汉硕专业培养情况，参与江浙沪联盟的教学交流活动，取长补短，对同济大学汉硕专业的发展有益。

5 月 7—9 日　千里江陵三日行

受韩国加图立关东大学李奎泰教授邀请，到该校讲学，但一路颇不宁静。

7 日晨，从浦东机场出发，出发前，在机场租了游伴，以备落地后联系。到仁川机场后，乘“市外巴士”，中间经过“金浦机场”，到“江陵车站”下车，一路风景好，

但心情不好。

我一坐上汽车就开通微信，因今年第一次汉硕生招生，在职生全国首创，学生们对一些招生要求不习惯，我与朱婕和王琼往来微信十几屏，解答学生提出的已发布在招生简章上的各种问题，比如不解决住宿、没有奖学金、周末上课，除此之外与全日制生无异。就这样从仁川到江陵乘大巴，路途2个多小时，都是在谈这个问题，见到李奎泰教授时，已头昏眼花了。

加图立大学位置很好，靠海，当晚吃海鲜，住在学校，树木林立，环境清新。

5月8日上午，为学生做了题为《中韩文化交流与亚洲和平》的演讲，近200名学生参加，我联系同济大学的对韩文化交流以及近年来与韩国的大学及研究机构的合作情况，基于中韩文化交流的历史与现状，分析了中韩文化交流对中韩两国政治、经济、文化的影响，并强调了文化交流的基础作用与桥梁作用。而学生们则对留学中国表现出浓厚的兴趣，并提出了许多有针对性的问题。我还介绍了同济大学韩国留学生的汉语学习情况及所取得的成绩，同时欢迎学生们以各种形式到同济大学留学。

下午，李奎泰教授开车带我到首尔，中间在服务区吃了一顿便餐，也是配了许多小菜。当晚住在首尔。5月9日上午，李奎泰教授安排，我与韩国网络大学校长朴英圭教授就通过网络和新的科技手段推广韩国的汉语教学进行了交流。我建议充分运用韩国的网络教育平台推广汉语，在适当的时候将同济大学的汉语教学成果电子化，在韩国推广。朴英圭教授表示赞同，并介绍了韩国网络大学所开设的专业和课程情况，尤其是在语言教育方面的优势，并表示非常愿意与同济大学开展该领域的合作。

5月9日下午，约庆熙大学研究生院院长金璟硕教授、孔子学院中方院长赵卫东、韩国德成女子大学中文系主任金炅南教授吃便餐，并就开展联合培养双学位研究生项目的相关事项进行了交流。我介绍了汉语国际教育专业学位研究生教育的创办和实施情况及课程设置、培养目标，以及同济大学中外联合培养双学位研究生工作的基本要求，希望与庆熙大学和德成女子大学逐步合作，特别是在研究生教育层面开展深入合作。

5月13日 “对外汉语教材现状与需求”

下午，外语教学与研究出版社汉语出版分社编辑部一行四人来访，我主持了“对外汉语教材的现状和需求”为主题的座谈会。编辑部的同志介绍了外研社新近出版的各类教材，了解了学院目前使用的教材情况。教师们则从教学实践出发，对当下对外汉语教材普遍存在的问题各抒己见。大家纷纷表示，希望能有一本适合预科学生课外使用的阅读材料。有老师建议，外研社可整合多校资源，汇集优秀留学生作文，分级出版“作文选”。这本书既可作为泛读教材，亦能担当写作指南，更有真实性、趣味性，让学生有读下去的动力。另有老师指出，有必要了解海外汉语学习者的真实学习情况，根据他们的需求、课时、程度，以话题为轴编写适合他们的教材。

推动与出版社的交流，是希望出版社能更多地听到一线对外汉语教师的建议，更主动组织编写适用、实用的对外汉语教材，推动提升在华留学生的培养质量。

5月16日　莫迪来了

今天下午，受印度驻上海总领馆的邀请，到复旦大学参加“甘地和印度研究中心”揭牌仪式，印度总理莫迪参加揭牌仪式并进行了演讲。

14时30分刚过，莫迪出现在复旦大学光华楼，场内印度籍留学生身着传统服饰，同时起立，高呼“莫迪！莫迪！……”莫迪向他们微笑着挥手。两名复旦大学男生则用梵文交替朗诵了《摩诃婆罗多》，全场寂静无声。吟诵毕，莫迪与复旦大学校长一起为印度研究中心揭牌，并与研究人员合影留念。

莫迪演讲的题目是《智慧与知识》，印地语。他介绍了印度哲学，指出中印文化关系非常密切，两国人民都渴望智慧和知识，他举了玄奘取经故事。他希望研究中心能发挥中印文化桥梁作用，推动两国协同发展，共同推动世界进步。

演讲结束，印度学生又开始高呼“莫迪、莫迪……”莫迪走到他们身边，与他们一一握手，任由学生自拍合影。

5月17日　深圳“印度行”

今天到深圳大学拜访郁龙余教授和印度研究中心，就海外华文教育、来华留学生教育，尤其是合作在印度创办国际汉语教师培训和研修基地一事，向郁老师请教并寻求

支持。

随着中印文化交流的日益广泛和深入，印度的汉语教学越来越普及，对汉语教师的需求也越来越大。我一直设想能在适当的时候与印度的大学和机构合作，而且曾就此事与北京大学外国语学院、印度国际大学中国学院商量过，三方合作在印度创办汉语教师培训和研修基地，中印联合培养印度本土的汉语教师，同时为国内的国际汉语教师和志愿者提供实习和研修机会，这对促进中印两国的国际汉语教师的培养，都将产生积极的推动作用。

5月21日　千名留学生安吉采风

今天一早，10辆大巴车从同济大学出发，浩浩荡荡开进浙江安吉，正式开启千名留学生安吉“采风之旅”。藏龙百瀑，大竹海，空气清新，环境优美，留学生们一下车，就被美景吸引，欢呼着如潮水般涌入景区，拿出手机、相机拍照留念。当看到景区内的瀑布时，不少学生上前小心翼翼用手接水，惊呼“好凉快”。还有几名学生看到用竹子做成的各种纪念品后，很是好奇，用流利的中文与摊主讨价还价起来。

本次活动与*Shanghai Daily*联合举办。4月29日，我与*Shanghai Daily*运营总监就此次留学生教学实践活动进行了沟通交流，并就留学生教学实践如何与地方文化结合，并借助教学实践更好地推动留学生加深对中华文化的了解和理解等问题，设计了实施方案，其中*Shanghai Daily*负责与安吉地方媒体、地方政府进行沟通协调，在体验活动安排上更接地气，更有效推动中国地方文化走向世界，同时助推留学生走入中国丰富多彩的地方文化。

因为前期的充分沟通，这次安吉的文化体验活动有序有效，学院与*Shanghai Daily*、安吉市旅游局合作，共同举办一系列文化活动，并合办“百名留学生看安吉”摄影比赛，通过*Shanghai Daily*信息发布平台，向留学生征集在安吉期间的摄影作品，由安吉市旅游局负责组织公示、评选，而学院则在每个班级让学生以口语化的形式讲述在安吉的采风故事。通过这样一系列的主动安排活动，留学生的教学实践和感悟，也就成为安吉地方文化的一部分了。安吉县旅委负责人有感而发：此次留学生安吉体验，是安吉开拓境外旅游市场的一次有益尝试和创新。

5 月 29 日　“中国文化与文人的‘风骨’”

5 月 29 日至 6 月 5 日，第八届新加坡老年书法大学·同济大学中华文化研习班顺利举行，共有 50 名学员参加。我给本次研习班起了个名字，即“文馨书韵海上行”，并邀请了蓝凡等知名专家学者为学员们主讲了《中国艺术与书法》《中国古典名剧爱情叙写的现代意义》《晚晴小说〈海上花〉》以及中国古筝音乐等中华文化讲座。我主讲了《中国文化与文人的“风骨”》，从中国文人精神与中国传统文化的关系，介绍了文人风骨的形成和内涵以及具体行为表现方式，并以曹操、曹丕、班固等为例，介绍了文人风骨的精髓，主要包括：为天地立心，为生民立命，为往圣继绝学，为万世开太平。

6 月 5 日　佛罗伦萨大学孔子学院中学生汉语夏令营结业

佛罗伦萨大学孔子学院首次组织的中学生汉语夏令营今天结业，营员是意大利阿雷佐市 Pietro Della Francesca 中学的一年级及二年级的 17 名高中生，为期两周。除汉语课外，还为他们准备了中国国画、中国古筝、太极拳等文化课程，并与曹杨二中学习意大利语的学生进行了交流。另外还游览了上海标志性景点，利用周末赴杭州和乌镇参观。

我为夏令营做了“中国的国情与民情”的讲座，并在结业式上为学生们颁发了结业证书。学生们用汉语表达了学习感想，虽不流利，但态度认真，很是可爱。

6 月 5 日　卓越联盟“孔子学院工作座谈会”

今天，学院发起的卓越联盟“孔子学院工作座谈会”顺利举办，来自北京理工大学、大连理工大学、东华大学、东南大学、复旦大学、华南理工大学、上海交通大学、天津大学、西北工业大学、重庆大学的各卓越联盟高校代表以及上海高校代表出席会议。会议围绕三个问题进行重点讨论：（1）如何将孔子学院工作与学校中心工作相结合；（2）如何解决人员选拔派出问题；（3）各校的“十三五”规划中对孔子学院应制定怎样的发展规划。与会代表以高校为单位轮流发言，之后进行了充分讨论，初步达成 7 点共识。

（1）卓越联盟高校通过“倡议”“宣言”等方式发出集体声音，发挥各校理工学科的优势，提升孔子学院工作在学校工作中的地位。

（2）在如何与学校中心工作结合上，不同地区的孔子学院可以有不同侧重点。例如与发达国家的文化交流可以引入教育交流、科技交流的内容；与发展中国家的合作，可以引入校企合作的内容，通过与当地企业合作、抓住中国当前“全民创新”的契机，提升孔子学院发展内涵。未来，“一带一路”建设，可以成为理工科见长的高校进一步提升孔子学院内涵建设与发展的机遇。

（3）派出教师、院长可以不局限于文科背景。实践证明，已派出的理工科教师，工作表现也很好，在完成汉语教学、文化活动组织等工作外，还促进了两校间的科研合作。此外，也有外方提出希望派出理工科背景的中方院长的情况。

（4）孔子学院发展十一年，增加了“如何叙述‘中国形象’内涵”的思索，华南理工大学以孔子学院为主题开展了系列研究，并发表了诸多成果，在全国高校中具有示范性。

（5）孔子学院开办的背景各不相同，成功的孔子学院具有提升文科专业与学院的学校地位的作用。孔子学院在汉语教育与文化活动开展交出满意答卷的同时，可以成为两校合作的纽带、中方院校的“大使馆”。

（6）孔子学院工作要推开，不仅限于中文系，而应向各个专业辐射。孔子学院的运行应结合当地情况，在合作上入乡随俗，做事要充分尊重外方的节奏，切忌过于强势。要充分让合作院校的不同专业、群体感受到孔子学院给他们带来的好处。中方合作院校应因地制宜、为各个孔子学院明确定位，使孔子学院发展各有侧重，并通过制度建设确保孔子学院的可持续发展。

（7）在孔子学院内涵建设上，文科见长高校以孔子学院为依托，设立高端论坛、开展汉学研究、博士联合培养等做法，也可供参考与借鉴。

6月12日　“文化海外传播与华侨华人的作用”

今天到华侨大厦参加上海市人民政府侨办与上海侨务办公室理论研究中心联合举办的“中华文化海外传播与华侨华人作用”主题研讨会，上海图书馆、上海市人大教科文

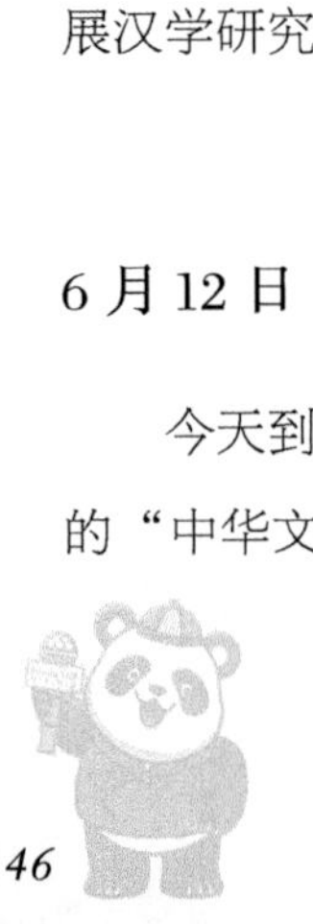

卫委、上海社会科学院、中国新闻社上海分社等单位代表参加了会议。大家就如何深入研究华侨华人在弘扬和传承中华文化中的独特作用，推动中外人文交流各抒己见。我在会上做了题为“中华文化海外传播与华侨华人的作用：途径与形式创新”的报告。

6 月 15 日　给留学生讲中国科幻文学

晚上，四平路校区图书馆一楼报告厅，美国卫斯理学院的宋明炜教授给留学生讲中国科幻文学，题目是《中国当代科幻小说的乌托邦变奏》，一百多位中外学生听了讲座，提问也很热烈。

留学生的汉语水平能理解这么“时尚”、高深的社会热点话题吗？面对记者疑惑的目光，我解释说：“不能仅以留学生的语言能力判断其理解能力。大数据时代的留学生可以通过各种媒介关注当代中国，而且更易从跨文化比较视角理解我们的社会和文化。科幻文学和科技创新的基本元素本身就具有世界性，所不同的只是语言，只要在留学生既有的相关知识与汉语之间搭上一座桥，他们就会发动自己的思维机器，形成自己对中国科幻小说与科技创新的理解。我们要做的，主要是引导。下一步，我们将结合中国的科技创新战略和上海科创中心建设的一些关键问题，采取更加适合留学生的语言水平和专业素养的方式，说明中国科学创新的内涵及对世界和平发展的意义，实现汉语与中国科技理念同步走向世界。”

6 月 16 日　Charles A. Laughlin 受聘

下午，美国汉学家 Charles A. Laughlin 教授受聘海外汉学研究中心兼职教授并发表了题为《美国的中国研究漫谈》的演讲。

正式演讲前，我向 Charles A. Laughlin 教授详细介绍了学院近年来围绕中华文化国际传播所做的研究和交流，以及海外汉学研究中心旨在为海外汉学家提供一个交流平台和研究基地的宗旨，希望 Charles A. Laughlin 教授充分发挥自己的学术影响和社会影响，为同济大学的文化传播研究建言献策。

Charles A. Laughlin 教授感谢我院的盛情，并表示会珍惜并重视这项荣誉，为我院与美国的合作交流用心出力。

在演讲环节，Charles A. Laughlin 教授展示出扎实的学术功力，他对中国文学文化的熟稔和精深的研究，赢得与会听众的一阵阵掌声。他从翻译、出版、听众等角度，介绍了中国文学、文化在美国的翻译和接受情况，并提出一些具有针对性的建议。在提问环节，他反应敏捷，对汉语的运用游刃有余，对问题的把握和分析准确、客观，充分体现出一名著名美国汉学家的风度和学识。

6 月 17 日　汉硕专任师资系列培训

今天下午，为了让老师更适应将要到来的汉硕教育，学院组织的师资系列培训课程开讲，请张建民（“汉语国际教育专业的性质与研究范围”），马秋武（“专业学位教育评估的相关问题及准备”）和刘运同（“专硕课程要求与说明”）分别讲课。

今天大雨，同济成了一片水池。南校区门口成了深潭。我昨天把车停在逸夫楼前，今天早晨涉水到校后，因考虑到花萌可能开车送罗福林教授到复旦，就开车到学院，结果过南校门时，水深没车，几天后出故障不得不去修。大家纷纷在群内晒照片，我自拍皮鞋照发到群内：已成水鞋。

晚上回想一天的涉水之旅，有感：

同 舟 共 济

暴风骤雨不见天，水积池满鹅悠闲。
校长赤脚遍寻途，师生相扶渡难关。
秩序井然无惧色，同舟共济精神显。
试把同济比钢舟，楫稳行直气若闲。

6 月 19 日　汉诺威孔子学院联席会

6 月 19 至 20 日，和程妤一道到汉诺威，参加“文化 · 创新 · 交流”同济大学合作孔子学院联席会议暨高校知识创新及转换国际研讨会。日本樱美林大学孔子学院、佛罗伦萨大学孔子学院、汉诺威孔子学院的中外方院长出席了会议。此外，同济大学德国校友会会长、不来梅孔子学院院长等其他单位代表参加了会议，共同探讨了孔子学院在汉语教学和文化推广的创新机制及实践，并就今后的共同合作机制进行了展望。

同济大学的四家孔子学院分别在亚洲和欧洲布局，正好是丝绸之路的起点和终点。举办孔子学院联席会议就是在国家“一带一路”的政策导向下，加强孔子学院沟通、寻找共同话题、创造性地实施跨区域的国际合作文化课题。

因论坛期间恰是端午节，我们从国内带去了粽子，大家的住处是一家钢笔厂改造的酒店，所以空间很大。酒店四楼是一个公共空间，炊具一应俱全，就是给大家自助用的。粽子煮好，分而食之，异乡也过端午节，只要有粽子。

这次在德国，还品尝了著名的大猪肘子，几人分而食之，皆呼过瘾。

7月6日　有田实可

今天日本学生有田实可来，我请她吃饭。她是我2007年第一次去日本时在樱美林大学认识的学生，她当时刚到樱美林大学学汉语，但很好学。我和孔子学院的老师一起去做招生宣传，她做服务工作，知道我来自中国，就很好奇，问了三个问题，给我印象很深。后来她作为奖学金生到同济大学继续读书，各方面表现都很优秀。本科毕业后，因我们无硕士学位点，她到华东师范大学读了汉语国际教育硕士，硕士毕业后到上海迪士尼公园工地工作两年，本来希望回日本当汉语老师，但因找了个男朋友到英国读书，她也就跟着去了。这次就是从英国回到中国。

我问她学汉语对她有什么好处，她回答很实在：一开始以为可以做汉语老师，后来发现学汉语实际上锻炼了能力，所以现在觉得做什么都可以。她的同学毕业后很多到中小学做英语、语文老师，部分出国，或读博，做汉语老师的却很少。

谈到在英国工作中的困惑，说主要是习惯不同。英国重效率，规定时间内完成工作，日本重勤奋，乐意加班。讲到与英国人吃比萨，说西方人吃饭AA，八个人点八种比萨，因不分享，最后每人只吃到一种比萨；东方人喜欢分享，八个人，每个人可吃到八种比萨。

毕业后还知道回来看老师，这样的学生不多了。倒是一个日本学生，没丢掉这种传

统和习惯。

7 月 8 日 《你是我的玫瑰花》

比什凯克人文大学孔子学院夏令营 6 月 28 日开营，今天举行结业式，明天回国。这是比什凯克人文大学孔子学院首次组织学生夏令营来同济大学学习，也是学院首次接待中亚国家暑期夏令营团队。

夏令营共有来自吉尔吉斯斯坦 10 所中学、高校近 30 名师生参加。考虑到大部分同学刚刚开始学习汉语，母语又是俄语，学院专门安排了懂俄语的班主任老师、志愿者同学。在为期两周的夏令营中，除安排了小班分班教学，还为他们准备了中国书法、国画、太极拳等文化体验课程。课余时间，学院安排组织夏令营团员们进行了市内参观，游览了东方明珠、豫园等上海旅游胜地，领略了国际化大都市的迷人风采。周末，师生们一起赴苏州参观，感受了江南水乡、私家园林的独特魅力。

结业式上，学生准备了结业汇报演出。尽管学生们的汉语还不算很流利，但是唱起《茉莉花》《你是我的玫瑰花》等中文歌曲，都吐字清晰、婉转动听。最后，师生们还用一首吉尔吉斯斯坦民歌、一首俄罗斯民歌对学院教师、志愿者学生表示感谢。吉语歌曲大意是表达民族的深厚历史和灿烂文化，俄语歌曲则是一首祝福歌，类似于祝你幸福一类。不太整齐，但感情真挚。尤其是这群孩子年龄都不大，高中生，甚至有两个小学生，外表质朴，表情腼腆，使歌曲的情感表达真实，而且可爱。

随后，四五名学生用汉语表达了在同济大学学习汉语的体会：喜欢中国食物，上海很漂亮，中国老师很好，等等，希望能再来同济大学继续学习。

我从他们唱的三首歌开始，赞扬他们已经可以用三种语言唱歌，而且汉语的发音都很标准，尤其是一个小女孩，说是比什凯克孔子学院外方院长的女儿，明显学习汉语有一段时间了，汉语水平最好。然后我从“人文”二字入手，说明我也是人文专业，是比较文学。因此，读过很多俄国和前苏联的文学作品，这些作品深深地影响了我的世界观。我举帕斯捷尔纳克的《日瓦戈医生》、普拉东诺夫的《地槽》、布尔加科夫的《大师与玛格丽特》等作品为例，说明俄国民族文化具有一个突出的特点，即越遇到困难，越能表现和证明自己的伟大，那就是克服各种困难，取得胜利。随后我故意问学生：是不是觉得汉语很难？有的说不难，有的说难。前者可能从我前后文判断出我此问的目的了。我随后鼓励他们：对，因为难，所以恰是证明你们自己、你们民族伟大的精神。根据俄罗斯民族的特点，学汉语的困难，你们肯定能克服。随后我说自己只会说一句俄语，那就是“乌拉”。我提高声音，连说两遍，立刻有学生跟我一起“乌拉”，表现出斗志昂扬的样子。

我表示，希望能在中国“一带一路”丝绸之路战略框架下，加强两校间的联系、交流与合作。很多同学表示希望再来，我表示，同济大学热烈欢迎大家再来，并会千方百计提供机会，争取奖学金等。我希望他们不是一个两个来，而是都能再来，因为我希望还有机会再听大家一起唱中文歌，也因为大家都是同济大学的“玫瑰花”。大家鼓掌欢呼，一脸兴奋。

讲毕，为同学们发放结业证书，因证书上的名字都是英语，我建议他们以后都起个中文名字。其中一个小男孩，穿着红色 T 恤，我作势抱他起来，大家一笑。

带队的女老师赠送我们一张画框，是其民族英雄，另赠一幸运符和一瓶酒。我则回赠了京剧脸谱。

临结束，一个女孩子表示希望能来同济大学读自费预科，我留下这个学生的信息转交许涓，积极促成。

7 月 18 日　向韩国学生谈“同舟共济”

庆熙大学孔子学院夏令营 7 月 12 日开营，营员 20 名，明天回韩国。结业仪式上，同学们纷纷发言，都表示很喜欢同济大学和上海，希望再来继续读书等。

我在发言中鼓励学生们：中韩两国关系目前处于最好时期，是韩国人学汉语和中国人学韩语的最佳时机，无论从促进中韩友谊角度，还是从个人前途考虑，都应该充分利用当前一切有利的文化和政治环境，认真学习汉语，了解中国文化。希望他们之间将来能出现著名的汉学家与了解中国的政治家、经济学家和历史学家，在促进中韩文化和政治交流方面发挥积极作用。希望他们选择同济大学继续学习汉语，攻读硕士学位。

因为刚才一名韩国同学在发言中表示理解了同济大学的 LOGO 的含义是三人同舟，要大家一起划船才能前进。我就给同学解释了一下背景。我说：“同舟共济”是一个成

语，出自《孙子·九地》：“夫吴人与越人相恶也，当其同舟而济，遇风，其相救也如左右手。”意思是：遇到困难大家互相帮助，就能取得成功。虽然庆熙大学孔子学院成立之前，同济大学与庆熙大学也有很好的合作，也互派学生进行交流，但从来没有像成立孔子学院以后这样系统、全面、丰富。所以说，孔子学院就是同济大学和庆熙大学共同建造、共同驾驭的一条船。大家同乘一条船，就要共同谋划、共同用力、共同划船，这样才能使孔子学院这条船，不论惊涛骇浪、急流险滩，都能平稳前进。我们所有人都是这条船上的船员，也是乘客，希望你们也助力这条船平稳快速前进。

我对同学们说：说实话，我自到同济大学以后，一直在疑惑为什么同济大学的LOGO上是三个人一起划船，而不是二个人，四个人。英国有一位小说家季罗姆写过《三人同舟》《三人同游》的小说，也是“三人”。其中是否有文化的一致性，我不太明白。大家学过汉字，有“三人成众”之说，意思是说：三个人代表集体大众，大家共同划船之意。但实际上，我们也许能从《道德经》中找到另一种解释：“道生一，一生二，二生三，三生万物。万物负阴而抱阳，冲气以为和。人之所恶，唯孤、寡、不谷。”“道”为本，道生一，即太极；一生二，即阴阳；二生三，即阴阳配合；三生万物，即阴阳相生，产生万事万物。这是一种秉持自然精气创造世界的过程，是极其冷静、辩证的过程，是一种强调合作共生的科学认识。道家思想一向被理解为“消极无为”，实际上是误解。我更倾向认为道家思想强调顺应自然规律，直面客观世界，而不要主观臆想，更不要不顾自然现实而盲目去改造世界，这是一种非常冷静而客观的文化，是一种科学文化。而同济大学的办学理念和发展理念，实际上就是一种科学、客观的理念，是强调在顺应科学规律的前提下大家齐心协力，共同奋斗、前进。因此，我们“同孔子学院之舟而共济”，也是顺应了社会客观发展规律，只有合作，才能“共生”。

讲完我才意识到：听讲的韩国同学有的才学习了一周汉语。但语言熏陶，重在熏，熏久了，自然就有了味。任何一种文化都自带特殊的“色、香、味”，色是指外形外观，香是指内在气质精神，味是指气质精神的凝练浓缩。接受一种文化的过程，就是先被“色”吸引，进而闻“香”迷醉，最后在自身沉淀形成一种文化素质，有了某种文化的味道，无形而弥漫，日用而不自觉，“沉香成味”，历久弥新，回味无穷，进而再以香熏陶别人……文化形成发展，就是这种过程的一次次循环往复，日积月累；所谓文化传播，就是这种过程的一次次外延外展。

9 月 25 日　“大连宣言”

今天在大连理工大学参加卓越联盟留学生工作研讨会，主题围绕来华留学生校企联合培养工作展开，与会高校有北京理工大学、辽宁省重大装备制造协同创新中心、重庆大学、东南大学、哈尔滨工业大学、华南理工大学、天津大学、中国铁建国际集团有限公司等。研讨会主题包括：国际人才的本土化战略、来华留学生培养模式与毕业前景分析、中国企业的海外人才战略等。

我的发言题目是《企业国际化与中华文化国际传播》，主要介绍了同济大学曾经为海外企业定向培养留学生的经历，同时认为目前高校急需转变思路，更多地为“走出去”的中国企业定向培养理工科专业的人才，这种需求在当下也变得越来越强烈。华为技术有限公司目前正在与同济大学共同开展“移动课堂”项目，高校与企业实行双导师制，利用企业资源加强留学生技能的培养。但是，目前高校的这种试探性的培养方式，多是被动的，受企业委托的项目居多，在定向招生和就业指导方面仍十分欠缺主动性。在这个过程中，可能需要树立一些像哈尔滨工业大学与中国铁建国际集团这样一批“校企联合培养的合作典范”。

会议最后达成共识，简称“大连宣言”。

（1）卓越联盟高校一致同意成立包括卓越联盟 9 校和相关企业参加的“卓越国际人才培养校企联盟”。

（2）建立“校企国际人才信息平台”，共享招生、人才培养、就业等信息。

（3）卓越联盟高校设计印制统一的对外招生宣传材料，适时联合开展出国招生工作，推广卓越联盟高校的国际形象。

（4）依托各校“2011”协同创新中心，培养化工、机械装备制造、汽车、航天、新能源等专业领域的“卓越国际工程师”，一方面为中资企业培养人才，另一方面为国家战略服务。

（5）“卓越校企联盟”的成员企业将探讨设立针对性的企业奖学金，根据企业走出去战略需求有目的地招收和培养本土化人才。

（6）建议教育部与国资委沟通，从国家层面出台相关政策鼓励中资企业参与海外留学生的招生、培养和就业工作，形成“政府-企业-高校”合作机制。

（7）建议教育部或国家留学基金管理委员会设立“中国政府卓越工程师奖学金”，由国资委或大型央企共同出资，主要用于支持中国工科大学，特别是卓越联盟高校招收和培养工程师人才。

10 月 14 日“如何向世界说明中国文化”

今天下午，受文化部①“国家对外文化交流研究基地”邀请，蒙陈圣来老师信任，我到上海社科院为文化部人事司主办的“2015 年秋季文化部派驻各国文化使节和文化部机关新任处长培训班”授课，题目为“如何向世界说明中国文化——思路与方法创新”。我从宏观和微观两个角度，围绕中华文化国际传播的一些关键问题及对策，系统阐述了中华文化国际传播与外交、文化产业、汉语教学、孔子学院、翻译、人才培养、媒体等媒介的关系，并结合我院的实际工作，介绍了中外文化交流中常见的问题及解决办法。

在交流阶段，学员们提了很多技术性的问题，却都是我的弱项，我急中生智，提出一个偷懒的对应之策：文化交流人人不同、处处不同、事事不同，但只要秉承发自内心的真诚，切实解决实际问题，即使语言不同，也都能实现文化交流。讲毕，竟然掌声大作。

10 月 31 日　天津大学谈“一带一路”

30 日晚，从虹桥机场赴天津大学，参加汉语国际传播研究分会的年会。但起飞前忽然通知航班取消，我没来得及退票，就匆匆赶往高铁站，好在还有票，但到天津已是凌晨。马秋武兄热情，约潘卫民兄等一起吃夜宵，我也约先期到达的陆辛一起出来，大家喝啤酒、聊天，聊到很晚。会上谈到理事会开会的一些事，我错过了。

会议主题是“‘一带一路’战略与汉语国际传播研究暨第四届汉语国际传播”，来自国内 40 余所高校及相关机构的百余名从事汉语研究和教学的专家学者共聚一堂，共商“一带一路”倡议下汉语国际传播研究的任务与方法。我主持了主旨发言环节，并就

① 2018 年 3 月，第十三届全国人民代表大会第一次会议决定，组建文化和旅游部，不再保留文化部。

“一带一路”与语言文化交流的关系做了报告，基本观点是：“一带一路”，语言铺路。软硬结合，才能更好地推动世界了解中国，共同建设好“一带一路”。

12 月 13 日　“中国学丛书”发布

13 日，学院与日本樱美林大学联合举办了“樱美林大学孔子学院中国学丛书”新书发布会。恰逢学院召开“汉语国际教育：历史、现状与未来”国际学术研讨会，而此套丛书亦是汉硕文化类教材的一种积极尝试，来宾齐聚学院新建成的文化体验教室，见证新书发布。

我主持发布会，樱美林大学孔子学院执行院长雷桂林向来宾介绍了这套丛书成书的历程及各册主要内容。丛书由日本朝日出版社出版，含《中国语言文学》《中国传统戏曲》《中国社会》《中国当代经济》及《中国人与中国经济》五种。通过中日两国知名学者、翻译家的精诚合作，编写翻译，打磨 8 年终于完成。

丛书的问世将有力推动汉硕文化类教材建设与中华文化国际传播方法的创新——从中日两种视角出发，对各种现象、问题作全面客观的解读，帮助汉语国际教育工作者知己知彼，更为日本读者了解中国，特别是当代中国，开启了一扇别有洞天之门。目前已有包括早稻田大学在内的多所日本高校准备将该丛书定为中国文化教材。

2016 年

1 月 31 日　上海华文教育基地获批

收到上海市人民政府侨务办公室、上海市教育委员会今天的联合发文《上海华文教育基地名单》，确定 40 家上海华文教育基地学校（机构），这是学院获得的第一个省部级科研基地，将在组织海外华裔青少年来华夏令营和华文师资培训等方面有所作为。

去年 10 月 10 日，蔡建国教授与华东师范大学、上海师范大学专家组来学院考察并论证华文教育基地所需各项软硬件准备情况。我当时从学校国际化建设背景和现状、学院发展定位、主要工作、社会影响力、发展战略与规划等方面向与会领导和专家进行了汇报。我表示，申报成功后，基地将根据上海市人民政府侨务办公室的统一部署，主动拓展海外华文教育师资培训业务；结合孔子学院工作，积极开展服务于海外华人的汉语和中华文化传播工作；与海外华侨华人学校合作开展汉语培训工作，组织汉语短期班和中华文化体验班；与上海其他华文教育基地合作开展调研，探索华文教育与中华文化传承的关系，形成上海华文教育创新理论；围绕“一带一路”倡议和科技创新战略，探索海外华侨华人与国家战略结合的途径与方法；围绕基地建设，更好地开展人才引进工作；等等。

3 月 11 日　白刚教授受聘

今天下午，中国驻日大使馆原公使衔参赞、北京外国语大学原副校长、中国教育国际交流协会理事白刚先生兼职教授受聘仪式在学院举行。白刚教授表示，能够被同济大学聘为兼职教授，自己感到荣幸，并深表感谢。他表示，今后将充分发挥自己在中日交流方面的作用，竭力为同济大学的对外发展和国际影响力增强作出自己的贡献。

随后，白刚教授做了一场题为《中日人文交流之我见》的学术讲座，从日本的人文素质情况入手，全面介绍了日本教育的历史与现状，深入浅出地剖析了日本人文教育的可借鉴之处。

在提问互动环节，白刚教授举重若轻，充分展现了一名外交家的风采，博得了听众

的热烈掌声。

受聘仪式和演讲由我主持。

5 月 12 日　“五步经”

今天上午，参加华南理工大学、广东省公共外交与跨文化传播研究基地共同主办的“多元文化视野下的汉语国际传播论坛”，近 50 所高校的近 100 名孔子学院奖学金工作负责人共同探讨如何进一步做好新形势下的汉语国际传播工作。我以“同济大学汉语国际传播智库的初步设想”为题，提出汉语国际教育传播事业需要积极的态度，并努力寻找自己学院的发展特色，培养融入中国文化的人才，最终让中国文化无声地化在留学生的言行思想中。

最后，我以“靠、挤、融、化、无”五个字概括中华文化走出去的发展过程和目标，并呼吁这一领域的从业者都要有凤凰涅槃的心态，以时刻准备“失业”的精神状态去推动中华文化“世界化”。中华文化越普及，我们失业的可能性就越大，失业的步伐就越快，但也说明我们为之努力的事业越兴旺发达。滴水入海，我们愿意。

6 月 3 日　“‘一带一路’倡议”中欧青年交流论坛

学院主办的“‘一带一路’倡议”中欧青年交流论坛今天在逸夫楼召开，上海市欧美同学会、上海欧洲学会、同济大学“一带一路”安全问题协同创新中心协办，中国、英国、德国、波兰、捷克、匈牙利、土耳其、意大利等国 60 多名青年学者从政治经济、文化教育、国际合作等多个视角探讨“一带一路”倡议。

程妤让我在开幕式上致辞，且用英文。我向青年学者们表示欢迎，并说：中国“一带一路”倡议需要沿线各国共同参与，“一带一路”建设能够促进沿线各国经济、社会、文化、政治等方面的全面交流与合作，沿线各国青年是相关交流与合作的重要力量，是沿线各国专业领域较为突出的代表及未来建设的重要骨干，代表着“一带一路”的希望。我表示期待与会青年学者美美与共、齐心协力，共同推动“一带一路”建设顺利发展。

6 月 23 日 “推动汉语在国际传播”

今天《南方日报》以《推动汉语在国际传播》为题，报道“中华文化国际系列丛书”出版。丛书一套四册，今年 1 月由同济大学出版社出版，分别是《中华文化之旅》《中华文化问答录》《中外文化国际传播经典案例》以及《中华文化国际传播：途径与方法创新》。我和同事们历时两年，反复讨论、修改，围绕“实用”特色，依托同济大学的学科资源优势，探索同济特色的汉语与中华文化国际传播理论和实践体系，争取形成中华文化国际传播“同济模式”。

丛书基于汉语与中华文化国际传播的现实需求，提出要在保持中华文化精髓的前提下传播不断创新的文化内涵，同时要不断创新传播的形式，更好地吸引受众，采取为受众所喜闻乐见但不失中华文化精髓的本土化形式，要用外国人听得进、看得懂、感兴趣的语言和文字及各种其他方式，展现当代中国形象，增进世界对中华文化的了解和认识。

丛书分为三个板块：文化读本、中外文化国际传播经典案例分析、传播途径与方法创新研究。不但提炼了中华文化的核心要素和知识点，还分析了中外文化国际传播所涉传播本体、途径和对象之间的复杂关系，并基于中华文化国际传播的经验和教训，探索了如何创新中华文化国际传播的方法与手段，为中华文化国际传播的可持续发展提供具体建议和策略。

《人民日报》《中国社会科学报》等也先后报道了丛书的出版。

7 月 21 日 “华侨华人与‘一带一路’沿线国家中华文化传播”

今天上午，到华侨大厦参加上海市人民政府侨务办公室、上海侨务理论研究中心举办的“华侨华人与‘一带一路’沿线国家中华文化传播”主题研讨会，就华侨华人在“一带一路”文化传播中的作用以及“一带一路”沿线国家的文化传播战略进行研讨，上海社会科学院文学所，上海戏剧学院，上海外国语大学，华东师范大学专家与会。

我从华侨华人的在地性和融合性出发，建议加强对海外华侨华人的组织，围绕具体问题，尤其是华侨华人关心且未能解决的问题入手，首先做好服务，主动对接需求，进而通过华侨华人的桥梁作用，疏通中国和“一带一路”沿线国家民心相通的通道，更准

确应对中华文化传播过程中可能会遭遇的各种困难和挑战，充分发挥侨务工作优势，服务“一带一路”文化传播战略。

7月15日　沃顿商学院高级汉语研修班结业

上午，美国宾夕法尼亚大学沃顿商学院—珞德国际关系学院高级汉语研修班结业，我参加期末报告会并与学员们进行了交流，为每名学员颁发了结业证书。学员们根据自己的研究兴趣用中文做了研修报告，展示了五周的学习成果，标志着本次研修班取得完满成功。

宾夕法尼亚大学这个项目在中国举办了近20届，今年首次在同济大学举办，为期五周，共有9名同学，开设了每周约30个学时的商务汉语高级课程，由专职教师授课。每周还为学员们安排一场专题讲座，邀请上海市政府发展研究中心信息处、同济城市规划设计研究院、创业接力基金和同济大学政治与国际关系学院教授分别为学员们做了关于中国政府改革、中国城市建设、中国创新创业政策和中美大国关系的专题演讲。让学员们在研修汉语的同时对当今中国经济社会发展情况以及中美关系有了更深入的理解。课余时间则为每名学员配备了学生辅导，采取一对一的方式来提高他们的汉语交流水平。

在课余时间学员们还访问了同济设计院、瑞安集团、*Shanghai Daily* 报社、小红书电商公司、百盛食品公司等企业；考察了苏州和同里的水乡，体验了中国的江南园林文化；举行了一场辩论赛，学员们分为两队就“中国企业提高竞争力应该以‘走出去’还是‘引进来’的战略为主”展开辩论；举办了两场主题为“变革中的中国市场：机遇与挑战”和“中国的商业模式和政策”的中美学生交流活动，大家畅所欲言，碰撞思想火花，学员们的汉语水平和思辨能力得到了良好展示。

9月23日　孔子学院奖学金留学生开学典礼

今天上午，学院举行孔子学院奖学金留学生开学典礼，2016级全体新生、2014级、2015级部分老生代表早早来到会场，大家用汉语流畅地交流，一片欢声笑语。我代表学院对各位奖学金新生的加入表示欢迎，为硕士、本科、进修生代表一一颁发奖学金证书，鼓励同学们积极参加各类中国传统文化体验活动，与社区、少年宫、中小学等联谊活动，近距离、全方位接触理解中国社会与文化。

最后，多才多艺的同学们表演了各种节目，有歌声，也有舞蹈，顿时呈现出小“联合国”的氛围。

孔子学院奖学金生一直是活跃在校内外各类活动中的优秀群体，他们有的多才多艺，有的对中国文化有着自己独特的理解，有的志存高远——要做中外文化交流的使者。同济大学一直积极探索如何为奖学金生提供更好的平台，让奖学金生们更好地了解中国文化、介绍自己国家的文化，成为中外民间交往的桥梁。2016 年秋季学期伊始，同济大学成立孔子学院奖学金留学生文化巡讲团，为中外学生搭建了解各国文化的平台，让奖学金留学生学习如何用中文讲好中国故事、用中文讲好自己国家的故事。巡讲团不仅走进高校校园，还走进社区、中小学、少年宫等。巡讲团聘请专业教授担任团长，以中华文化类课程、剪纸、面塑、中国结、扎兔子灯、盘扣等传统文化课程为依托，以提高学生汉语表达能力为基本目标，培养能讲中国故事的知华友华人士。

9 月 26 日　主持人黑龙

今晚，我的硕士生黑龙经过层层选拔，成为同济大学 2016 年艺术节开幕式暨迎新生文艺晚会主持人。他字正腔圆的发音，一出场就赢得了满场喝彩。黑龙学习认真，脾气平和。被确认为主持人后，为了克服准备时间短、平时学业压力大等困难，他刻苦训练、反复操练，尽自己最大努力与中国搭档一起完成了一次精彩的主持。

除黑龙外，来自厄瓜多尔、乌兹别克斯坦、哈萨克斯坦等国家的 7 名学院留学生参与了此次演出，与同济大学舞蹈艺术团的同学们一同表演了重头大戏《丝路逐梦》。

10 月 13 日　“2016 华教杰出人士华夏行”

今天，由国务院侨务办公室组织的“同根同文　同济同行——2016 华教杰出人士华夏行”代表团到学院观摩教学和交流。由于客人都是海外华文教师，我请老师们今天都向代表团成员敞开教室的大门，客人想进哪间教室听课就进哪间，充分展示学院真实的教学水平，不怕出丑。

这些经验丰富的华语教师走进了汉语课堂，对学院沉浸式教学赞叹不已，不少老师听着听着，就与上课的老师、同学们交流起来，完整地呈现了世界汉语教学的情景。

听课结束后，我陪代表团参观了同济大学校园及校史馆，了解了即将迎来 110 岁生日的同济大学厚重的历史。

代表团一袭黄衣，炎黄子孙之意显然。他们对同济大学的热情、对汉语教学的热情、对华夏文化的热情，也深深感染了与他们接触的同济大学师生。

10 月 22 日　首家汉硕人才孵化基地落户

22—23 日，我带队，40 多名老师和留学生共乘大巴抵达淮阴师范学院，与文学院负责人共同为“同济大学汉语国际教育专业硕士人才孵化基地”揭牌。这也是学院首家汉硕人才孵化基地，以后将参考此模式，在全国若干所高校分别建立基地，形成环上海同济大学汉硕人才孵化圈。

建立基地的目的：一是作为同济汉硕招收优秀毕业生的培养基地；二是作为同济大学留学生文化交流的平台；三是在师资队伍建设上促进两校教师学术上的相互交流；四是通过基地搭建两校人文交流联系的桥梁，深化合作。

授牌仪式后，我做客翔宇论坛，讲授“外国文学中的浪漫主义”，留学生们与淮师文学院师生联合开展了为期两天的“同济中华历史长河系列文化活动之中外学生淮安谈古论今暨淮师文学院汉语风国际文化交流系列活动”，进行了别开生面的“中外学生汉语课堂教学观摩研讨活动”；外国留学生在文学院学生一对一的陪同下，游览了周恩来纪念馆、中国漕运博物馆、西游记博览馆等地；此外，还举办了“中外学生文化交流联谊晚会”，中外学生分别带来了各具民族风情和区域文化的节目。

11 月 6 日　《龙泉青瓷》首映式

下午，受邀到上海中国金融信息中心参加《龙泉青瓷》纪录片首映式暨世界非物质文化遗产保护论坛。青瓷的海外之旅是中华文化走出去的重要媒介，青瓷作为中国传统文化的符号，已成为丝绸之路的重要象征，我对论坛议题充满期待。

《龙泉青瓷》从学术的角度对青瓷技艺和历史脉络进行了系统的梳理，通过采访与记录的形式，与意大利、法国相关学者交流，讲述了其国际化传播及历史文化影响，演绎了丝绸之路的崭新篇章。“一带一路”倡议提出以来，丝绸之路的文化遗产不断被创新发掘和拓展，青瓷文化非物质文化遗产，如今再搭“一带一路”人文交流之舟，推动中意、中欧文化交流，讲好中国故事，传播好中国声音，让中华文化走出去，在国际交流中发挥更大的作用。

纪录片中对法国汉学家白乐桑进行了采访，而我是中间牵线人。

11 月 12 日　第六届全国汉语国际教育人才培养论坛

今天在北京师范大学参加第六届全国汉语国际教育人才培养论坛暨专业硕士培养工作研讨会，论坛主题为跨文化交际。许嘉璐先生做了关于如何讲好中国故事的主旨发言，既高屋建瓴，又有细节分析，很有启发。

我在小组发言中提出如何精准讲中国故事的问题，并希望高校与社会力量紧密结合，将一切有利于中文和中华文化走出去的力量团结起来，共同努力。

晚上到北京师范大学汉语国际推广新师资培养基地楼去随便走走、看看各种张贴的材料、活动海报，“偷偷取经”，巧遇朱瑞平老师回办公室，遂“浮出水面”，到其办公室畅谈许久，朱老师知无不言，我也就不客气地提出一个又一个问题，深受启发。约朱老师到同济大学讲课，后来疫情就约线上，但一直因各种原因未能如愿，深为遗憾。

11 月 16 日　“内容为王”

今天下午，邀请国家对外文化交流研究基地主任、上海国际文化学会会长、上海社会科学院国家高端智库资深专家陈圣来教授给汉硕生讲课，主题是“挑战与机遇：提升中国文化软实力的思考”，由我主持。

陈老师举了大量案例，探讨了中国文化软实力的现状与未来。他指出，在我国经济快速发展的同时，我们的文化软实力并没有以同样的速度提升。我们应改变一厢情愿的单边输出，通过研究国外成功案例，寻找能吸引外国人的“中国好故事”。陈教授认为：文化软实力的核心是人的力量，“内容为王”是恒定不变的铁律。要发展我国的文化软实力，应从城市开始，而提升城市文化水平，首先要营造良好的生态环境。改革开放后的上海已拥有了让世界惊羡的硬件，下一步是要提升上海的全球城市功能，加快建设“科创中心”的步伐。

在随后的座谈会上，陈老师希望同济大学的汉硕生们能打好基础，养成进取创新意识，为提升中国文化软实力助力。

11 月 19 日　留学生汉语教育 3.0 版

今天，我从上海外国语大学接来李宇明老师，为同济大学的汉硕生讲了一次生动富有启发性的讲座：《由“学汉语”到“用汉语学”——打造留学生汉语教育 3.0 版》。李老师比较了改革开放前的“汉语教育 1.0 版”与改革开放至今的“汉语教育 2.0 版”之间在教学对象、教学方法、培养方式等方面的差别，并在此基础上提出“汉语教育 3.0 版”的设想。

新时代的汉语教育首先要有明确的培养目标，即“培养知华友华的有一定专业水平的世界公民”。李老师说，为了实现这个目标，我们不能只将留学生视作“外宾”，一味向他们介绍“历史中国”“民俗中国”，而应该引导他们融入真实的中国社会、了解现实中国。对留学生特别是学历留学生的课程进行改革已势在必行。来华留学生大多是处在成长期的年轻人，中国教师除了教给他们各种专业知识，还应在汉语环境下塑造他们的人格，培养他们成为具有国际公德、国际活动能力，能够为全人类服务的“世界公民”。让留学生从以往单一的“学汉语”，变为能够“用汉语学”继而“用汉语做”。这样培养出来的留学生将成为中国可持续发展的重要资源，他们作为“中国故事”的一部分将讲出让外国人更为信服的“中国故事”，帮助中国更好地与各国交流、合作。

李老师同时指出，在“汉语教育 3.0 版”中，汉语教学的研究应从“助教”型转向“助学”型——为学生编写百科性的教材、提供“原汁原味”的课外阅读、更便于使用的工具书……他还设想打造一个“汉语助学网”，让世界各地的汉语学习者都能在这个

平台上提问，专业教师或优秀汉语学习者可以及时为之解惑答疑。

互动时间，听众提出了不少好问题，如“让汉语水平还不够高的留学生直接读《论语》原典是有一定困难的，是否可以考虑分层分级、循序渐进地通过连环画、中英对照、文白对读等方式将《论语》思想传递给学生？”“现在很多留学生听说能力还可以，读写水平以及商业事务的处理能力很难满足企业所需，希望学校能在这些方面加大培养力度。”李老师一一作答，同学们意犹未尽，难以按时结束，我不得已宣布结束，但辅导课接着就延伸到了走廊、校园……

11 月 23 日　施寒微受聘

今天下午，邀请德国著名汉学家施寒微（Helwig Schmidt-Glintzer）教授访问海外汉学研究中心，受聘中心兼职教授，胡春春陪同。仪式后座谈，就如何依托德国汉学界推动汉语教育和中德文化交流坦诚交换了想法。

施寒微是对德国当代主流思潮具有影响的少数德国汉学家之一。他这次受同济大学国际文化交流学院、德国研究中心、中德学院等联合邀请，并与复旦大学、上海外国语大学合作，在上海进行了系列演讲，主题涉及“德国汉学”“德国的中国形象”“德国的中国观”等。

12 月 10 日　留学生教育与双一流建设

昨天到达昆明，今天上午为部分高校留管干部和教师讲课，内容分三块：《留学生教育与双一流建设》《如何向世界讲中国故事：途径与方法创新》《校园跨文化交流与中外学生融合培养》。

我的讲课主要围绕大学的国际化展开，核心观点是：大学应充分利用自身丰富的国内外文化资源，科学整合，合理组织，有效推动，将中华文化的国际传播与学校校园文化建设有机融合，搭建中外学生互动交流的平台，让留学生走到中国学生中去，将中国学生请到留学生中来，强化了中外学生对中华文化身份的认同感，有效推动了具有国际特色的校园文化建设。

汉语国际教育工作应在服从国家战略的前提下，紧密结合学校的主导工作展开，并以汉语教学为基础，以文化传播为媒介，以“知华、友华”为目标，以中华文化浸濡学生培养全程，引导留学生在学好汉语、了解中国文化的同时，加深对校园文化精神的理解，最终促使留学生认同中国文化的核心价值观，成为传播中华文化的使者。

“双一流”政策聚焦于如何促进中国大学走向世界，既聚焦全球（Global）背景下的国际化（Internationalization），又重视本土（Local）背景下的国际化，留学生教育作为高校国际化的重要资源，将在“双一流”建设中发挥积极作用。

下午，乘公交到民族村、滇池看了看。在民族村，看到一位值守的小伙子在学汉语，有些感慨。趋同化思维是否有助于民族语言和文化保护？滇池海鸥多，则眼见为实了。

12 月 19 日　“古三彩”

下午，邀请古川裕教授为汉硕生主讲《汉语对举格式的表述特点及其教学对策》。古川教授从结构特点、语义特点、能产性等方面进行阐述，详细介绍了对举格式的结构基础、文化心理基础、修辞特点、语法功能等，并与大家分享了他在日本汉语课堂中的对举格式教学案例与经验。

新颖的内容配合古川裕教授幽默的讲解，整场讲座丰富又生动，让师生耳目一新。“语言精彩，内容精彩，互动精彩”，我笑对古川裕教授说，可以简称“古三彩。”

12 月 29 日　“四海一家”

2017 年元旦将至，大多数留学生都是在中国第一次迎新年，每逢佳节倍思亲，中外无不同。为此，今天下午，学工办特别策划了迎新年主题班会活动。留学生组成两个设计团队布置学院东、西两厅。东厅是中国风，西厅则是西洋风。同学们自行购置材料和设计，用精细的手工、别出心裁的造型，营造出浓郁的新年氛围，心愿墙还以互动方式，让留学生表达新年心愿，吸引学生们驻足祈愿。

集体活动环节结束后，学生们以教学班为单位，以迎接 2017 新年为主题，开展不

同形式的联欢。每个班级都凝练了自己的口号，如“用心品生活，快乐学汉语”“在中国，乐学乐活”“缘聚同济，分外 happy！”“又聪明又可爱又漂亮又帅的 A9 班！”班主任老师则借机介绍中国迎新年民俗，并鼓励各班同学交流各国迎接新年的习俗，同学们之间相互交换小礼物，展现自己的才艺，分享美食，师生一道迎新，其乐融融，“四海一家”气氛浓郁。

2017 年

1 月 5 日　首批校友工作联络员

今天下午，参加 2013 级汉语言本科（经贸方向）春季班毕业典礼，部分毕业生的亲友们也到场观礼。我对如期毕业的留学生们表示祝贺，对老师们为学生成才所付出的辛勤劳动表示感谢。我说：学院每年都有一届届的留学生学成离开，但学院永远都像个大家庭一样，记得每个人的名字，欢迎每一名校友与学院保持联系，常回家看看。

刘小艳老师是班主任，是陪伴这届留学生最久的老师。她对学生们的临别赠言，就像母亲对即将远行的孩子的嘱托，朴素、真挚。

从本届毕业生开始，学院启动海外校友会工作，通过自荐和选拔产生了首批校友工作联络员，由宗骞颁发了聘任证书，并对校友工作联络员的意义和具体工作要求做了说明。

1 月 21 日　《那些花儿》

1 月 7 日起，韩国庆熙大学 34 名中文系学生来参加为期两周的汉语研修冬令营，围绕“学习汉语，体验上海，感知中国”主题，组织了丰富的语言文化活动。

在今天结业式上，我给同学们谈到上次我和同事们访问庆熙大学期间，两位庆熙大学中文系女学生陪同我们参观时言谈举止的得体和汉语的熟练，希望他们向学姐学长学习，回国以后再接再厉，继续学习汉语，更加全面了解中华文化，将来成为沟通中韩人文交流的桥梁！

最后，韩国学生们合唱《那些花儿》，赢来阵阵掌声。

1 月 29 日　拿撒勒大学汉语研习班结业

今天韩国拿撒勒大学汉语研习班结业，我代表学院送别，感谢同学们选择到同济学习汉语，鼓励他们继续学习汉语。

研习班共20名同学，去年12月底到校，学习一个月。这些韩国大学生都是第一次来同济大学，大部分也是第一次来上海，都充满好奇。在结业典礼上，同学们不仅个个用汉语描述了自己一个月的同济收获，分享了在上海的感受，还争先恐后地用汉语表演了《茉莉花》《三只熊》与脱口秀等节目，展示了汉语学习的成果，他们用流利的汉语表示："我的汉语水平提高了，对中国文化的感受加深了。""感谢同济大学，我喜欢上海，我还要再来!"

3月9日　上海华文教育研讨会

今天下午，上海市人民政府侨务办公室主办、同济大学上海华文教育基地承办的"2017年上海华文教育培训班"举行学术研讨，上海市人民政府侨务办公室以及各区侨务工作负责人和各高校代表60余人齐聚同济，共同讨论上海华文教育的发展。

在研讨会上，上海市人民政府侨务办公室和教委联合颁授了上海华文教育基地牌匾，我代表同济基地接受了匾额，并向与会代表介绍了同济大学华文教育基地自2016年成立以来开展的各项活动、学术研究以及形成的特色，并表示将依靠同济大学的学科优势和资源优势，围绕"一带一路"发展规划，逐步形成以"一带一路"沿线国家的华文教育为中心的发展目标，得到侨务办公室领导和与会专家的肯定。

代表们充分肯定了同济大学基地的前期工作扎实、创新、接地气，并表示将一如既往地支持同济大学基地的发展，推动形成同济大学基地的示范效应和特色效应，如发挥同济华文教育的研究优势，推动华文教育走学科发展之路，并在开发华文教育课程资源和编写教材方面形成上海特色。

3月20日　"中华文化原典导读"

"中华文化原典导读"课今天开讲，中外学生同堂上课，共同讨论。

如何让中华文化与汉语国际教育师资培养无缝对接，以文化人、以文育人，是汉语国际教育人才培养的核心目标，也是最终目的。作为中国文化的世界象征，孔子及其《论语》是海外认识中国、了解中国和理解中国的最主要途径之一，因此，如何让真实的孔子走向世界，让孔子的思想在走向世界的过程中找到海外知音，进而推动世界的“孔子观”更接近孔子思想的实质，并借以消除世界上负面的中国形象，就成为向世界所讲的中国故事中最基础、也最艰难的工作。

汉语国际教育专业所培养的中外硕士生将来都是向世界讲中国故事的主力军和生力军，如何让他们掌握中华文化的精髓，并能直面世界的中国形象，客观真实地推动世界塑造正面的中国形象，是必须正视且刻不容缓的一项战略工作。

为此，我主动请缨，设计并承担了“中华文化原典导读”课，汉语国际教育专业硕士中外学生同堂，共同研读《论语》及中华文化原典，目的是希望中外学生基于自身的文化，共同研究、讨论孔子及《论语》的独特性及世界性，尤其是让留学生，通过联系自己国家的经典作品，对比诵读理解《论语》，既加深了对中国传统文化的深厚韵味和无穷哲理的理解，也在对比分析中研究分析向自己国家的汉语学习者传播中国文化的科学方式，更重要的是通过研读中国文化加深了对本国文化的理解。

“导读”采取课堂讨论的方式，以《论语》为主，综合《说文解字》《孟子》《庄子》《周易》等中华文化经典，综合比对分析中外文化如何“异中求和”，并结合现实生活中的相关案例，将中华原典的深厚内蕴深入浅出地展现出来。如结合学生的才艺训练，以烹饪所需食材的顺序与调味的对应与协调，讲解中华文化之“和”，使中外学生不但意会和易懂，而且不知不觉中掌握了传播中华文化的技巧。

子曰：“不患人之不己知，患不知人也。”文化交流的动因和结果，都是人与人之间交流的愿望，而文化交流成功与否的关键，则取决于彼此能否相知。作为同济大学汉语国际教育专业在职培养模式的探索途径之一，中外学生同堂研读中华文化原典，在推动中外学生融合的同时，探索中外学生同讲中国故事的国际化途径。而中外学生互帮互学、互辩互解、互启同悟的学习方式本身，就是中华文化“世界化”的具体而生动的体现。

4 月 8 日　群贤毕至樱花季

樱花盛开，群贤毕至。“江浙沪汉语国际教育硕士教学技能大赛暨汉硕培养创新模式学术研讨会”今天在学院如期如愿举办，上海沃动科技有限公司协办，上海仕程电子科技有限公司为大赛的网络直播提供技术支持，实现了全球同步直播。

复旦大学、南京大学、华东师范大学、浙江大学、上海师范大学、东南大学、扬州大学等 15 所院校的 28 名汉语国际教育硕士研究生参与了此次大赛。各校汉硕一线教师针对“汉硕培养模式的现状与创新”“汉硕课程设置与学生未来发展”“语言教育与文化传播的关系”三大议题展开了热烈讨论。

在设计会议目标时，我提出要围绕学生需要、学校需要、国家需要、世界需要四个维度，并且要通过活动，形成秉持中华文化自信的师资培养机制，基于现代网络技术对汉语教学的支持，共同探索具有世界实践价值的江浙沪汉语国际教育硕士培养创新理论和经典模型。

4 月 15—20 日　“一带一路”主题春令营

4 月 15、16、20 日三天，同济大学上海华文教育基地承接了 2017 中国寻根之旅——“一带一路”主题春令营的部分活动，营员是 20 名来自 9 个国家的华裔留学生。活动由国务院侨务办公室、上海市人民政府侨务办公室举办。

春令营活动共有来自泰国、缅甸、柬埔寨、德国、菲律宾等 23 个国家和地区的 500 多名华裔青少年参加。同济大学春令营秉承一贯的认真负责态度和务实精神，圆满完成各项工作，学生反响良好。上海市人民政府侨务办公室专门发来感谢信。

5 月 15 日　教育部主题出版选题

教育部社会科学司发布了《关于公布 2017 年全国高校出版社主题出版选题名单的通知》，我承担的同济大学 2016 年人文社会科学智库项目“‘一带一路’战略背景下汉语与中华文化国际传播战略研究”的阶段性成果《“一带一路”与海外华文教育》和《“一带一路”中华文化国际传播》两书被列入选题名单。全国共 251 种选题入选。

这两本书稿紧紧围绕“一带一路”建设目标，以上海华文教育基地为基础，依托同济大学在汉语与中华文化国际传播及海外华文教育领域已经取得的成果和广泛的学术资源，认真调研、分析，全面梳理了“一带一路”发展历史上汉语与中华文化国际传播的

历史经验，深度理解了“一带一路”倡议与中华文化国际传播的理论和实践的历史渊源，并从宏观层面探索了“一带一路”背景下汉语、华文教育与中华文化国际传播的困境及对策，不但能为“一带一路”沿线国家的中华文化国际化政策的制订提供理论依据，同时还能应用于汉语国际传播战略研究、国际汉语教材编写、教学法研究和国际汉语师资培养、中外学生融合发展研究等，全面推动“一带一路”沿线国家的中华文化国际传播工作。

5月16日 “同济情缘”

今天下午，学院创办的首届留学生“同济情缘”汉语故事大赛决赛在四平路校区中法中心举办。这也是110周年校庆系列活动之一。

大赛面向全校在读留学生，建筑与城市规划学院、土木学院、经济与管理学院、国际文化交流学院的12名选手参加决赛，选手们从自己独特的体验出发，讲述自己的同济故事，畅谈留学生活的所见、所闻、所思、所感，为母校送上了最好的生日礼物。

6月24日 “内外兼工、粗中有细、细中有异”

上午，受邀到上海大学宝山校区乐乎新楼参加“一带一路”背景下的汉语国际教育国际学术研讨会，来自中国、美国、法国、芬兰、俄罗斯、阿塞拜疆、巴基斯坦、乌兹别克斯坦等90余名中外学者和嘉宾参加了研讨会。我大会报告的题目是《中华文化走向世界应坚持内外兼工、粗中有细、细中有异》。

内外兼工：保持国内外中华文化关注度的“恒温”。我们目前的相关工作主观性强，客观上造成了一些负面影响，导致国内外对中华文化的关注度不一致，甚至出现内热外冷现象，阻碍了中华文化的深度融入。要消除这一障碍，需要我们在选择传播内容和方法时坚持内功外功兼修且兼工，让“中华文化热”中外同温。

粗中有细：战略规划与具体方法要和谐互补。中华文化“世界化”需要有计划、有步骤、有重点地进行合理的全球布局，同时要针对不同国情，着眼长远、区别推动，实现科学发展。我们要兼容并包，对不同国家的文化舆情、文化差异的体察做到细致入

微，并采取差异性策略，创造一个统一、积极的世界中国形象。

细中有异：差异可以保证传播有的放矢。要加强与所在国的沟通，细致区分不同国家、同一国家不同地区人群接受中华文化的差异性，以双方共赢模式，营造中华文化海外生存、成长与发展的良性环境，争取所在国政策、法律上的支持。还要逐渐摆脱目前主要依赖于政府的经费支撑模式，把海外的非营利性文化传播、教育机构逐步建成自给自足的经营性机构。

7 月 1 日　“建筑特色夏令营”

7 月 1—14 日，由国务院侨务办公室和上海市政府侨务办公室共同主办的 2017 年海外华裔青少年“中国寻根之旅”夏令营活动在上海顺利举行，同济大学上海华文教育基地承接了“建筑特色夏令营”，营员来自美国匹兹堡中文学校。夏令营通过一系列富有同济建筑特色的文化体验活动和专题讲座，让华裔青少年们感知建筑文化，感受建筑魅力，同时借力华裔青少年，扩大同济大学建筑学科的国际影响。营员们还走出课堂，去实地感受、细细品味上海的魅力所在。通过游览豫园、朱家角、嘉定州桥古镇，感受申城的古典之美；通过登上东方明珠，领略申城的繁华之美；通过走入上海家庭，体验申城的地域文化。

学院带队和上课老师们以自己的细致关心，为酷暑中的夏令营营员带去一阵阵清凉。华裔青少年们离开同济时无不与老师们恋恋不舍，与上海恋恋不舍，与祖国恋恋不舍。他们与老师们相约：明年同济再见！

7 月 29 日　并轨行远

姚喜明兄拟将上海大学主办的“‘一带一路’背景下的汉语国际教育”国际学术研讨会的会议论文整理出版，嘱我写几句话作为引子，我颇惴惴，但兄命难违，就结合自己之前的一些思考，整理了一篇短文。

作者们来自汉语国际教育一线，有丰富的实践经验和理论思考，所谈问题皆为“一带一路”背景下汉语国际教育的关键，也是目前正引起广泛关注的话题，能对“一带一路”、汉语国际教育工作产生积极的影响，值得点赞。更重要的是，从文中都能感受到作者们对汉语国际教育工作都有一份浓浓的“真心”“诚心”和“爱心”，这才使得他们笔下的文字淋漓有水汽，充溢有感情，务实有策略。这是上海的风格，也是上海大学的风格。相信这份努力和智慧，能得到更多志同道合者的理解和支持，合力推动“一带一路”与汉语国际教育并轨前行，相互倚重，共同发展、繁荣。

8 月 16 日　“丝绸之路”与“一带一路”

根据同济大学出版社的安排，今天在 2017 上海书展暨“书香中国”上海周现场进行《“丝绸之路”与“一带一路”的精神传承及发展创新》的讲座。德国汉诺威莱布尼茨大学夏令营的同学们也参加了演讲会。

“丝绸之路”与“一带一路”的精神传承体现在四个方面：合作是基础，文化多元是常态，文化是平等的，变革创新精神。

21 世纪的“一带一路”首先应该是连接沿线国家的文明之路，也应该是多元文化平等展示的平台。大数据时代的“一带一路”建设，在延续古代“丝绸之路”文明合作精神的基础上，要基于现代科技，使沿线国家之间的文化交流更便捷、更直接、更坦诚，让古老的“丝绸之路”焕发现代文明之光，加快世界文明的交融交汇，进而推动整个世界文明的进步。

书展活动后，接受“看看新闻”采访，结合即将出版的“‘一带一路’与中华文化国际传播丛书”，谈了谈我对结合“一带一路”推动中华文化走出去和中国话语体系建构方面的思考。

没想到的是，这次活动引起了媒体的广泛关注，相关报道有：“央广网”（《上海书展聆听“丝绸之路”故事，解读“一带一路”精神》，2017 年 8 月 16 日），“上海热线”（《“一带一路”要继承古代“丝绸之路”的精神》，2017 年 8 月 16 日），“看看新闻”视频（《“丝绸之路”与“一带一路”的精神传承及发展创新》，2017 年 8 月 18 日），“中国新闻出版广电网”（《听同济大学教授讲丝绸之路故事》，2017 年 8 月 18 日），“中新网”（《听“丝绸之路”故事　专家解读“一带一路”精神》，2017 年 8 月 18 日），《中华读书报》（《同济社将出版孙宜学系列专著，梳理“一带一路”华文传播史》，

2017 年 8 月 23 日)，《文汇读书周报》(《从“丝绸之路”到高铁飞驰，“一带一路”相关图书成出版热点》，2017 年 9 月 4 日)，《新民周刊》(《“金砖+”朋友圈的正能量》，2017 年 9 月 6 日) 等。

11 月 2 日　文化泛在传播

今天到北京参加课题论证，当晚回。

6 月初，接受某研究所邀请，开始参加这一重大课题申报，除我外，其他子课题负责人都是航空航天系列的专家。

我负责的子课题是“中华文化泛在传播机制问题研究”。接到任务后，我即组成课题组进行系统论证。经过讨论，我们计划从分析美国文化的世界性传播机制入手，通过一些经典案例，找出文化传播泛在化的基本规律和实施路径。但大家一致明确，与西方文化国际传播的泛在化目的不同，中华文化不以侵害他国文化作为自身传播的前提，更不会消除他国文化获得生存空间，而是要积极推动沿线国家实现民族文化的独立和自觉。我们应基于实际和国别差异，科学判定实现中华文化泛在共生传播的不同阶段及阶段性特征、阶段性目标，明确泛在传播过程中的最强阶段和最弱阶段、最初阶段和最关键阶段，基于实践确定不同阶段的具体需要和实施步骤、方法和内容，确立传播质量评估标准，使文化的泛在传播共生过程可技术性操控，使软实力的传播具有硬技术评估指标，从而保证文化的泛在传播共生过程具有了科学规律。

课题多次论证，材料多次修改调整，也到北京向专家组汇报过几次，今天汇报后专家组建议我负责的子课题加大在整个课题中的研究比重，需要重新调整站位和思路。

11 月 4 日　以侨为桥

昨天到厦门，今天参加汉语国际传播研究分会与厦门大学海外教育学院共同举办的“国际汉语教育与文化”学术研讨会，我在会上做了“以侨为桥：‘一带一路’沿线国家中华文化国际传播战略研究”的主题报告。提出：华侨华人群体是连接中国与所在国的天然桥梁，他们既了解中国，也熟悉所在国的政治、经济、法律和社会状况，是“一

带一路”战略中不可忽视的重要中介力量。“一带一路”要推进与沿线各国间的政治互信、经济互联、文化交融、民心相连，必须将如何调动、发挥华侨华人力量作为一大课题，而华人教育，则是这一课题的核心命题和关键环节。

会议期间，汉语国际传播研究会举行理事会，我与郑通涛教授被推选为汉语国际传播研究会副会长。

晚上，到鼓浪屿体验海岛之夜，环行郑成功雕像，未闻浪如鼓，但思彼岸人。

11 月 7 日　汉诺威莱布尼茨孔子学院揭幕

今天傍晚，汉诺威莱布尼茨大学和同济大学合办的孔子学院揭幕，这是两校多年合作基础上的自然结果。2014 年起，就合作孔子学院事宜，两校一直在积极磋商，今天终成正果。在汉语教学、中德文化交流方面，孔子学院将发挥汉诺威莱布尼茨大学与同济大学的双重优势，成为培养汉诺威莱布尼茨大学学生对中国语言、文化、教育、科研等领域理解能力的中心机构，同时围绕中国能力建设开设课程，探索跨文化、跨专业的中国能力建设。

11 月 14 日　在佛罗伦萨大学孔子学院谈实用汉语教学

13 日，与李萍、姚伟嘉、刘丹东一道抵达佛罗伦萨，参加“实用汉语教学特点与技能培养规律国际研讨会”。到后入住一小酒店，立时体会何为古老城市。酒店出门都要把钥匙交给前台，是那种老式钥匙，要在中国，这种酒店可能都已拆除重建。

14 日上午，到佛罗伦萨大学孔子学院，与在这里任教的老师、学生见面，尤其是在这里做志愿者的汉硕生，询问了他们的教学情况、文化融入情况及毕业论文准备情况等。

下午，出席研讨会。来自罗马大学和那不勒斯东方大学的意大利汉学家以及孔子学院院长及教师、锡耶纳外国人大学，佛罗伦萨大学孔子学院的老师分别在会上发言，分别就商务汉语教材编写、翻译法的教学关键点、孔子学院教学模式、本土教材编写等话题发言和讨论。

15日，我和李萍、姚伟嘉先后发言，分别就中意文化差异，商务汉语教学和近代汉语口语教材进行了分享和研讨。我第一次到意大利，感受到文艺复兴的古风遗韵，见到了之前翻译艺术类书籍时常常遇到的各种古建筑、大卫雕像、阿诺河两岸风光、乌菲兹美术馆等，在为人类文明自豪的同时，更能感觉到佛罗伦萨人的自豪。在发言时，我从文化差异、文化交流、文化内涵等角度指出了中意两国民间交流的重要性和必要性，浅谈了中意文化差异对汉语教学的一些启发，并提出汉语教学的本地化问题，要让所在国愿意学汉语，就先要推动当地民众接受汉语，变推为吸，变送为要，其中可以有意识地激发汉语学习者通过学习汉语和中华文化增强对本民族文化的认知和自豪，这也应该成为相关教材编写的指导思想之一。在条件成熟时，可以在深入发掘不同国家各自的文化遗产基础上，组织开发编写“自豪汉语”教材系列，即以不同国家最引以为傲的历史人物、文化象征为象征符号，以国别、地域的特殊受众群体为对象，编写相关行业汉语读本，以激发海外汉语学习者学习汉语和理解中国的热情，如针对佛罗伦萨编写“雕塑汉语”或“米开朗基罗汉语”，针对英国开发“莎士比亚汉语”，针对德国开发“柏林墙汉语”“交响乐汉语”等。这样就可推动海外汉语学习者感受到用汉语理解和感受本民族文化的独特之美，在以汉语学习加深对本地、本国文化的了解和理解的同时，实际上也对汉语与中国文化实现了更深的认知和不自觉融入。

11月29日　国际理解教育

受泰州市教育局邀请，今天到泰州市参加“全市国际理解教育品牌建设汇报会”，会议地点在泰兴市实验初中。我们先观摩了“泰兴市实验初中国际理解教育成果展示”，主题是“铸牢民族认同意识，拓宽国际理解视野，提高国际交往能力”，发现与高校的国际教育颇有相通之处。所谓国际理解教育，就是帮助学生在理解本民族文化的同时，了解其他国家的历史文化、风土人情，养成跨文化意识和交流能力，具有国际视野、能够进行国际协作。我一直坚持认为国际文化交流能力要从娃娃抓起，泰州市推行的理解教育，应符合此例。

我在会上作了题为“国际教育与中国文化自信的世界价值”的专题讲座。我结合泰州市的国际理解教育活动，举了不少留学生文化活动的案例，从国际教育的战略格局设

计、国际教育应服务于国家整体工作、国际教育者应有的情怀与胸怀、国际教育者应有的态度和气度、国际教育的国内和世界视角、国际教育应处理好十大关系、国际教育的培养目标等方面进行了分享。

12 月 3 日　井冈山大学首届国际文化日

今天上午，井冈山大学举行首届国际文化日，也让我参加助兴，我很乐意，也想借此机会了解一下井冈山大学的留学生教育情况。

国际文化日活动以“留学梦、中国梦、我的梦”为主题，来自印度、巴基斯坦、尼泊尔、孟加拉国、卢旺达、加纳、肯尼亚、莫桑比克、赞比亚、津巴布韦等 10 余个国家的 100 多名留学生，以独具民族风情特色的歌舞展示自己的民族文化和风俗，并推出以各国民族服装、特色食品、民俗工艺品等为主题的多元文化展，中外学生熙熙攘攘、热情奔放，中外文化尽情交融。

会后得知，井冈山大学的留学生在校人数已经突破 500 人，生源分别来自亚洲、非洲、欧洲、大洋洲的 32 个国家，已有 200 余名留学生学成回国。这真出乎我的意料，说明井冈山大学的国际合作与交流是成功的。

11 月 23 日，我到井冈山大学报到，这次活动，加深了我对新岗位的理解。

12 月 10 日　“世界中国学论坛”

8 日，从吉安回上海，9 日，参加学院主办的“中华文明国际传播”系列论坛，会上做了题为《中华文化自觉、自尊、自信及其世界价值》的发言，提出“文化传播要精准锁定传播目的，设定好传播的对象与路径。从传播目标角度考虑对方需求，在传播的同时吸引优秀文化进行交流”。(《中国社会科学报》，2017 年 12 月 18 日)

今天，受邀参加第七届世界中国学论坛，地点在上海国际会议中心，会议主题为“面向 2050 年的中国：新时代、新思想、新征程”，议题涵盖政治、经济、文化、社会、外交及中国学等。来自世界各地的 100 余位中国研究专家参会。上午大会发言，下午分组讨论，我在“新时代的文化自信”分会场，发言题目是《以新时代中华文化大繁荣推动中国与“一带一路”各国文化和谐共生》。报告主要分四部分：“一带一路”沿线国家文化互利共生一定要坚持“以我为主”，应避免给“一带一路”沿线国家造成“文化入侵”的印象，中国应尽快主导建立“一带一路”沿线国家文化互利共生保障体系，中国应对中华文化在“一带一路”沿线国家的传播进行跟踪监测。

中场休息时，接受“世界华声”采访，让我谈谈世界汉学家如何讲好中国故事，我的回答是：“文化传播的最高境界是‘柔若无骨’，就是让我们的文化存在于对方像柴米油盐一样的日常生活之中。中国思维方式和中国智慧如果像中国制造的器物一样，融入他国民众的生活，这是我们最高的目标，也是我们应该追求的目标。当然，我也知道，实现这个目标非常难，涉及传播方法、内容、形式等，需要处理好包括普世性与特殊性的关系，文化传统的传承与保护，汉语与华语的关系，汉文化与多民族文化的关系，文化自我发展与世界文化共同发展的关系等问题。”

会前，我向论坛提交了“中华文化国际传播”系列丛书（4 部）、《泰戈尔与中国现代知识分子》《从泰戈尔到莫言：百年东方与西方》，作为中国学成果交流展用书，并在会后收入世界中国学论坛专家资料库。

2018 年

1 月 15—2 月 1 日　凤凰城日记

1 月 15 日　到了凤凰城

今天出发，去美国凤凰城亚利桑那州立大学（Arizona State University，ASU）。

上午 10 点出发，随身一背包、一小拉箱，没托运行李，轻装上阵。电脑、给叶玮玮带的几本书、《孙子兵法》《上海文学》和人民教育出版社的《湘行散记》，还有几件衣服。路上接到人民教育出版社曹晛电话，交代了将编写的《泰戈尔诗选》的基本体例和交稿时间。

东航的飞机，晚点，正常。路上看《湘行散记》《上海文学》，电影《敦刻尔克》《侏罗纪世界》《港囧》。航程时间也就是上海去吉安特快火车的时间，习惯了。途中想试试机上有无 Wi-Fi，打开，竟有东航官网，但只能看东航官网上的信息，不能用微信。不过这些期待，应该都能实现的。

到洛杉矶是早晨 9 点，温度适宜，13℃。落地后广播说带肉的食品和新鲜水果不能入境。出境排队不长，边警只问了我几句：到哪里去？你是老师吗？然后就放行。出机场后再到 T3，转乘 DELTA 航空公司航班，重新安检。人不少，在排队，很多是一家人在一起，工作人员随机应变，通知一家人可以同时一次性办理，竟有人发出高兴的叹息声。我按程序，掏电脑、雨伞、鞋子。人进去后，拉箱却被另行检查，我因来前临时换包，钥匙竟一时找不到了。好不容易找到，打开，安检人员拿起我随身带的茶叶，打开，好奇地问是什么，我说茶叶，他见我带了不少，就问：你喜欢喝茶？答：对中国人来说就像你们喝咖啡。我问：你喜欢茶叶吗？他答：I hate tea。他问：中国人为何爱喝茶？我答：因为据说喝茶会让人变得更聪明、机智。

进去后因所乘航班尚未显示登机口信息，就找了个人少的地方坐下，看了一会儿书，瞌睡劲来了，就趴在手提箱上断断续续打了几次盹。登记信息出，到楼下乘机场内摆渡车到 T2，车竟满员了。T2 人比 T3 少很多，有中国人在交谈，还有吧台一样的充电台。开电脑，将丁会欣要的《美国文化如何影响中国》和《中华文化经典导读》书稿的电子版发去，排版用。

登机，是小飞机。喝了一杯水，吃了一小包点心，就到了。菲尼克斯机场也不小，飞机上看下去，也是一座灯火辉煌的城市。

玮玮一路盯着我的行程，因无处停车，来得也早，她和张婷就开车兜圈子接我。

一到住处，玮玮就忙着给我做饭，先是一盘 Pizza，然后一碗牛肉面。聊天中提到美国的汉学研究。我稍有点开玩笑地说，一个汉学家能不能著名，和是否娶中国太太有关，更与中国太太的素质相关，所以，决定海外汉学发展的，基本上是中国女性。

房间两居室，两卫生间，我居其一。被单床单都是玮玮新买的，还有新买的电动牙刷，一提 6 瓶啤酒，甚至还有一把吉他。

“上观新闻”发《向世界讲中国故事要内外兼工、粗中有细、细中有异》。

1 月 17 日　ASU

上午一觉醒来，已是 9 点多，窗外阳光灿烂。落地窗能清楚地看清外面走动的车和人，正对门的几棵棕榈树，在冬日的春阳下傲然立着，一派清新。

下午去 ASU 校园看看。棕榈树有很多种，高高低低，外表或粗糙或细致，还有一些叫不出名字的树。在学校纪念品商店，看到各种校园纪念品，多的是 T 恤、帽子，带有 ASU 的标志，即 SUN DEVIL，因为这里一年有近 90 天炎热，太阳就成了 DEVIL，结果就成了 ASU 的校徽，标志物则是一个 SUN DEVIL 手拿一把三叉戟，一脸坏笑。

晚上一起吃饭，是学校的一个自助餐食堂，每人 6 美元，随便吃，有肉饭、比萨、各种点心、饮料。在美国，又是年轻人为主的学校，这个价格，也是跳楼价了。

晚饭后与玮玮、张婷一道散步，走过棕榈大道，穿过一座小桥，又看到一处食堂。ASU 生活气息浓厚，也是本校办学特色，即让在这里学习的人尽量舒服，所以食堂多，有点国内大学生活服务的味道。

谈到在这里读书的一些中国留学生的情况，谈到占小便宜之类的事，我说只要在权利范围内，都没问题，美国人也会这样做，只不过在海外的中国人会被外国人无限放大成整个中国，所以形象显得尤其重要而已。海外的中国人在外国人眼里本质上都只有一个中国名字，即中国人，所以每个走到海外的中国人在外国人眼里都是一面五星红旗，是十四亿中国人的代表。所以要让每个中国人都认识到这一点，尤其是要到海外的中国人。所以海外中国形象的关键，仍是在国内，应从教育入手，尤其是娃娃。

1月18日　注册新身份

感觉时差可以倒过来了。

开始动手整理《泰戈尔诗选》。

池佳斌发来关于马克龙访华与“一带一路”在法国的接受情况的资料。

上午到学校图书馆，看到了更多的棕榈树，更多的学生。我发现这里的学生比UVa（University of Virginia，弗吉尼亚大学）国别更丰富些，肤色多，气质各异，这所大学显然更开放、更国际化一些。

到外事处预约报到手续，定在周五。这里的效率极差，不催就不办理。我注意到办公室外墙角挂着各国国旗，五星红旗就在靠门不远的地方。国旗都不大，类似于锦旗，但比较齐全，沿着两边墙檐挂满了。从外事处出来即办校园卡，卡片有两种，一种原生态，一种加黑，模仿太阳神的“风格”，花了25美元。有了卡就想上网，但身份尚未激活，于是就到了图书馆内部的一处休息处，先在电脑上登记，然后等卡号，一会儿就可以了。

下午去当地的中国超市“新世界”，中国食品应有尽有，实际上还包括很多其他亚洲国家的产品。

从今天开始，东航宣布旅客可以在飞行全程使用手机上网了，但需打开手机飞行模式。这是万众期待的事，只是不知是好事还是坏事而已。以后的机上生活中，可能就会听到各种视频的声音和莫名其妙的诡笑了，长途旅行，从此将不再寂寞，一切事务，也就都跟到机上，再无“我刚才在飞机上”的借口了。需求就是改革的动力和目标，大家离不开手机了，航空公司就要适应乘客的需求。一切改革，也都起始于需求。

1月19日　图书馆

上午先到学校的Hydrn图书馆，先到一层，这里可以看书也可以聊天，但见都是在电脑前读书的学生，随即到地下室的东亚图书室。书库中的中文书很多，中国古典戏曲、词典，杂志则有《人民文学》《文学遗产》《文学评论》等。在图书馆写完《马克龙访华能否开启“一带一路”合作新契机》。

中午与 Joni Adamson 相约会面，她一位很开朗的老太太。我们在图书馆门前的桌前坐下，谈了一些她的研究，我建议将其关于生态文明的研究论文结集翻译成中文出版，另外请她编写一本《生态文学研究 Key Words》小册子，也由我组织翻译出版。我大致介绍了同济大学在生态文明和生态文学方面的研究情况，她表示非常希望与同济大学开展合作。

晚饭后在小区转了转。小区房子都不高，最高三层，房外都有壁灯，黄黄的，但很多。小区内石径交错，棕榈树时有，除了车，几乎无人，除了我。小区内也有游泳池，还有一间健身房，若干免费电脑，应该是这类小区的标配。

1 月 20 日　爱因斯坦

今天中午的气温竟达到 24℃，而上海正在雾霾中，重度。来之前，夫人让我好好呼吸这儿的空气，有道理。

上午去外事处正式报到，去得略早，里面的一个美国小姑娘告诉我们十点上班。到点，我，一个中科院物理学博士后，一个中国小伙子，本科生，学生物的，大四要到南京大学硕博连读，先来联合做实验；另外还有一个印度小姑娘。我们把护照、2019 表交上，小姑娘照着手册逐一讲解注意事项，然后签了两份认可书，表示听过了相关介绍。最后姑娘给我们一人拿了一件 T 恤衫，黄色的，上写 Inspiring Global Citizens，落款是 International Students and Scholars Center。

从外事处出来，到 Haydran 图书馆。在图书馆的电脑上查资料，同济大学的中英文网页都能打开。相比较而言，现在中国人愿意了解美国和世界，美国则是闭着眼不看世界和中国，所以我们对美国的了解远远超过美国对中国的了解。中国逐渐强大，也是这种开放心态的起因之一。我上 ASU 网站，找到了自己的专属邮箱。

下午我们沿棕榈大道去 Noble 图书馆，这是以 engineering 类图书为主的图书馆，路上还去了物理大楼，去看一截因年代太久而由树成石的树，以及室内爱因斯坦的科技像，即点点构成的图，但需从远处看才可看到，以及一个球摆，本身无动力，但一直在摆动，以证明地球是在自转的。

在 Noble 图书馆门口的柱子上，是一排排挂滑板的装置，这里处处是滑板男，滑板也可以随身带进图书馆，只要不影响到别人。二楼是 Silent Study Rooms，桌椅各异，有高有低，沙发也是自习处，且有自习板。一切都让人舒服地学习，以人为本。

回到家，收到井冈山大学一位同事微信，问我是否到美国了。她说收到一个冒充我朋友的电话，请她帮我处理件事，要她汇 8 000 元。幸亏她问了其他人，才知我已到美国，所以没有上当。我回复她：天上不会掉馅饼，但会掉陷阱。

晚上终于知道了自己所住小区的名字：The Palms of Scottdale Street。

1 月 21 日　下雨了

北京最近将《论语》纳入高考考查阅读书目，有感而发，写了《〈论语〉学习也应该从外国娃娃抓起》，结合以前给中外学生同堂讲《论语》时的一些思考，发给了《文汇报》。

下午和玮玮出门即见雨。这在当地属于幸运，因为在沙漠地带，下雨可谓稀罕。我们此行的目的地是 Sanguro Lake，是印第安人的聚居地。刚出市区，就有了美国西部的感觉，荒原上矗立着形态各异的仙人掌，据说这里的仙人掌只要分叉了，“掌龄”就至少百年，而那么多发了那么多杈、且杈都那么高的仙人掌，就不知多少年了。山偶尔闪过，更多的是起伏的山谷、高低不一的灌木和草丛。因为下雨，远山上都罩上了一层白云，棉絮一般，厚厚的。我们沿着高速公路走，路边不少地方出现“留意牛或马”的标志，平时这里经常有牛甚至成群的牛出现的，甚至会有车撞上。

雨越下越大，中或大雨的感觉，车前的雨刷都有点急了。但却没有出现一个动物，可能同雨有关吧。车到湖边，却看到停车场关闭，试了另一进口，见门口也有禁停标志，绕了个弯，看有一家人的车正拉着划艇，就过去问，也说了一些我们知道的事，他们正准备离开。我让玮玮走，既然已见了路上的风景，此行已经不虚。回途中，天渐渐放晴，风景更清晰了。

中午睡了一会，做了一系列乱七八糟的梦，甚至请怡菲吃了方便面。

醒来，看到宋婷留言，我们联合申报了一个课题，我负责文化走出去部分，她让我将申报材料里的文化传播手段再明确一下，针对文化传播目标，设计可采用的手段和方法。我考虑了一下午，写了三个关键词。

（1）对抗消除

即采取中外文化互融互通手段，如经济手段、外交手段，消除不同文化间的对抗，此为文化交流的首要措施。

（2）精准共进

文化传播要精准锁定传播目的，设定好传播对象与路径。从传播目标角度考虑对方需求，在传播的同时吸引优秀文化进行交流。

（3）话语主权

文化传播是国家主权传播，因此决定着一个国家的世界地位。中华文化能否获得话语主权，决定着“中国模式”能否助推人类命运共同体的实现。

1月22日　Outlets的中文广播

今天醒来，艳阳耀眼，在这里可能无“阴雨连绵”一词。

前天晚上一夜没睡好，拉肚子，一次次跑厕所，疼得奇怪，有在吉安吃多辣椒后的那种辣感，怀疑是喝牛奶所致，一夜无眠。因为睡不着，5点多就起床，先修改好给澎湃新闻的稿子《马克龙访华可否开启中法“一带一路”合作新局面》，然后开始整理泰戈尔。

早饭后玮玮带我去Primium Outlets体验。这里的Outlets很清静，来来往往没多少人，不时看到中国人和其他亚洲人。不知是因为这里的华人多或来购物的华人多，还是美国普遍如此，在一些商店的商品价格说明上竟有了中文。Outlets的广播，也有汉语和韩语广播，真是醉了。经济是文化推广的第一动力，今天在这里又看到了实证。真金白银才是硬道理，关键是要在经济交流的基础上，把握好推进文化传播的时机，逐步实现从经济利益到文化接受的转化。

在Outlets看到几棵巨大的仙人掌，立即拍了几张照片。我喜欢仙人掌和棕榈，可能就喜欢那份孤傲和苍凉感，以及只需少许绿叶，就能滋养出茁壮或丰硕的枝干的能力和镇定吧。不过天天看到仙人掌，估计很快就疲劳了。

晚上浏览新闻，看到一所国内高校以职业汉语的培训方式为“一带一路”培养专业人才的新闻，想到之前设想的编写职业汉语的设想，写下几段话。

职业汉语大有前途。第一步确定职业汉语种类和目标，然后组织研究设计出各大纲

并公开发布，同时组织编写简易教材。

中华文化海外传播的最重要目标，不是单纯输出中国文化，而是要推动对象国更好地借助中国智慧、中国方案发展自己的文化，而且是自主性发展，同时中华文化在传播自己的同时，也会不断汲取对象国的文化，丰富和发展自己。

以开放自己推动其他文化的开放，并在更高层次上丰富自己、发展自己，这是文化交流之美，也是优秀文化之所以越来越优秀的根本原因。

1 月 23 日 “马” 桶

中午到“新世界”的中国餐厅与 ASU 的学联主席李老师见面。李老师曾在德国留学 7 年，后为了照顾老人，就辞掉在德国的工作，和妻子一道回了老家。

天气好，下午决定再去 Sanguro Lake，天好看，看东西更清晰了，一路所见西部荒野景象，确显更荒凉，看到的都不是土，而是砂石，上面的植物，也都是遒劲有力型的，一派苍茫有型之感。

车到湖边，庆幸开放了。开车进去，一股夏日般的清凉迎面而来，光秃秃的群山（颜色却不一，有红石，也有灰石）环绕中，一片幽深的湖水，与山相映。湖中大大小小的鸟儿在叫着、游着，忽而还会潜入水中，嘴里叼着一条鱼或什么上来。我最高兴的是终于可以亲近仙人掌了。我走到山脚下一株巨大的仙人掌旁，发现其主干已经变黑，像煤炭一般，或如石头一般坚硬。也是，没有坚强的基础，如何承载起不断展开的新枝？做人做事，不都如此吗？我触摸着，感慨着。

见旁边有厕所，进去，才似乎真正理解了何谓“马”桶。马桶的形状与其他无异，但下面的确是一个大坑，如小时候农村的厕所，不，比那还大，应该是一村一个的那种巨大的化粪池或沼气池，一眼望不到头。我到美国总是感慨美国的大气：飞机上的杯子都是硕大的，衣服都是夸大的，今天的马桶，乃新佐证也。

游人不多，四位老人，两男两女，在亭子里或坐或站地聊着；两个小男孩带着一只狗从远处沿湖边走来，请其中一个帮我们拍照，很羞涩的样子，我唤狗一起合影，却不听我的。这里的孩子，看起来高高大大的，但都很羞涩。

我的目光在湖水和湖水对面的山之间游走。我惊喜地发现，山顶上也长着不少仙人掌，山脚处竟是多株刚刚长出来的小仙人掌。这样坚硬的岩石上长出的仙人掌，没有坚强的意志和汲取的力量，是难以长成的。我惊奇于它们的力量和恒心。

审美也是会疲劳的。我沿着湖边的小亭子，看了会湖里悠哉的鸟儿，看了看湖水在湖边石头上的几番摩挲，以及树边一只小松鼠，树上数只斑鸠一般大的鸟儿，再看了一眼山上或大或小的仙人掌后，我们就回。根据导航的指示，我们沿着来时的路往回走时，却走到了一个 wrong way 上，我让玮玮倒车，按导航指示，却又回到了湖边。我告诉玮玮，就跟着导航走，走一天新路吧。果然是新路，如果说来到湖边前是在山外，那么现在则是到山里了，是在群山之间了。路也不再平坦，高高低低，有颠簸之感。路边没有防护栏，也没有休息区，但有时会有一块比较宽一些的泥土面，上面偶尔停着一辆或几辆车，那就是略可休息的地方了。路边有条河，叫 Salt River，不知湖水是否真 Salty。

《让中华文化热“内外同温”》在《解放日报》发表。修改《马克龙访华对中法人文交流的促进作用》一文。

我与女儿微信聊天。我讨好地说：爸爸想宝宝了，她回了一个表情：小草人把一颗颗爆米花往嘴里抛，装爆米花的竟是一只圣诞节的袜子！表情的汉字是：哦！还是那个小孩！

今天去银行，银行赠送一幅 2018 年挂历，竟是狗年中文版。这里的商业显然更有中国意识，或是因为这里本来就有华人生活的传统，所以对待中国人，也比其他地方熟悉一些。

今天陪玮玮修车，先后去了三家，我感到有点不适应的是，三家店都是互相推荐，店与店似乎不相互倾轧，而是都主动提供对方信息。最后到了一家中国人开的修车店，一开始我们讲英语，对方直接说，讲汉语吧，顿时如释重负，真正有宾至如归之感。我们停好车，进到店内，看见好几个帅气的中国小伙在忙着，一名美国店员拿起一瓶水，问我要否。中国修车店开到美国，很有意思。

店内有一只大鱼缸，各种鱼悠悠地游着，我却想知道，鱼在珊瑚间游会不会碰到背，或鱼是怎么感受到珊瑚的空间大小以判断是否要游进去？也是太无聊了吧。

1 月 24 日　河边的诗

白天在家修改《马克龙访华可望推动中法人文交流“快马加鞭”》，竟然有思如泉涌之感，甚至连《易经》都想到了。边整理边看或者是听美剧《西部世界》，最近结尾时主人公梅芙乘火车，竟然听到了汉语广播：欢迎来到西部世界。活无境界。上车后也有中文：请注意车门。中国影响力真是处处皆在。中国人是有经济能力和资格与美国人同进西部世界的。剧中还有一个制造仿真人的东方人。联想到《生活大爆炸》中的中国餐，以及现在所在的凤凰城的银行发中国挂历和奥特莱斯（Outlets）里中文价格说明，不禁有点小骄傲。

4点后，看太阳不那么毒了，就决定出去步行，出门前扔掉厨房的垃圾，垃圾袋两边有拉绳，一拉就可以提着走了，而且袋子很厚，不易破损，也就不会有一路走一路滴水的情况了。

朝学校方向走，路上看到一处施工中的楼房，让我印象深刻，因为整幢房子都是用木头建造的，是为了环保，还是为了节约，还是本地法律所限？至少我现在住的房子都是木制的，路上看到的房子也多是木制的，除非是高楼。途中遇到一条河，即下坡，到河边后沿着河岸的路随意走，风有点凉，但清新，尤其是远眺群山车影车灯，也有一种高远之感。在河上看到河下的步行道，竟被美景吸引，就不再前行，而是走到岸边，沿河岸东行，路是土路，都是沙子。坡上一道道水冲出的浅沟，砂石地上长着稀稀落落的灌木，且不成簇，而是棵棵独立，都是坚强的小枝条和锐角形状的叶子。堤岸的石面上，有一块块凸起的水泥板，上面刻着诗行或动物或花的像。诗歌的主体是水、树、鸟、花，显然是对凤凰城自然风物的描写，如一首诗中写道：沙漠中的花，颜色都是梦中而来，梦则染着热土的气息。如翻卷的浪花，告诉人们湖中隐藏的秘密。像日本的俳句、中国的山水诗，句短韵幽，回味隽永。

小河边人不多，偶尔一两个跑步和骑车人。一位妈妈带着一儿一女骑车，一位父亲和儿子一起划划艇，桥上车辆呼啸而逝，有的还放着轰鸣的音乐。南边天际半月在湛蓝的天空中白白地笑着，星星如一颗颗水晶，镶嵌在蓝色的挂毯上，相互眨着眼睛。远处的黛山，被晚霞抹上深浅不一的紫红，与傍晚初上的路灯交织成长短不一的丝线，撒在空中、水中、眼中。河里的水鸟，或飞起或潜水，在晚霞下成了一个个游动的小黑点，犹如画布上的一点点墨迹，只是在动。天空中每隔几分钟就有一架航班朝凤凰城机场降落，闪烁的灯，像眨着的眼。这一切的动和静，竟如此和谐，静而不单调，动而不嘈杂，动静合一。我有感：

凤凰城的风

山的风，水的风，车的风，在我耳边私语，
到我脑中成了思绪的风。
一切都在动，却又无比静，
动、静，就这样形成了平衡。

遇到河边竖着两块牌子，介绍该河的保护情况。其中关于钓鱼讲了很多，一是湖里有什么鱼，二是如何钓鱼，三是钓到鱼若不吃就尽快放生，等等。

天渐渐黑了，沿原路返回，右边是呼啸的车流，我则并不担心，在美国行人大于天，所有的车看到行人都会早早远远停下，但行人需遵守交通规则。这里行人通行的标志是一个小白人，禁行标志则是一只红手掌。车发动都很快，估计手动挡车不适合美国。

什么样的土，长什么样的草，开什么样的花，活什么样的人。

这里以前是沙漠之地，人能在这种环境生存，不就如凤凰涅槃？用通俗的话讲，不在这里死过一回，就不可能在这里活下来。我不管人们如何解释凤凰城，这是我的人性化解释。

玮玮明天讲课，Mary Shelly 的《弗兰肯斯坦》，我给她介绍了一些雪莱与玛丽的故事以及在中国的评价，并且建议她明天讲讲中国对雪莱和玛丽的理解。

1 月 25 日　大佬

上午乘校车到学校，到教学楼 Duham Language & Literature Building 等 Joni Adamson 下课，门口等着很多待上课的学生，这里上午 10:30 上课，但没有午休，就一直上下去了。我告诉玮玮研究美国生态文学应基于批判视角，基于中国需要，尤其是申报课题。Joni Adamson 出来，我们去附近的一家餐馆喝点东西。玮玮向我们俩报告了博士论文的准备情况。我中英文并用，说中国的生态文学发展经过了三个阶段：第一个阶段是古代山水文学，第二个阶段是中华人民共和国成立以后尤其是改革开放以来中国经济发展阶段，第三个阶段是新时代，将生态文明置于优先阶段。我建议玮玮先找出中美生态文学研究中对同一概念的不同理解，找到差异性，在差异中找到有实际价值的研究话题。随

后我和 Joni Adamson 商量了双方拟共建的研究机构名称，先是“中美生态文学研究中心”，后我提议叫“世界生态文明研究院”，英文名为 Global Ecological Civilization Study Institute，简称 GEC，竟有一种高大上之感。

下午参加一个学术讲座，Joni Adamson 一会儿也到了，热情地将我介绍给 Gary Dirks 教授，他是学术大佬，他说他每年至少到中国来一次。今天来讲的是 J. R. McNeill 教授，题目是关于“人类世”（Anthropocene），介绍了他基于社会调查对这一问题的看法。听众坐得满满的，不乏白发苍苍者。我有点瞌睡，也半懂不懂，但坚持听下来了，而且还该笑就笑，该鼓掌就鼓掌。演讲时间和提问时间的比大致是 2∶1，提问环节，一名女生说自己的专业是可持续发展，但不知道这个专业是做什么的，引起一阵笑声。

演讲开始前，我教给 Joni Adamson 一个中文词：大佬，两遍她就熟悉了。我用英文告诉她此词何义，她立刻就指着 Gary Dirks 说：他就是大佬。我说：大佬不分男女，您也是大佬，她立刻回应：你也是大佬。

1 月 26 日　植物园

按照约定，今天与 Joni Adamson 及其植物学家丈夫 Deril 在植物园会合后一道参观。

植物园并不远，我们去得早了。先是停在一个偏门，我在车内无聊，就下车沿着铁篱随便看，用手触摸一丛灌木的叶子，竟硬得扎人。这里热，植物都得收缩身体，积聚能量。仙人掌每当下雨毛孔即张开，容纳水分，以备后用。一只大仙人掌可以容纳很多水，而很多动物又以仙人掌为水源，形成了生态链。这里的动物白天都躲在洞内，晚上才出来活动。仙人掌实际上是沙漠的大管家、大仓库，很多鸟就在仙人掌上筑巢，或者在大仙人掌的树身上啄洞，不过和中国的鸟儿不同，这里的洞不是按鸟儿的户籍居住，而是有洞后先到先得，孤立看不公平，但综合看则是公平的，只要大家都有洞住。这种豪放，是美国动物所特有？还是沙漠动物所特有？

我正在思索仙人掌给我的启示，耳边响起一个声音：发现什么了吗？我扭头，一个小伙，开着一辆景区小车，向我打招呼，并且告诉我这不是 Main Entrance。我即回去告诉玮玮，然后开车找主门。我们往回走时后面又过来这个小伙，一见我在车里就说 OK。

主门前有很多停车场，我们停下等。太阳很烈，在车内更热。到了约定的 10 点，我们下车，即看到 Joni Adamson 夫妇正在近门处招手。我们一起进到园内，一派仙人掌，或大或小或高或低。Joni Adamson 告诉我，大仙人掌生出一个分支就需要 50 年，也就是说，见仙人掌有几个分支，就可基本判断其寿命是几个 50 年。我也是第一次发现，仙人掌柔弱的外表内是坚硬的骨骼，难怪长那么高而不下垂了。

如此生态的园内，却立着很多莫名其妙的人头像，是一位日裔美国艺术家的作品，而且颜色鲜亮，十分不协调。Joni Adamson 表示看不懂东方艺术，我说你只需要记住一点就够了，即 Nothing is Everything，Everything is Nothing。Joni Adamson 大笑，不断重复这句话，似有所悟。Deril 也表示看不懂。

园内也有很多讲解员，但都是老头老太太。在听了一会儿一位老太太关于仙人掌的解释后，Joni Adamson 摇摇头，说都是错的，专家视野啊。园内有很多老人，也有一群群的小学生在老师带领下参观，叽叽喳喳，可能是来接受科学教育的吧。

这里展示的都是沙漠植物，都是锋芒毕露型的，树干上长尖刺的，树枝坚硬似铁的，枝尖枯硬如动物尖爪的，一种与百合同属但从根部就团团生出尖枝的，也有大大小小的花儿，黄花居多。世界上也是黄花最多，不时有一只蜜蜂撩过，翅膀扇得飞快，也有大一些的鸟。看到仙人掌的枝丫间的鸟巢，Deril 开玩笑说：这里最安全，没人敢惹。一切都是为了保护自己的生命。但园内也有很多柔软的植物，如迷迭香，用手一摸，鼻边一闻，迷香无比。

More know，less know，植物知识，所知太少。

Joni Adamson 和 Deril 请客，就在园内的餐厅，里面热热闹闹的。美国不如中国，中国若在园内价格就贵很多，这里不分场域，价格都差不多。我看着菜单，一脸困惑，犹如外国人在中国点餐，菜单最能体现一国文化，懂菜单，就可以说真正融入所在国文化了。我告诉 Joni Adamson 如此想法，她笑了。最后我说：You look，I like。她笑。最后我和 Deril 点了同样的 Pork 饭，Joni Adamson 和玮玮点了同样的菜，一只大汉堡，数只烤土豆。每人一杯冰水，是送的。

Joni Adamson 问我是否喝酒，我说不。我请 Deril 下次与 Joni Adamson 到中国去，我请他喝中国白酒。我介绍了中国目前很重视环境保护，“金山银山不如绿水青山”。我还说，我们都说要改变世界，但没人能改变世界，因为世界所创造的一切都似乎最自然、最和谐也最科学的，一切都是从最适当的角度和功用适合的角度创造的。所以，改变自然的意图最终都要以顺应自然、与自然和谐相处。

付账时，一个男服务员走到玮玮身边，说了一个词，我听成了“李静文”，后来才知道说的是：说中文。他用英语问玮玮从哪里来？并且说他娶了一个中国太太，武汉人。我说他很幸运，他说是的。在这里，认识中国人现在成了一件很时尚的事，中国元素也无处不在。Joni Adamson 也秀了秀自己的汉语：“你好，谢谢，一，二，三”。我夸她汉语好，因为发“二”的音很难。她笑。

门口告别，大致商量好与 Gary Diriks 会面的时间。

晚上看美剧《战争与和平》，重新唤起最初阅读时的震撼，但电视剧哪里有小说的意味，因为味道是演不出来的，而演员们都没味道。“欲灭一国，先灭其声。”剧中上流社会的法语，让我想到这句话。

1 月 27 日　日美友谊中心

早晨醒来，窗外的阳光耀眼，透过折页窗射进来，忍不住拍了一张照片。

今天去了日美文化友谊中心，在凤凰城市区。车程不短，走了一段高速公路，就看到了几幢大楼，这就是凤凰城的 Downtown 了，美国第四大城市。美国的城市与乡村已经融为一体了，不像中国那样城乡差别比较明显。途中看到了城市博物馆，但行人并不多。

日美友谊中心实际上就是一个小花园，叫簬凤园。门口停车时等了很久，停车场小，得有车走才能停，非停车位也有车停了。

在门口，填写了个人信息，这里到处都要填信息，购物也要。然后买票，给我们一人一张圆圆的小绯红色纸，贴在胸前。进去，先看到一群女性在听一位老人人讲插花技艺，园内处处都是各种插花，或在草地上，或在桌上，也可自己插花拿走，但收费。湖里的鱼很多，两个美国小姑娘站在湖边喂鱼，鱼儿们争先恐后，竟都爬到同伴们脊上了，红的白的都有。两只鸽子站在湖边的石头上，一点都不怕人，我给她们拍照，也不恐慌，而且相对而立，我戏称是分道扬镳。

小小的公园，怎么能与苏州园林相比，但在这里就成为凤凰城人了解日本的一个温暖的所在，这里本来也有一个中国文化中心，但后来不知何故没有了。文化本应润物无声，日本在细节处做得好。在公园中走着，我想出了一句话：软实力通过软手段才能实现软效果。而若通过硬手段实现软实力传播或者说是通过软手段实现硬目标，都是手段与目标不相符。

虽然是城市，但西部感处处皆现。回去的路上，两旁不时闪过仙人掌和红色的山丘，提醒人们这里以前是沙漠。路上见到两家 Banner Urgent Care，这里特色，天热，晒伤的就多。

收到《中国社会科学报》编辑通知，拟发我的一篇小文章《“一带一路”中国价值观国际传播对策》。

1 月 28 日　地名

一天未外出，整理了一些材料。

看到一篇讲移民地名的文章，觉得有趣。在殖民主义时代，许多地名被殖民者带到了殖民地，只是，为了区别老家，殖民地名字的前边往往加个“新”字，翻译成中文就是“纽”（new）字，地名前面带 new 字的多半是这类名字。其中最著名的例子是美国的纽约（New York），这里最早被荷兰人占领，称“新阿姆斯特丹”，后来被英国人夺了去，改称“新约克”，约克是英国原有的地名。中文把“纽约克”省掉一个音，变成纽约。近些年，大量华人到美国定居，在洛杉矶的一个地方，因为台湾同胞很多，俗称小台北，后来大陆人的数量超上来，又改称小上海了。显然，地名中也包含着文化的影响力和传播效果。

1 月 29 日“四驾马车”

《长沙晚报》（1 月 26 日）和《重庆日报》（1 月 28 日）摘发了《解放日报》上的小文《让中华文化热“内外同温”》。另外，《中国社会科学报》、“人民政协网”、“党建网”等也都转发或转载了。

一天整理郑振铎翻译的泰戈尔的《新月集》《飞鸟集》和冰心翻译的《吉檀迦利》，感觉郑译稍好一些，不那么拗口。整理中顺便按照出版社的要求做了一些注释和批注。《飞鸟集》给我的启发多一些。在整理《吉檀迦利》时，不知为何想起冰心讽刺林徽因发表《我们太太的客厅》，而林徽因回赠一瓶老陈醋的事，林徽因不愧才女，报复也如此老辣。但冰心讽刺林徽因，也说明她是食人间烟火的凡女子，多少有点嫉妒林徽因的

意思吧。这样一想，两个才女就都有意思了。尤其是冰心，一个“爱”字自始至终概括了她的一切，这样的冰心，就不是生动的了。

特蕾莎·梅确定于1月底2月初访华。欧洲掀起了新一轮中国热，当然基于欧洲自身的发展需要，但也说明中国的世界影响力越来越大。但中国要在保证对自身有利的情况下与欧洲合作，不要上了欧洲的当。

将新写的小文《以侨为桥：构建“一带一路”华文教育创新体系》发给孙浩良校长指正，他赞成我的观点。华侨华人往往很热心参与汉语与中华文化传播工作，我一直呼吁中文教育资源要与当地华文学校共享，并且要形成制度性的支撑。

孙浩良校长回复：非常赞同您的观点。如何充分发挥海外华侨华人在中国走向世界、“一带一路”、汉语国际教育中的作用，是一个具有战略意义的、非常值得深入研究的课题。近年来我一直在呼吁有条件的高校要开展汉语国际教育与英语国际教育的比较研究。您文中提到的一些问题，或许可以从中找到经验、教训、方法和启发。早年的英语国际教育，实质上是大英帝国殖民化政策的一个重要组成部分，实行的是真正的文化侵略。现在时代已经完全不同了。我们的汉语国际教育在中国的“一带一路”倡议中应该发挥怎样的作用？非常值得研究。当年的英国殖民地曾经为“日不落帝国”以及英语独统世界发挥过巨大作用，今天的海外华侨华人或者说华人社区同样能发挥难以替代的作用。当然不一定要从这个角度提出问题，但是完全应该从这样的高度来认识问题。要充分重视、珍惜、保护和利用好六千万海外华侨华人及其华人社区，这是咱们祖国的独特资源优势。四十年前的“改革开放”依靠了它，今天的“一带一路”更应该倚重它。

华文学校、孔子学院、主流学校和商业培训机构在国际中文教学领域都非常活跃，但彼此之间不应构成竞争，而是要主动合作，形成“四驾马车”并驾齐驱的局面。

整理初成《亚当森生态观翻译》一书框架，包括美国生态文学研究和亚裔美国文学、环境正义和世界性、荒漠中的城市人文、本土文学和多元自然主义、环境人文的跨学科视野及研究范式、本土景观中的已有成就、全球视野：生态正义与多民族美国文学等，还包括对Joni Adamson的访谈。

1月30日　世界语

早晨嘱玮玮从生态理论角度研究“美丽中国”概念的世界性价值。摆贵勤发来《中

国文化之旅》（英文版）的插图版，邵娟发来《文化自信与人文社科评价机制》一文，意在说明中国文化研究以外国评价为标准不利于中国文化自信建设，要打破西方迷信。

玮玮谈自己在课上讲玛丽·雪莱的《弗兰肯斯坦》的感受，讲到课堂上大家回答问题的积极性，一个女生一直举手，不被提问还很失落。大家围绕她所讲内容展开了很多话题，体现出思路的开阔。

炳辉师兄微信，推荐我担任上海市世界语协会的副会长和党工组组长。世界语，我不也梦想有一种全世界通用的语言，打通人类交流的通道吗？凡事总有可学处，尽力吧。

1 月 31 日　《朝阳沟》

上午整理完《吉檀迦利》和《园丁集》。

按计划，下午去图书馆，出门，太阳酷热，反而不如国内雾霾挡着太阳，犹如多了一个保护层，这儿的太阳，有种直扑脸上的感觉，是烤肉般的感觉，是灼热。

到 Hayden 图书馆东亚图书室，浏览了库存的中文书，多是古典文学，有小说、诗词，但以戏曲作品为多。收录的亚洲电影电视片也不少，但都比较传统，我惊喜地发现，竟有《朝阳沟》，也是他乡遇老乡了。原本计划 3 点后去爱尔兰艺术馆参观，因为 1 到 4 点这里的参观场所就下班了。但一转眼就 4 点多了。其间一个中国学生让我们帮一个阿拉伯学生看着包，我们答应了，一会儿包的主人来了，噼里啪啦整理了一下，放下，又走了。我们给他讲了中国学生所托之事，他表示感谢。

从图书馆出来，门口是一个个的学生团体在宣传，类似于招新吧。路两边的酒吧坐满了学生，都在开心地谈话。交流能力是美国学生的基本功，他们学习看起来不那么用功，但通过交谈获取信息、训练思维敏捷度，以及培养合作意识，却是创新的宝贵财富。有想法憋在心里和说出来差别巨大，就好像谷仓的粮食要常拿出来晒晒见见光，否则就容易生虫腐烂。思想也是如此。

2 月 1 日　特蕾莎·梅访华

整理“特蕾莎·梅访华”的小文章，题名《特蕾莎·梅访华将开启中英人文交流新

征程》。今年1月，可以说是欧洲的“中国月”，也是中国的“欧洲月”。法国总统马克龙与英国首相特雷莎·梅两位欧洲大国领导人先后访华，在欧洲和世界掀起新年中国风，世界对中国充满期待。从声势上看，马克龙携妻、送马、发推特，赚足了眼球；而梅首相也不遑多让，她的访华也占了4个“首次”：就任首相后首次访华，英国“脱欧”后首相首次访华，2015年习近平主席访英、开启中英“黄金时代”后双方首次举行总理年度会晤，梅首相的丈夫菲利普首次陪同参加双边访问。外事活动的形式和意义互为表里，这4个“首次”充分说明此访非同寻常。

当前，中英之间政治互信不断加深，利益交汇持续扩大，交流合作成果丰硕，可说处于中英全面合作新的“蜜月期”，在此态势下，梅首相适时访华，必将开启包括“一带一路”倡议在内的中英全面合作的新征程，中英两国也必将能共同描绘出两国人文交流的新篇章。

整理箱子，明天外出。

2月2日　旧金山

定闹钟5:30，凌晨4点多即醒来，实际上一晚没睡好，吃了点面包，沏了杯热茶，看了会《湘行散记》，理了理《泰戈尔诗选》的点评思路与风格。我最担心的是现在的中学生可能无法将泰戈尔的书读下去，尤其是其中“天真烂漫”的语言和思考。加上翻译语言的拗口，中学生们可能会从反面理解泰戈尔的诗“很傻很天真”。所以，我计划结合中国的生态文明建设，“金山银山不如绿水青山”“美丽中国”等，让学生们意识到，泰戈尔的思想是超越时代的，是人与自然的本来状态；另外，泰戈尔不是反对社会进步，也不是反对科学，而是主张人不要成为自然的敌人，另外要从自然中获取生存的勇气和力量，以及正确处理与大自然的关系，等等。也就是说，就从泰戈尔如何感悟自然、理解自然、融于自然的角度，引导学生学会从自然中找到灵感，找到力量，找到个人在世界中的地位。这个文字转变还必须柔和，不露痕迹。还要考虑文字的转化不要过于生硬，还要适合小孩子的语言能力，还要讲一点翻译上的问题。

今天要外出，我一开始兴致勃勃，临到头，我倒没多大兴趣了，主要还是关心安全问题吧。我常说：“景在心中”“心中有景，景才存在。”没有人，景色依旧，但没人欣赏其美，就辜负了一番美丽了。

在登机口，在各种胖大、有纹身的美国人中间，出现了一群中国小朋友，小的估计还在读幼儿园，大的应该读小学了，见了我们立刻表现出很欣喜的样子，还跟我们打招呼。他们是参加国内组织的 U. S. A on TRIP，应该是冬令营吧。

登机按 Group123……依次登机，实际上这样不科学，因为第一组坐最前排，后面的就必须经过他们往后走，就容易造成拥堵。若按座位从后往前顺序登机，座位在后面的先上，坐好，依次前延，就不会出现人堵人的事情了。航空公司肯定也想过这个方案，所以可能有更合适的理由吧。

巧合的是，我的座位与两个冬令营的小姑娘在一起。我一到她们就喊前面一个小姑娘，让她和我换座，她们就可以三人同行了。结果那个小姑娘盯着我看了一会儿，然后很有主见地表示：她只给同团的小朋友换，不给其他人换。两个小姑娘也就无可奈何了。

飞机起飞前后，两个小姑娘叽叽喳喳，谈天说地，很成熟老练的样子，还翻着旅行 schedule 商量着游玩计划，还谈着班内老师喜欢谁不喜欢谁，还说一个男生没主见，谁给他介绍女朋友他都交往，呵呵。我没想到现在国内的小孩子如此成熟善谈，希望在后来的学习中不要磨灭了这种个性吧。有趣的是，起飞后不久，她们可能说累了，相约一起睡觉，然后摆了各种姿势，问我可不可以打开小桌板，我说可以，于是她们拉下小桌板，趴在上面一会儿就睡熟了。空乘来送饮料，就把两块点心放我桌上。我要了一杯咖啡，空乘送了一小盒牛奶、三包糖，糖上竟然写着“Sugar，Azucar，砂糖”。我不知道这只是 AA 航空公司这样，还是美国的航空公司是这样。这说明中国乘客多了，还是说这些产品是中国生产的？

到旧金山是当地时间上午 9 点多。乘机场 Transit 有轨车到租车处取提前预订好的车，租车处似乎都是中国人，连警察都是华人面孔。车是白色，才跑 400 英里，油已经加满，当然还车时也须加满油。让我惊讶的是偌大的停车场里停满了车，而且看起来都是崭新的。这里的车，就如国内的自行车。

我们一行先去世界著名景点金门大桥。一路上见太平洋海滨沙滩上不时有赤裸上身抱着滑水器材的人。旁边驶过一辆车，开车的是一位老人，车顶上也是一只滑水板，而且还挂着残疾人的标志。不过据说这不完全真实，因为残疾人停车方便，所以也有弄虚作假的人。

金门大桥横架在两山之间的海峡上，通体红色，如煮熟的螃蟹。红色都是防腐蚀材料，且价格不菲。我们车停在山上一处停车处，然后步行到一个山头，遥看阳光下的金门大桥，游客不多，但显然来自不同国家，也都是看看海、看看桥、拍拍照，然后散去。回来遇到一厕所，进去一看一闻，味道和场景直逼中国某些地区的公共厕所，而且还有过之而无不及。想起之前在湖边看到的公共厕所，大同小异。难道美国景点的公共厕所都是这样？要在中国，早弄得清清爽爽了。

看完桥，即到渔人码头，路边投币停车，半小时，步行，看到依次排列好多码头，沿途不少艺人，或唱或跳。一个华人热情给我们指路，说停在港口的一艘船是拍泰坦尼克号用的。到 39 号码头看了看海豚雕塑以及稍远处正在游动的海豚，就匆匆回去。路上买了一种饭，是打开的面包里盛上海鲜汤。

从渔人码头到旧金山的唐人街，一如到了中国，只是不同中国文化的混合，单看文字，就有简体繁体，单看内容，也是泥沙俱下，有华文学校，也有算命广告和麻将广告。两边的停车道都摆满了摊铺，这倒很像中国。

在一家广东饭馆吃了一点点心，即到酒店入住。住进来才发现，Wi-Fi 都不通畅。

晚上到酒店附近的洪记面馆各吃了一碗面。

2 月 3 日　渔人码头

旧金山之旅。

早晨睁开眼，正面的 Coit Tower 在初阳的柔辉里泛着光。右边远眺，山护着水，纯净而深沉、一切都预示着一天的美好。

先去了旧金山金门公园，高大的树木比比皆是，游人如织，温度也一下子降了下来。下车沿着人造湖走了一圈，一路遇到小动物，野鸭、小松鼠见人一点也不躲，反而有点向人索食的意思，路人只好一次次向他说 sorry，还有三只黑羽红颈的鸟，直接上岸在人手中吃食。生态真是出奇的好。

从公园到了双姊峰，是两座不高的山，但可以俯瞰环视整个旧金山，从山上看，旧金山的商业区就是几座高楼，也就是我们住的酒店周围，与中国相比，实在简陋了些。我爬上其中一个山头，四周看看，确也壮观，尤其是远处的海湾，辽阔之感顿生。山上

亚洲人居多，而其中又以中国人为多。

从双姊峰下来，去渔人码头，边吃边看夜景。若在这里的饭店吃饭，饭店会帮打停车卡，晚上可免费停车 1 小时，白天则 3 小时。我们停下，就到最近的饭店，进去，还没说在这里吃饭，服务员就热情地帮打了卡——真是热诚的人。

菜上得很慢，等待的过程中，窗外一名黑人歌手在唱歌，围观的人也随着一起唱起来、跳起来。菜很美味，可能与周围的情绪有关吧。

酒店在办中国文化展览，门口橱窗摆放着秦始皇雕像和旁边的两个侍卫。除此之外还有宋朝市井生活木刻、视觉艺术展览等。不知是旧金山唐人街附近的酒店才这样，还是全美国的这家酒店都开始追求中国风味了。

2 月 4 日　西雅图

今天到了西雅图。

早晨 5:30 起床，到机场时所乘航班已结束办票，且不能改签。我们说明情况后，一个小姑娘让我们先进去等下一个航班，若有空位，则可走。

时间一下子变得宽裕起来了。我们笃悠悠进去等着，我开始改《中华文化经典导读》的后记。下一个航班快登机时，广播里说空出了三个座位，结果快关舱门时，竟然又空出了一个座位，一行四人又同机踏上新征途了。原来是一个乘客快到结束登机时间时仍未到，于是就叫玮玮登机了，而且直接将其箱子拉到飞机上，临时票都未换成登机牌。美国人做事似乎很灵活，似乎凡事都可商量，都有余地。

飞机上可以上网，但需飞行模式。窗口望去，雪山、白云、黛山，自成一奇妙世界，于是想了很多问题，写了几段随感，名为“从旧金山到西雅图”，摘录几段：

云　　山

爬山，觉得山高，
俯瞰，觉得水静。
山，一样高，
距离不一样远。

不知是山托着云，
还是云包着山，
山外有山，
原来此源。

飞机降落，从天上
钻入云山。
机身抖了抖，云笑了：
云抱成团，也可成强。

不超出云层，
怎能看到云上的山？

软的，也是硬的。
云在地上盖了个戳，
于是有了地上的形状，
有山，有水，有虫有鸟。

先有了天，还是先有地？
可能不再是谜。

距　离

只要有足够长的距离或时间
历史和时间，就只是一个点。
看事，要近；
看人，要远。
白云拗不过蓝天的执着，
裂开了一条线。

蓝色的液体，洒满了云边，
织成了一抹蔚蓝。

云也有朋友圈？
一会儿高，一会儿低，
一会儿盘，一会儿旋，
有时握手，有时翻脸。

到了西雅图，取出预定的车，直接到了机场附近的住处，很僻静的地方。

下午到了西雅图的 Space Needle Tower，停车吃了麦当劳，然后去了 Pike Place，拍了不少照片，只是停车难。

2 月 5 日　雷尼尔国家公园

早餐就在住处吃，种类不丰富，但足够了。面包足够，水果足够，咖啡饮料足够，有炒鸡蛋和火腿肠，还有酸奶。

按照计划，今天去雷尼尔国家公园，路途遥远，所以吃完饭就出发了。刚开始尚可，但进到山里，一大段泥泞崎岖、坑坑洼洼的路给我们添了很多困难和担心。但一路风景却是相当好，旁边就是峡谷，高大的树木郁郁葱葱，不时有一根朽掉的木头，就那样慢慢化成了泥土，重新滋养出新的生命。其中一段路，在一边的山坡上，只剩下一桩桩大树根，间或有些新栽的松树，绽露新绿。

一辆修路机在缓慢地推着砂石填着坑洼的路面，看我们过来，司机下车，告诉我们前面的路 very bad，我们感谢了他，继续前行。果不其然，非常难走，就像坐过山车。似乎路上只有我们这一辆车，我都怀疑走错了路。过了一会，迎面来了一辆车，竟有见到亲人的感觉。两辆车相遇，不约而同停下，互相安慰，然后相互道别。再不多远，一根横木挡住了去路，封路封山了。我们也就无遗憾了。下车，拍照，山上小溪潺潺流淌，路边堆着一小片一小片的积雪，天上下着小雨，我们下车雨就小了。我走到坡边，看着眼前和远处高大的树木和树干上苔藓簇成的花朵一般的东西，真实感受到天地之大和个人之小。坡上的草地上，有两张桌子和木炭的灰烬，这是天气好时大家 hiking 的好地方，我只是觉得没必要带炭，朽木处处，皆可。

回来的路好了一些，因为那辆铺路机在一直工作着，来时的坑有一段已经填平了。

途中在麦当劳吃了一个汉堡和一杯可乐，然后去西雅图的李小龙墓前凭吊。我们到时，一个美国小伙正在墓前瞻仰，我看到李墓前两句话：以无法为有法，以无限为有限。我就用河南英语向那个小伙解释了一下，比如只有放弃自我，才能获得无限的力量等。他竟连连点头。我们离开后，我看他仍站在那里，而且又有两个美国姑娘加入。我带了一瓶水，以水代酒，洒在墓前，美国小伙问我为何，我说这是中国表示尊敬死者的一种方式，他又点头。

计划外的祭奠，却是以中国文化自豪而结束，确实圆满了。

还车时一个黑人姑娘很豪放，问了句：加满油了吗？答曰：满了。就 OK。

第一次在飞机上上网，发现需要下载 APP，然后才可用，微信也可以用。我微信聊天，一切照常，只是慢了些。

2 月 6 日

一天没外出，整理《泰戈尔诗选》的相关材料。

中午喝了咖啡，但躺下依然酣睡。

在博士生群里发了两句话：

除了堂堂正正做人，还要提防那些不让你堂堂正正做人的人，帮助那些想堂堂正正做人但还不知所措的人。

要尽量保证自己站在正确的道路上，出现了差错，要首先保证责任不在己。

2 月 7 日　自助餐

中午去吃自助餐，很远，是福建人开的店，四人 45 美元，加饮料，真是不贵，而且菜品很丰富，还有酸辣汤，中西合璧，煎饺、春卷、炸鸡、粽子。同去的一个小伙子是福建人，所以熟悉这个地方。他上海交通大学毕业，然后到台湾交通大学读的硕士，

现在到这里读博士。他来美国前还不会开车，到美国后住的地方离学校远，公共交通又不方便，就看着视频学车，两周考出驾照，车买回来时先请人代开，然后自己就上路了，现在则开得飞快。

晚上整理书稿，写毕《中华文化经典导读》的“前言”和“后记”。

2月8日　上课

上午去上 Joni Adamson 的课，谈的是气候改变问题。进到教室，最先引起我注意的，是墙角挂着一面美国国旗，教室内的桌椅很破旧。

Joni Adamson 课上得很认真，她人感冒，脸色发白，但依然上完，课不是讨论为主，而是她引导式上课，主题是城市化、气候变暖、贫穷与生态恶化等问题。

2月9日　可持续发展研究中心

上午与 Joni Adamson 约好见面，并由她引荐，与 Gary Dirliks 谈谈合作之事。我们先到 Engineering Library 将同济大学的相关材料打印出来，然后与 Joni Adamson 在餐厅见面，Joni Adamson 请客，我吃了一份面条，Joni Adamson 同。我向 Joni Adamson 介绍了关于其书的翻译情况，并希望书出版后举行一个小型研讨会。同时建议她今年访问中国期间，一是举行演讲，二是观光。

饭后我们一起到 Gary 办公室，是可持续发展研究中心。我们先在外面浏览了一下中心的工作介绍，还有中心邀请的来此演讲的学者的一些基本情况，包括演讲者简介，演讲的时间和题目，很有纪念价值，值得借鉴。

Gary 很善谈，我们介绍了同济大学的一些情况，以及未来合作的设想，他表示欢迎。当 Joni Adamson 说自己今年要到上海时，他强烈建议 Joni Adamson 去，并且一连说了好几个赞叹的词，如 amazing、fast、wonderful 等，让我很自豪。他太太是中国人，他对中国发展抱有好感。我们约好以 Joni Adamson 访问为起点，将合作顺利开展下去。

2 月 10 日　赠书

已经喜欢这里一醒来就从窗外射进来的灿烂阳光了，温暖而耀眼，让人感觉很纯净。

中午，和玮玮及其几个朋友一起吃帝王蟹的一条大腿，很大，近半米长，据说是在深海里长大的，因为空间开阔，所以可以肆意伸长。的确，想一想阳澄湖里众蟹们摩肩接踵赶集市般的环境，的确不会有这么长的腿可以长出来。玮玮是以此方式为我过生日，但自始至终没提此事。今天是中国的 2 月 11 日，即我身份证上的生日。

她一到就把我来时带给她的书给我，命我题字，我即兴写了几句话。在《论语》上题的是："无语不成论，欲论先择语。论语宜谨慎，语不论人非。"在《孟子译注》上题写的是："人之易其言也，无责耳矣。""事在易而求诸难。"在《孙子兵法》上题的是："谋事不谋人，用心不用兵。"

我希望她多读古书，找到中国智慧与美国文化沟通融合的方式，尤其是以中国古代智慧在向美国讲中国的方式和技巧上有所突破。文化交流最忌讳顺着一种文化的交流方式进行，那就不是交流了，因为没有差异的存在，也就无交流的必要；换句话说，没有碰撞的交流，也不是有效的交流。没有矛盾，有时还会故意制造些矛盾，去试探对方、了解对方，进而沟通彼此。

2 月 11 日　"无问东西"

凌晨醒来，忽然想起电影《无问西东》中泰戈尔在清华演讲的镜头，于是睡不着了，起床整理泰戈尔在清华的史实材料，结合"东西"谐音东西方文化之意，联系当时中国知识分子对泰戈尔的误解，将当时对泰戈尔"东西方文明"的误解和泰戈尔实际上崇尚东西文明和谐的观点相对比，说明泰戈尔的东西方文明观实质是"无问东西"，但中国人都以为他只"东"不"西"，而中国人当时最需要的是西方文明，所以批评他。而只有在清华大学期间，泰戈尔才真正找到了知音，清华学子热情接待他，也理解他的思想。

中午与玮玮、张婷开车到了很远的一个中国餐厅吃自助餐，三人 37 美元。菜很丰

盛，虾仁、鸡腿、炖猪排骨、蘑菇、煎饺、春卷、各类点心、水果、饮料。

晚上将卫生间、床擦了擦。垃圾收好，枕手机待旦。

2 月 12 日　中国年味

定了闹铃 3:30，但因为没关闭声音，微信断断续续地响着，我也断断续续地睡着。

起来收拾好垃圾，把玮玮准备的吃食装好，包括三只羊角面包、两只苹果、两只香蕉。

4:30，玮玮、张婷准时到。天还黑着，小区内无车在动，到凤凰城机场 T3，放下我她们就走了。

登机时，工作人员首先呼叫军人优先登机。这时一个美国人问我：是所有人都开始登机吗？我回复：按 zone。有趣。

机上可以用 Wi-Fi，不过信号一直不好，后来不知怎的成功了。

时间很快，一转眼就到洛杉矶了。

窗外的朝霞新鲜诱人，机翼似乎擦着朝霞的边动着，有披荆斩棘之感。

7:20，飞机准时停下，是真准啊。下飞机，按转机指示标志，乘机场 shuttle 到 2 号国际航站楼，一走进去，迎面一个免税店的广告牌，上面写着中文打折字样，我知道到国际机场了。

因为时间还早，信息牌还没出现登机口信息，就随意在免税店逛了逛，看到卖酒和化妆品的店内竟满满的中国春节味道，狗的形象也出现了，每个招牌上都有英文和中文两种文字，且都用红色，服务员也穿红丝服装，更有使用支付宝、微信、银联卡支付打折的诱人文字，美国的中国年，似乎都和钱有关。

10 点左右，看到登机口显示了，来到登机口旁，看到窗外“中国东方航空”的大飞机，心安定下来了。

第二部分　刻舟记

1. 疫期预科考①

夜浓悄行未闻鸡，司晨惺忪偶试啼。
五洲同步无时空，疫魔将灭仍奋蹄。
儿醒泪落寻娘亲，已立考场喜疾笔。
窗外枇杷仍青涩，褁起清露凝新蒂。

2. 四行仓库②

八百壮士守四行，血肉铸弹驱宵强。
国弱不屈民族志，库狭啸远吟河殇。
御侮从来男儿事，忍顾妻儿泪成行。
抚墙思远频断绪，风气招至异域郎。

3. 霜　降③

霜降枝头叶乱黄，衰染鬓发顶射光。
荷残花隐鸟鸣稀，鱼戏鸭懒黯神伤。
二三蚱蜢贪枯草，星点迟桂待君赏。
怀舒欲觅登高处，朋至相顾皆错裳。

---

① 2020 年 7 月 20 日，预科结业考第十二次，其中 9 次模拟，3 次正式考试。老师们克服重重困难，6 点前准时到岗，饭未吃，孩儿未管。一个单位一种气质，一种精神，此所谓也。署气去，清风来，肚饿不觉饥；心肠软，笑意满，贤良才立人。

② 2020 年 10 月 13 日。为了进一步加深国际学生对中国近代史的了解，今天下午，十余名国际学生来到了位于苏州河畔的四行仓库抗战纪念馆。参观前，学院先行组织国际学生们学习了二战史和中国抗战史，并在线上观看了四行仓库抗战陈列馆的数字博物馆，然后实地探访这座上海唯一的战争遗址类建筑——四行仓库抗战陈列馆。国际学生深受触动，哈萨克斯坦的李音羲同学表示："通过学习与参观，让我感受到了在那个特殊时期，中国人民奋勇抗战、自我牺牲的精神。而现在我们能站在这块土地上，所感受到的美好、快乐与幸福，都是当时的将士们用生命和鲜血奋斗出来的。如果没有当时的勇气和精神，怎么会有现在强大的中国。历史是过去，但是很多人已经忘了现在的幸福是从何而来，我们不应该忘记历史。现在的我们处在和平年代，希望不会再有战争，希望全球人民的未来是美好幸福的。"

③ 2020 年 10 月 23 日。霜降，二十四节气之一，每年公历 10 月 23 日左右，霜降节气含有天气渐冷、初霜出现的意思，是秋季的最后一个节气，也意味着冬天的开始，霜降时节，养生保健尤为重要，民间有谚语：一年补透透，不如补霜降。不知不觉，已到"霜年"，老当益壮，殊为难矣。

4. 秋　葵①

晨开夕合独独栽，淡然吐心托余蔼。
翼薄欲飞又恋蕊，脉细蘸血彩蝶来。
优昙一现留空妙，秋葵花短促食材。
他日盘中再见君，一身清气仍自在。

5. 三　亚②

梦里几回到天涯，海角留情风弄花。
残阳斜影贴天际，渔夫号子掀梦纱。
浪抚滩平蟹脚迟，寄宿为家胜篱下。
路遇南来东北客，误把白沙作冰沙。

6. 黄河畔谈印度③

头枕金城身浮游，子归母腹无离愁。
水车缓急代润土，黄河清浊皆载舟。
曾经干戈征战地，如今月垂杨柳稠。
面如丝帛肉似棉，举勺舀涛作浇头。

---

① 2020 年 10 月 27 日。4 月将从井冈山大学带回的秋葵种子随手种在花盆里，并没当回事，6 月突然出了一株新苗，一开始还以为是杂草。晚出却长势好。假期一直在学校，所以没误了浇水，然后就是吐叶、蓄蕾、含苞、待放，今天全开了，竟是那么一种纯洁的感觉，花间经脉清晰，给人韧感，有气节，坦诚不保留，而且朝开夕合，不拖泥带水，挽留都来不及。美得直接、干脆，对我脾气。

② 2020 年 11 月 21—23 日，到三亚，与上海外国语大学三亚附属中学谈设立留学生实践基地事。第一次潜水，喝数口，切实体验海水是咸的，想起童时看电影，飞机或轮船失事后，数人挤在小艇内，每当有人口渴，说“水，水”时，旁边就有人不屑地说：“在大海里还要水喝，傻啊。”现在想想，傻不傻，还真取决于人，犹如美与丑。三亚确为天涯海角，天高云蓝水湛，疫情的紧张在这里感觉不到。椰子树下看天，礁石间看鱼，晚上在游泳池边看星星，忽然觉得人世很平常，而正因其平常，才真实。日常抱着轰轰烈烈过一生的想法，是逆伦常、逆自然的。三亚成了东北人的天下了，这是三天三亚游的直感：在外边吃了三次饭，都是东北菜，吃饭的人也多东北口音。

③ 2020 年 12 月 7 日，在兰州大学讲学，余暇与毛世昌教授在兰州黄河岸边散步谈天，风车毗邻，黄河水清。晚在岸边吃牛肉面，一人两碗，配料十足。

7. 辞吉安①

冬日翠湖生紫烟，园丁荷锄耕红田。
三更鸟鸣仍在耳，窗外鸡雏已成年。
青原薄雾终散去，庐陵风韵谱新篇。
文章节义日不觉，杜鹃红遍园中山。

8. 贺同济“汉语桥”开营②

雨扑乱尘要清枝，花吐细蕊怕湿衣。
寒去不觉脚底暖，春到闲来亦搁笔。
徒羡四海少年志，乐闻五音谱新诗。
时艰更知命与共，堑通莫道无知己。

9. 春　惑③

草浅风薄花初鲜，眼忪腰厚徒羡仙。
不喜窗外点点绿，招来雀儿啄碎天。

10. 五十三岁生日赴京④

早待樱开晚听鸦，云随风移星守家。
汗湿并非逐夸父，腿软方悔学赛马。
见贤常叹读书少，思齐知往手中沙。
有心托月寄远思，语不成缕空嗟呀。

---

① 2020年12月8日，上午参加井冈山大学第十一届“同济学术周”开幕式，下午参加同济大学对口支援井冈山大学座谈会，完成挂职使命。

② 2021年2月17日下午，“汉语桥”线上团组交流项目——“生存汉语”与感知中国线上汉语研习营举行开营仪式。

③ 2021年3月16日，樱花初绽，春绿点点，鸟儿懒懒，人也倦倦。

④ 2021年3月23日，为国家语言文字推广基地申报事，顾祥林副校长带队，与戴代红老师一起赴京到国家语委汇报了同济大学语言文字工作的工科特色和“一带一路”特色，得到理解和支持。今天生日，外地学生们都已来沪，拟给我过生日，但行程临时定，与学生们匆匆聊了几句，就奔机场。一路小跑，方悔平时锻炼少。当晚到京后与戴老师一起吃了碗米线，聊作长寿面。

11. 春　察①

寒滞花开迟，叶黄忍离枝。
声短鸟鸣窗，雨落沾帘湿。
晚醒仍恋枕，前行奋马蹄。
归客伤樱碎，同舟帆新启。

12. 春日落叶②

春风翻如沙，卷叶成帘纱。
新枝喜新侣，旧桠弃旧家。
更替何须悲，阴阳有落差。
萎泥成一叹，无梦亦无花。

13. 千灯古镇③

故居大道寂无声，亭林新叶映光明。
流散终归生息地，昆曲婉转伴橹生。
鲁峰俯瞰七桥便，暮沉水畔燃千灯。
天下兴亡柱时倾，匹夫有责匡扶正。

---

① 2021年4月12日，教育部国家语言文字推广基地专家组实地考察。在这之前，我们一直在认真准备，上海市语委还特地组织上海专家组进行了预考察，提出了很多中肯的建议和改进办法，学校语委全力支持，材料组精益求精，直到今天凌晨还在修改PPT。专家组考察工作包括现场查看、汇报答辩、考察组内部评议3个环节。现场查看内容包括考察单位和基地建设相关的设施、场地、制度文件、工作成果和社会推广、宣传等情况。汇报答辩环节由顾祥林副校长介绍了学校的基本保障、工作基础、基地规划。同济大学做事务实，专家组考察下来给予很高评价。

② 2021年4月25日。春天风大，有风就有落叶，沙沙如落雨。站二教西侧南樱花树下，看树上新叶，忽觉世上并无落叶之说，所谓落叶，皆为新叶，循环更替不一而已。想至此，觉悲秋、“无边落木萧萧下”之感，都只看到这一循环的一环，而没整体看。所以，叶叶相同，一如新旧相同；生生不已，亦无生无死。

③ 2021年5月2日，与老太太、小红开车出游，先到淀山新城，为一别墅区，多上海人买，绿化很好，但人稀少。出“城”后绕淀山湖缓行，但见游人在湖边安营扎寨，隔一段距离一处小树林，皆游人，儿童嬉戏，春光盎然，其乐融融。未停车，奔锦溪古镇，因溪两边垂柳依依，阳光照射下泛出金光，故曰锦溪。原名陈墓，因镇南五保湖中有“陈妃水冢”而得名，后改名锦溪，与发展文化旅游有关。古镇有“莲池禅院”，以及很多博物馆，渔家女或嫂摇船带游人沿溪而行，边行边唱着渔歌，倒有古风。当然少不了臭豆腐。从锦溪出来，直奔千灯古镇，到后才知这是顾炎武祖籍，刚到故居大道时还不知道“故居”是指顾炎武故居，大道尽头一道大门，名“亭林泽世”，可惜没开。停车沿小径走到古镇，仍然是一条小溪，两边古建筑，各种特色点心、小吃，当然也少不了臭豆腐。昆曲创始人之一顾坚，亦是本地人，比锦溪热闹些，但配置都差不多，只是这里有顾炎武、顾坚，还有秦峰塔，底子显得厚些。

14. 天净沙·崇明游①

风密细梳云霞，
草深裹压群花，
稀了白了头发。
不如归家
摆盏弄炉煮茶。

15. 和宇明师②

晨穿秋衣午披纱，夜雨淅沥忽狂发。
推窗欲接仲夏梦，无意弹破鸳鸯花。

16. 杭州谈孔子学院联盟③

鸡鸣风雨猿啸哀，春尽暑至甘未来。
月拢细纱星滴露，洗净征尘风入塞。
曾经击水破骇浪，拓疆辟土果任摘。
古今多少未竟事，照穿宵小半边腮。

---

① 2021 年 5 月 4 日崇明游。先直奔沪苏交界处长江口看滩涂芦苇，落潮泥沙，麦田起浪，草拥群花。后到花卉博览会建设场地，树木成排，已有花圃布置妥当。三三两两游人已在游园，美景可期。遥想昨日湛蓝，风细而密，白云不走，似在享受风梳之适，人生苦短，难有白云之福。古人常叹不如归去，采菊煮茗，悠然南山，心有戚戚，可惜难全。

② 2021 年 5 月 17 日，李宇明教授莅临同济讲学。上午李老师作了题为《信息化与国际中文教育》的学术讲座，从国际中文教育面临的新形势谈起，提出信息技术对国际中文教育事业有“助学”“助教”“助用”等功能，指出只有切实转变教育理念，不断提升教育技术，才能真正实现国际中文教育的目标——从“学中文”发展到“用中文学”。下午，李老师就汉语国际教育学科发展、教师个人学术成长等问题与教师进行了座谈，并鼓励我院教师不要辜负自己的才华，在潜心育人的基础上，教研结合，为自己建立一方精神家园。其间，我向李老师汇报了拟围绕非洲语言资源进行的一些工作，李老师立表支持，并亲笔题写了“同济大学非洲语言资源研究中心”，并谆谆教给工作方法和规划，深受感动。约了新朋老友欢聚，共同迎接李老师，颇为畅快。回京途中，李老师发来新诗一首，惊喜之余，也写了几句凑趣，并发朋友圈，解释说：上海这几天忽雨忽晴，忽春忽夏。好在李老师准备充分，应对自如，且有诗意。愧感之余，拈点湿意凑趣。

③ 2021 年 5 月 20 日，到杭州参加国际中文教育基金会主办的“孔子学院联盟机制工作研讨会”，地点在之江饭店，主要有各高校孔子学院负责人、省教育厅（委）主管部门负责人，同济大学因为是上海孔子学院联盟轮值秘书单位，所以受邀参加。我因当晚要返回，所以提前发言，结合 2018 年组建的“一带一路”语言文化传播联盟的运行和上海联盟的经验，谈了以下几点：（1）联盟成员参盟动机好，但如何处理分歧。（2）联盟内部成员有强有弱。资源好的大学要给些压力，使其主动分享。（3）运行机制容易建立，但保障 （转下页）

17. 悼袁隆平先生①

云开肃立接英魂，日远光曲遮泪痕。
禾下乘凉梦即圆，稻香寰宇泽润深。
苍天无语悔不及，朱笔误点假成真。
沧海一粟资万世，天下自今无此人。

18. 五月二十三日风雨大作②

一

江南风雨也翻卷，水落如剑自天悬。
体凉刚觉忙加衣，明日何时又换单？

二

安然若素难自安，守正从心繁难简。
也学古人卧听雨，冰河无冰马无鞍。

19. 风雨中自京归沪③

一场风雷两重天，语合气沉自等闲。
变幻本是平常事，静波潜流忽滔天。
诚由心生何患失，身试方知河深浅。
中流击水可手楫，不拘一格降龙潭。

（接上页）体系如何确立，特别是经费的支持和分工，这是首要。（4）交流容易但深度合作困难，这要靠领导。（5）目前暂不要吸纳海外合作高校。如果自己内部都没有解决好，海外院校一旦进来就很容易出现分歧，很多问题也没有话语权。（6）民间机构，政府是支持，但不是领导。联盟运行中，不要要求政府做这个做那个。（7）各单位都要有事干，不要一员独大，没事做的会逐渐淡出。（8）要加强内涵建设。（9）要加强智库建设，为政府咨政。（10）处理好明与暗的关系。（11）处理好矛盾，特别是负面信息。

① 2021年5月22日13时7分，袁隆平先生仙逝，享年91岁。想起小时候第一次随便吃白馒头的情景。救人命者，皆为神。

② 2021年5月23日上午，邀请安然教授就孔子学院跨文化传播、汉语教师志愿者的跨文化适应能力、教学能力提升等问题与同济大学曾在孔子学院任教过的外派教师交流。送走安然老师后，忽风雨大作，久久不停。临窗看窗下木槿，泰然若素，有红有绿，不为所动。

③ 2021年5月26日上午，在教育部语合中心开规划论证会，12:30结束，无饭。奔文琼处，北京语言大学南门外见，步行至一商场，请文琼日本料理，谈文化传播事。饭毕出门，忽然狂风阵雨，并未持 （转下页）

20. 杭州听课①

西湖原来不在东，一月两到杭州城。
紫荆花谢气未散，深港远航携新朋。
故事生彩手难辍，新语描图心满诚。
舞动万物共律动，灵引世界飞来峰。

21. 忆故乡（三首）②

一

沙里淘沙沙生沙，梦中绘霞霞飞霞。
故乡留根须不断，纵隔万里亦连家。
晨起尘雾味皆同，夜醒因听堂前鸭。
我愿重做塘里草，静待儿时那株花。

二

鸡飞犬吠豕奔突，麦黄谷垂季季熟。
柳条折帽木做枪，赤脚逐戏闲置书。
荷锄不辨苗与草，至今仍惑耕连读。
人立天地何须大，二片砖瓦三抔土。

三

故土无山水亦浅，堂前飞燕不厌倦。
春来花开香扑鼻，能悦双目可充饭。
石烫覆面瞬成胶，细竹无声捕鸣蝉。
欲将飞蝶比梁祝，忽见蜂来已忘言。

（接上页）续，至机场办票，被告知上海大雨，飞机大面积延误，3:00 起飞的才是 12:00 的航班。原定航班已取消，改签了 3:15 起飞的航班，说是最近的航班了。到登机口问，被劝到贵宾室休息。等到 5:30 被告知登机，结果在飞机上等到 7:00，才终于起飞，9:00 到沪，乘地铁回家。上海果然雨未歇。

① 2021 年 6 月 4 日，到杭州，听姚喜明兄课，2021 年度来华留学管理干部培训班（第三期）对象为全国部分省市的留管干部。蒙他相邀，参与他的这个知华友华系列，我承担其中一讲，拟在吉林大学。之前网上试讲，这次又要求来现场感受一下气氛。后来吉林大学确定了讲课时间，国际司也给学校发了公函，可惜因疫情不断，此事中断。5 月 20 日曾到杭州开孔子学院联盟会，一月内两次到杭州，却无缘西湖垂柳。

② 2021 年 6 月 10 日，早 6:50 航班，从上海到乌鲁木齐途中。机上放电影《我和我的故乡》，（转下页）

22. 盐　湖①

行云流水重无着，远山阻风留倦客。
一处清波映天碧，天下盐仓夏藏雪。
身浮如舟自在漂，几多愁绪寄明月。
出水浑身若着绒，柴窝堡里孵天鹅。

23. 天山大峡谷②

云开雾散见青山，乱花俯瞰湖相连。
照壁映松欲面壁，镇妖柱立驻不前。
天鹅湖清少女泪，哈熊望月梦未显。
一线无际多遗珠，无风无雨也无仙。

24. 胡　杨③

嶙峋皆赖风似钢，肋韧骨硬铮回响。
也羡江南润泽地，吸沙成汁傲骄阳。
岁月静好多是梦，揽云入梭自裁裳。
星月同魂亘万世，枯也不朽走四方。

(接上页)看至“故乡的味道”“神笔马亮”，几次落泪。童年岁月无邪，如今也看起了电影，这是步入老年的迹象吧。机上皆老人，安享晚年旅游生活。一人拍腿锻炼，竟引拍腿声一片，同一团也。

① 2021 年 6 月 11 日上午，慕名到新疆盐湖，澄碧厚重，别具特色。湖边草亭若干，探水取盐，腿出成咸腿，别有风味。缺水之地，有水亦盐水。

② 2021 年 6 月 11 日下午，驱车至，沿途砂砾苍茫，树不少，但都不高。山黑色，亦不算高。因时间有限，且将落雨，未到山深处，一泓山水，清澈见底。民族传说之地，自有故事。

③ 2021 年 6 月 12 日，参观新疆古生态园汗血马基地，大马小马，中马洋马，林林总总，我边走边逗马。但基地里最吸引我的，却是一大片胡杨枯干，化石一般，棵棵有枯感枯意，都是傲然挺立，嶙峋硬朗，胡杨不择沙，靠的是坚韧和主动。

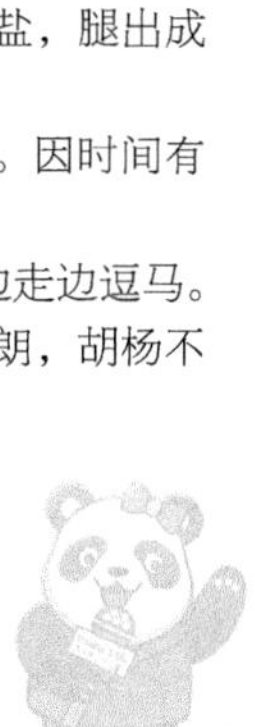

25. 贺中国共产党百年华诞①

百岁少年未白头，初心燃灯争上游。
血火淬炼金钢志，鱼水交融永携手，
经苦更知复兴贵，使命在肩不回头。
试看今日新华夏，处处欢歌无人愁。

26. 中国家族②

赵钱孙李周郑王，百姓同根枝蔓长。
自古多少兴亡事，家国一统虎贲张。
春雨秋风常留客，马踏新泥粘旧裳。
堂前燕飞檐色变，月光泻处皆故乡。

27. 成都印象③

锦官城内流锦江，巷子宽窄椒同香。
巴蜀自古富庶地，丞相羽扇刘关张。
细风软语性温热，一盏暖茶待夕阳。
红湿处处犹不足，新绿点点绕草堂。

---

① 2021 年 7 月 1 日上午，中外师生们观看了庆祝中国共产党成立 100 周年大会后纷纷表示震撼，亦同感。《人民日报》（海外版）发表了部分同学的留言，题目是《来华留学生：中国的发展离不开中国共产党的领导》（2021 年 7 月 16 日）。

② 2021 年 7 月 3 日，“跨文化语境下的沟通交流与家庭传承”论坛在同济大学成功举行，本次论坛由学院与九鲲文化、《华人家族财富》以及上海秦汉胡同文化科技有限公司共同主办。100 多位师生代表和企业代表出席。我作了“跨文化语境下的沟通交流”的主题演讲，主题是：文化交流最终的目的是要追求和谐，并实现合作，不但要实现合作，还要实现长久的合作。

③ 2021 年 7 月 8 日，赴四川师范大学参加“四川省孔子学院（国际中文教育）联盟暨成渝地区双城经济圈孔子学院（国际中文教育）联盟成立大会暨第一届成渝地区双城经济圈孔子学院（国际中文教育）联盟发展论坛”，9 日上午参加活动，代表上海国际中文教育联盟发言，下午去熊猫基地，见国宝基本都在睡觉。导游说熊猫长寿，我们就开玩笑说：长寿秘诀，在于多睡觉。后到宽窄巷子，多名吃，尤其是“双流老妈兔头”，殊为悚目。川人据说性慢，天府之国，吃喝不愁，自然有资格闲散些，据说一杯茶可以待一下午，让人羡慕。晚上吃火锅，颜色惊艳地红，倒也没辣到哪里去。

28.“一带一路”人才培养①

三百六十行，行行有故事。
“一带一路”风，风动凌云起。
诚感陌生客，客伴任崎岖。
满目皆才俊，骏马尽前驱。

29. 孔子学院愿景②

凌风穿云山换形，四季同月温不同。
淮南橘移色味变，诚心异镜万花筒。
文明互鉴辉相映，语虹多彩供融通。
试看天下命运共，不见你我功已成。

30. 西南联大旧址③

寇虏宵徒一时狂，无问西东赴国殇。
荷塘月色催饥剧，铁皮当粮换新房。
壮士断腕卫家国，静坐听雨气自张。
水木清华今仍在，夜雨随风红土香。

31. 郑州雨灾④

女娲补天心有偏，若纸捅破天河陷。
刹那人间成汪洋，人无鳍鳔难浮潜。
最难常是无助时，意坚只因手相牵。
中原从来问鼎地，逐鹿不惧民作山。

---

① 2021 年 7 月 9 日，自成都到上海虹桥，转飞首都国际机场，参加中石油大学的“一带一路”行业汉语专门人才培养高峰论坛。

② 2021 年 7 月 17 日，参加在云南师范大学举办的第二届国际中文教育发展智库论坛，演讲《孔子学院可持续发展的若干问题》。

③ 2021 年 7 月 17 日中午，参观云南师范大学校内的西南联大旧址。校舍 1939 年春夏之交竣工，因经费困难，校舍皆为平房，学生宿舍为土墙茅草顶，教室和办公室为铁皮顶。1944 年 4 月，因经费更加困难，学校把铁皮卖钱，所有房子就都成了茅草顶。教育在人，育人的人和被育的人，否则就是本末倒置。“所谓大学者，非谓有大楼之谓也，有大师之谓也”，此铁证也。

④ 2021 年 7 月 17 日起，郑州连日暴雨成灾，多人罹难，财产损失无数。河南多难，然多难兴邦。国力强盛，抗灾有方，民之福也。

32. 空中望空景①

到处白云到处山，乱径勾连人迹罕。

积雪无语万年孤，青黛横卧羞露颜。

天工开物为何故，古今多少烟尘翻。

人胜自然是神话，法心法地日自偏。

33. 过楼兰②

楼兰美女气如兰，沙尘啜吸色仍鲜。

丝绸缕衣顺柳腰，黄土养人俏千年。

一颦一笑由心生，匈奴西汉左右难。

一朝湮灭何须破，竭泽而渔人太贪。

34. 过精河③

群山连绵镶白边，沙砾无垠遍地烟。

却见棉田随云走，玉米密植如刀斩。

车到精河红片片，枸杞串串肚圆圆。

村头白杨枝向心，西瓜点点藤蔓牵。

---

① 2021 年 7 月 18 日，从昆明赴乌鲁木齐途中，空中看山，云变幻无状。白云朵状，不急不慢。山顶或荒或黛，或黑或白，山与山之间杂有多径，但看不到人迹。山河无恙，即是大福；自然神工，即是天意。人要胜天，实为僭越，爱护天地间万物，即是爱自己，也就获得了无限。

② 2021 年 7 月 18 日，参观乌鲁木齐博物馆，在二楼见楼兰美女干尸，伤怀昔日繁荣，一城之灭，竟如云烟随风飘散，留下一具女尸，让人想象一城之全貌，殊为难也。

③ 2021 年 7 月 19 日，去赛里木湖，一路棉花田，云烟遥远，砂砾时见。路过精河，古丝绸之路天山北路（又称皮毛道）从此经过，是古丝绸之路北道重镇，处在国家两个一类口岸——阿拉山口口岸和霍尔果斯口岸交会处。因用精河枸杞泡过茶，慕名下高速，在哈萨克餐厅吃一碗拉条子，的确正宗，很有韧劲，外加两串烤肉，一碗奶茶，可惜奶皮子没有了。饭后到一镇上，看枸杞种植地，车行中见路边成片枸杞园，即下车，见路两边晒满了刚摘的枸杞，枝蔓上仍留有一些，点点红，小灯笼一般，晶莹剔透。园地主人热情介绍，我问几天能晒成，说只三天，因为阳光实在太好了。征得主人同意，摘了几颗品尝，酱香满口。枸杞一年两季，现在的是夏季，秋季还有一次收获。枸杞树下长了很多马蜂菜和瓜苗，沙土很细，果然也种有花生。田边并蒂白杨参天，说有几十年了，树枝都向上耸起，合抱树干，都是为了节约水分。我想其中应该有故事在，或可以编个美丽的故事。大自然的确最伟大，一切的安排都按最合理的方式。真想留下，过过桃源生活。

35. 赛里木湖（二首）①

一

天高云低眼前峰，风轻草利仙水冰。
滴泪只因气力尽，频顾点点叠层景。
碎花不娇自傲气，青杉如剑护群牲。
唤来五湖四海胜，点将台前猎旗旌。

二

葡萄西瓜时生色，一路山灰倦满扉。
忽然凉意尽裹身，抬眼只羡高山鲑。
毡房如棉映积雪，牛羊点绘天上水。
闲看滩上花如石，净醴濯心无是非。

36. 果子沟大桥②

白练天悬近地开，润草如翠牛自在。
缘坡逐云身渐远，牵手织女苍穹开。
自古阴阳两隔地，如今一桥通天堑。
云杉肃然护幼婴，数缕幽思到江南。

37. 烟花台风③

烟花七月下江南，风啸雨倾无鸣蝉。
惊涛拍岸露狰狞，横扫千里非等闲。
我已岿然铸壁垒，万人一心安如山。
勇立潮头观四海，一览无余供俯瞰。

---

① 2021 年 7 月 19 日，晚到博乐，住下后到夜市吃夜宵，啤酒加羊蹄。20 日上午，到赛里木湖，游人不少，有游艇，有骑马，我选择绕湖行。赛里木湖意为“山脊梁上的湖”，是新疆海拔最高、面积最大的高山湖泊，又是大西洋暖湿气流最后到达之地，有“大西洋最后一滴眼泪”之说。湖周围时见牛羊群和毡房，开满蓝色的花，也有郁郁葱葱的森林，点将台上模仿了一下挥斥方遒，望远，但见蓝天白云，净水青色，唯愿心静如水，但成奢望。

② 2021 年 7 月 20 日下午，拟从赛里木湖去伊犁，并到霍尔果斯口岸，因从上海回河南总走连霍高速，就成了一个念想。高速路两边皆青山，牛羊怡然，时见一缕清泉自山上来，水边即有人家。过果子沟大桥，震撼之巧其悬其智，过桥反而失了继续前行的兴趣，也因时间已晚，遂掉头返乌鲁木齐，凌晨至。

③ 2021 年 7 月 24—28 日前后，“烟花”台风登陆上海，狂风暴雨，树倒人伏。但上海应对有力，有条不紊，顺利过关。

38. 从暴雨奔赴台风①

一场狂雨几阵风，郑沪车缓更心惊。
同程陌客多乡音，忧过天灾患疫情。
多难兴邦人益志，众志成城国运兴。
难眠偏邻鼾呼哥，乱卧听歌到天明。

39. 唐　卡②

缘来深浅不自知，西去东来善为始。
混沌欲破叹壁厚，天下同悟云雨诗。
分合聚散赖运命，凡夫惠民成神祇。
摩天接露润黄土，万缕彩丝任人织。

40. 班彦村③

处处绿意扑眼帘，风吹白杨叶鉴山。
黄土代代阻出路，食不果腹不得闲。
煨桑祈福暖风到，针飞绣娘绣芋田。
互助和平土家乐，遍植葵花籽无间。

---

① 2021 年 7 月 26 日夜，连退了几次票后，乘 K154（郑州始发）回沪，买票的起站点是民权，从商丘站出发，从南广场进，普快进站口，进去后又感受到以前候车时的味道，空间大了些，人似乎都没变，只是手中多了一部手机。上车后小憩，忽闻呼声震耳，循声望去，上铺一小伙子已酣睡，鼾声如雷。我很多年前从商丘乘快车去北京，也是夜车，早晨醒来，一小男孩怒气冲冲看着我，说我打呼，还抽抽，让他一夜无眠。我顿感惭愧，自那时起就很少乘夜车，即使迫不得已，也坚持到别人都睡着了再入睡，但因强迫自己太甚，别人睡着后自己几乎就兴奋得睡不着了。但这次遇到强中手了，也有点释然：有这小伙子呼前，我呼后就不引人注意了。谁知美好的想象都会落空，熄灯后爬进其对面的中铺，用纸塞耳，戴上眼罩，都没用。这才知人外有人、天外有天。更可记之处：小伙到苏州下车，爬下来啪啪啪啪整理东西，毫无愧疚之意，比我心理强大多了。

② 2021 年 8 月 3 日，上午参观青海博物馆藏文化展览，唐卡让人惊叹，唐卡上的历史让人深思。

③ 2021 年 8 月 3 日，上午，参观班彦村，这是一个整体搬迁致富村。恰逢小雨，霏霏山雾，路旁马铃薯苗已开花，小麦渐黄，蚕豆已摘，沟壑间绿意盎然，层次植树，远山有的黄土裸露，有的点绿，有的厚绿，杨树叶风吹露背，白如花开，又如一面面小镜子，备远山梳妆。狗吠鸡鸣，宁静闲适，竟似江南。班彦村原在七里外的山沟，世代耕耘世代穷，后在扶贫政策支持下，整体搬迁到此处，实现脱贫。盘绣绣娘十人，合作织成“香芋丰收”盘绣作品为十九大献礼，并在院内种植向日葵，酩馏坊则专门出品“8. 23”青稞酒，纪念习近平总书记于这一天到班彦村指导搬迁脱贫事宜。晚在青海饭店举行诗歌朗诵会，大家都朗诵译诗或现代诗，独我朗诵了自写的二首古体诗，确有格格不入之感。吉狄马加老师的盛意，怕是辜负了。

41. 彩虹部落土族园①

彩虹部落溢新机，天佑德后总相宜。

多元民族终归土，天马翩然纵奔驰。

融合自古秉天道，鸣谦怀远浑如是。

长云锁峰暗日月，溪旁卧牛待奋蹄。

42. 仓央嘉措②

海北风凉夜未央，星下默数昼见羊。

偶遇仓央数首诗，莫名无绪尽忧伤。

转世转身萦于怀，佛我有常世无常。

忍弃尘缘断来生，一缕青烟化情长。

43. 青海湖（四首）③

一

云舒海青固西疆，月寒日暖水天长。

汗血秦马纵横地，鸟衔霞絮织锦裳。

胡笳和鸣吹沙起，汉音唐诵未绝响。

人老地荒情无尽，一缕旧忆入沧桑。

---

① 2021年8月4日，参观彩虹部落土族园。一到门口，即有土族姑娘献哈达，浏览土族史，乃多民族融合而成，信藏传佛教，热情好客，其中吐谷浑王朝350年，是古丝绸之路青海道重要节点，其中希腊神话中飞马那喀索斯丝织品碎片即见证。征伐终止，和平不息。

② 2021年8月4日，在青海海北文迦牧场，参加2021青海诗歌节之青海湖诗歌节开幕式暨1573金藏羚羊诗歌奖颁奖典礼，“梦幻海北”诗人对话会和“梦幻海北”诗歌朗诵会。牧场是一家综合性旅游公司，住处建在草地上，草地名为金银滩牧场，世代藏族所居之地，也是仓央嘉措最后圆寂或被杀之地。所以牧场到处写着仓央嘉措的诗句，那样的悠远绵柔而又击中人心。以悲凉一生成就永恒佛心凡心，也许转世之说，宁有其实？

③ 2021年8月5日，下午从文迦牧场去青海湖。天气阴晦，浓云密布，路旁一小溪旁，老牛卧饮，静待云开日出，管他世间风雨变幻，诚一启示。途中见日月山，为文成公主赴藏途中摔镜之地。途中沙丘上遍植小树苗，有的活了，大多枯了。但有一丝绿在，就可渐成一片绿。感佩其中所蕴含的人与自然抗争的精神。青海青，处处生机盎然，与甘肃、新疆等地不同。

忽然一片蔚蓝，青海湖到了，沿湖或青山或沙山，湖绕山而行，忽隐忽现，湖边有牧场，牛羊散见其间，但更多是划成了一片片的旅游区，可能类似于责任区吧。有马、牦牛，油菜花开得正艳，青海湖三 （转下页）

二

一源三江过千山，百川回流海如泉。
莫叹雾薄也覆水，只把尘缘作云烟。
羌笛律短音欲断，青丝变色结难挽。
欲筑鸟巢留过客，奈何乡音穿叠关。

三

八月湟水渐知秋，四海诗人对酒酬。
青山相伴倦旅意，一览有遗不胜收。
公主冰心浸海碧，思乡念断寄马牛。
白云层染同天蓝，同声异音可杂糅。

四

青海湖水平，缘波登天庭。
王母备桃宴，二郎剑击筝。
大地育万物，牛羊漫山行。
云拂草野阔，鱼鸥知劲风。

44. 西宁湟水黄昏①

黄河之水湟水引，西薄东厚渐阔身。
风气粗粝柳不垂，红色长廊聚精神。
一路耳闻多语美，榴籽无间互助润。
忽觉道旁暗香动，细花开了也撩人。

（接上页）个字在不同的片区出现，供拍照用的小创意随处可见。我们一行直达二郎剑风景区，这里建有青海湖诗歌广场，有诗歌墙，两排诗人雕塑，广场中央是缪斯像。在诗歌墙前，吉狄马加老师领诵“青海湖诗歌节宣言”，是诗歌节的固定活动，表达了诗歌要维护自然伦理的信念，诗人们来自不同国家，宣言准备了中英双语版，但鼓励诗人们用自己的民族语言朗诵。

“民吾同胞，物吾与也”，物与人同类，“人但物中之一物耳”，人类自身也是生态环境的一部分。目前，人化自然日益严重，人却习以为常，长此以往，自然物会丧失自然性，甚至催发不可逆的生态灾害。

诗歌是人类心灵在大自然中的映射，是世界不同国家、民族，乃至全人类心灵的吟唱，表现人类最真挚、永恒的情感，满足人类对真善美的动人追求，展示人性中的高贵品质，这是诗歌天然的世界性和自然性，不指涉任何具体国家和民族。

心底流出的诗歌，都能融入青海湖的净水，跟随着太阳，化为自由的白云。

① 2021年8月6日下午，拟参观西宁博物馆，东关清真大寺，但到后皆因疫情关闭，就沿建 （转下页）

45. 塔尔寺①

聚塔而成寺，护法意恐迟。

祈寿临众生，经幡送贪痴。

善念易荫蔽，弃恶难固执。

捻出花间尘，聚丘发新枝。

46. 西宁土楼观（二首）②

一

禅寺壁挂薄如纸，道观贵德厚土植。

欲寻北山烟雨色，误入赤岩终复始。

却顾往来青杨径，空山瘦雀三两只。

寿塔接云夜布施，晨醒松针点点湿。

二

烟雨楼上雾墨飞，民国府邸煮茶沸。

烽火已熄烟尘在，扶壁思远几人回。

红土层叠录旧事，新绿络绎盘山追。

沟壑乱石奔突势，大音无声逝去水。

（接上页）国大街到火车站，然后从西宁火车站沿着湟水旁的步行道，即滨河大道回青海宾馆，路旁各类花儿开着，细细弱弱，颜色各异，但都尽展己美，不娇不艳，不媚不贵，就那样兀自开着，香气微弱，但空气中感觉得到，这是给有缘人送的，全拥抱式，也不害羞。路上遇到的行人有汉族人、回族人、藏族人等，各民族在这里和谐相处，文化相互映衬。滨河大道一侧有一中国红色文化长廊，以雕塑形式，介绍井冈山精神、延安精神等。于茶余饭后，浸濡路人。回住处路上，过中心广场、麒麟湾，人不算多。

① 2021年8月7日，乘公交从西宁到湟中县塔尔寺，车上见一女士携一大西瓜，口生津。塔尔寺又名塔儿寺，建于明洪武十二年（1379年），得名于大金瓦寺内为纪念黄教创始人宗喀巴而建的大银塔，是中国西北地区藏传佛教的活动中心，藏传佛教六大寺院之一，在中国及东南亚享有盛名。拾阶而上，观赏“塔尔寺艺术三绝”酥油花、壁画和堆绣，宗教气息与艺术气息和谐一致，庄严与精美和谐一致。游人熙熙，信徒众多，西北之地，自带祥瑞之感。

② 2021年8月8日，搜得土楼观信息，介绍颇佳，遂步行前往，沿南川河北行，过湟水河沿长江路直行，过祁连路左拐，见路上风景区指示牌有慕容村寨名，因金庸小说故，竟动心，但见路远，遂断念。远望“绿色发展，和平西宁”八大字悬于山顶，即作为路标，过京藏高速隧道，即见有北禅寺介绍，为北魏时凿建，位于半山腰，犹如悬挂于峭壁之上，登临之意陡生，可惜门锁阻客。但山底道观可进，未进，沿红色环线步道前行，名北禅路，行不远，见一门开着，是进一处林场的路，也无人查验，就走了进去，随后二三拨游人亦进来。路修得很好，左边是沟壑，路旁新种了一排杨树，叶小，有输水管道逶迤不绝，右边则是 （转下页）

47. 贺2021汉语研习营开营①

今岁又过线上营，五洲音异心一声。
艰难只作寻常事，少年自当谋功成。
中文搭桥惠风暖，四海同舟结友朋。
美美共济相顾笑，驱魔祛魅天下平。

48. 寒　露②

夜醒衾覆薄，晨见一片波。
花抱互嘘寒，风息叶自落。
杳杳似有意，缈缈心无着。
天地自有序，可怜诸子说。

（接上页）赤岩赤壁，不时有标示牌提醒："地质灾害区，快行通过""塌方区域，快速通过"，也种了杨树，几处岩壁上有树苗，但都枯死。可能是蚂蚁森林项目所植，与去青海湖途中所见植物类同。山路蜿蜒，但不崎岖，天气热，随身带水少，口渴不敢多饮，竟起探险之感，遂渴不觉苦。树荫下小憩多次，见小松鼠两次，麻雀数次，直到见到"烟雨楼""民国住宅""永寿塔"等指示牌，才觉到了山顶，也有了人声。登山路也变成了人工石台阶，扶杨逐级而上，路遇数亭，逐亭休息，望远，可得西宁全貌，狭长如练，雾气或雾霾依稀绕行高楼间。山顶亭子，数人躺卧，尽享山风秋凉，惬意无比，欲仿之，终未下决心。在民国建筑前坐息，读介绍，却无何人何故建宅说明。沿宅前石阶而上，则是宁寿塔，7层，塔身上有音响设备，在播放讲经声。塔顶白云似静止不动，丰腴柔软感极强。塔为后来修复，修复时还发现了若干经卷等物，皆原封不动封存塔内，具体修建年代却已不详。塔前有蓄水池、抽水机，确有必要。从塔顺石阶而下，忽见一处宽敞平坦处，即烟雨楼，乃新建，柱子上刻着关于北山烟雨景色的各种诗、文，也有《水经注》中对北禅寺的记载，立有"北山烟雨"石碑。自此往下，左侧有土墙阻隔，抬望眼，可见寺立壁岩之上，下已蚀空。寺有两处，中有小径相连，亦可称之为悬道。但见寺之周围，壁岩形状各异，或隐或凸，或厚或薄，使寺如惊涛骇浪间一只孤舟，惊险状呼之欲出。一路惊叹中，忽见一陡直下山路，两旁铁链可作扶手，到出口左行，仰看，见一直行登寺通道，路旁且有路灯，想必平日可至，现为何关闭，疫情？整修？行至上午登山路分叉处，才知今日环山一周也。些许遗憾，若从刚才出口处登临，路途近了很多，但也失去很多山行之乐也。率意而行，顺意而得，乃大乐也。拘于一念，执于一端，人生苦之始也。

回到住处查资料回味，才知未到大墩岭。这里曾经是明代灭青海湖海盗的烽火台，寇灭台弃，名称仍存，幽谷气流，时有刀斧铮鸣之声，非有心者不可知也。西宁司机讲，此地曾为当地人烧烤休闲之地，古风之遗罢。

① 2021年8月27日，凌晨作。今天"汉语桥"线上团组交流项目——"实用汉语"与感知古今中国线上汉语研习营顺利结营。疫情让大家相聚在云端，正因为经历了困难时期，才会让大家的学习记忆犹新。这次夏令营是新开端，同学们在"汉语桥"上结下了深厚的友情，收获了信心、友谊和团结！

② 2021年10月8日，今天寒露，晨起不觉。步行至中山北路口，等红绿灯时，见花圃内花草皆沾露，只觉特殊，看手机才知今天就是寒露，为大自然之精准、古人之智慧而惊叹。

49. 国家语言文字推广基地获批①

廿载春夏秋后冬，四季花色最喜红。
万念凝丝穿针过，滴水不舍镂石空。
月隐星移涧边冷，鹊鸣居高传远声。
纵缰长历五色路，一心奋蹄两袖风。

50. 故乡行②

故乡独行寻新秋，风凉杨柳仍密稠。
谁家堂前留春絮，误戏蛛丝作旧友。

51. 泸州行（二首）③

一

五月川椒熟，剑南百味出。
无食民不存，天府成国蜀。
食艺成天道，诗画可临厨。
举箸知肉烂，一味泯寒暑。

二

巴蜀任我行，双江泾渭明。
格物穷心智，酿曲天地惊。
大盏送寰宇，小酌催目惺。
桃花十万里，不及泸州情。

---

① 2021 年 10 月 9 日，火车上得知国家语言文字推广基地获批，共 62 家单位入选，不胜唏嘘。一路坎坷，一直忐忑，终于落地。疫情下学院工作困难重重，有了新平台，可以开辟新领域，提升大家信心和动力。求生之举，发展新基础。

② 2021 年 10 月 11 日，去周口师范学院参加“省培计划（2021）”小学语文教师培训，主讲“中国语文与美国语文教育比较”，顺道回家陪陪老母亲。乘大巴到商丘，见路边杨柳叶未落，秋丝横亘树叶间，犹如春絮，想起小时候大人削红薯片，我和小伙伴在田野里逐飘絮的情景，顿有沧桑感和日月轮换之感。

③ 2021 年 10 月 13—17 日，“国际诗酒文化大会第五届中国酒城·泸州老窖文化艺术周”在泸州开幕。诗酒文化大会以“让诗酒温暖每个人”为题，全球征文。我受邀并写了两首短诗，发言提纲为 （转下页）

52. 周口·陈风①

文昌气运盛，关帝义顿生。

女娲遗天梯，伏羲八卦成。

神农播五谷，老子传道经。

香堤十里柳，三河荡陈风。

53. 留学生“行走看中国”开班②

遥看近却无，顺时谷自熟。

蝉蜕放高歌，土适蛙悦伏。

东有碣石叹，西吟层关渡。

纵浪若无骨，畅行心魅除。

54. 题路边草③

不争人前俏，勿须知霜冰。

风雨过后在，如何不一生。

（接上页）“向世界讲好中国诗酒故事，”大意是：诗酒文化属于中国生活文化，诗酒故事是中国生活故事，而中国故事就是由一个个中国生活细节积累而成，讲好细节，讲好点滴，讲好小故事，实际上就是讲好中国大故事。国际诗酒文化节，就是中国生活故事汇，来自世界各地的诗人，必将在品酒吟诗中，品出中国热爱生活、热爱和平的味道。

诗无酒不真，酒无诗不纯。就着诗喝酒，是酒圣；就着酒写诗，是诗仙。可惜因为疫情，未能成行，自然也就未成仙。

① 2021 年 10 月 14 日，在周口师范学院调研，拟合建老子研究院。见中原古城生机勃勃，文兴运昌，《诗经》中的陈风遗韵犹存。城中关帝庙镂刻精妙，栩栩如生，保存完好。女娲、伏羲、老子皆留下很多传说故事，沙河、颍河、贾鲁河交于此，柳树荫庇长堤。中华文化源头重镇，景仰之情顿生。

② 2021 年 10 月 19 日，与宗骞商量，举行了留学生“行走看中国”故事班开班仪式，目的是更脚踏实地培养和提升留学生讲中国故事能力。来自 23 个国家、学习不同专业的 31 名学生参加了开班仪式。“行走看中国”故事班开班后，将组织系列的文化考察活动，让留学生们“脚走在中国的大地，眼看着中国的变化，心感受着中国的温暖，口讲着中国的日常，手写着中国的责任”，通过实地行走、集体讨论、沉浸思考、与当地民众互动交流等活动，最后独立完成行走心得报告，结集出版“留学生行走看中国”系列丛书，从而助力实现“知华、友华”的留学生培养目标。《东方教育时报》《青年报》《中国日报》《文汇报》《文旅中国》《山西日报》《山西晚报》“中国社会科学网”等纷纷报道。留学生讲中国故事，是时代之需、中国之需、世界之需。

③ 2021 年 10 月 19 日，步行去学校，天已寒，见路边草，虽被来往行人踩得东倒西歪，然绿意依然。风吹过，雨打过，但风雨皆成一瞬，而草仍存。弱强自见，犹如成侠必能守拙守弱。只要本心充满绿意，自得阳光眷顾，自在生活，即为顺从天意，何忧之有？并非知冰者才为智者。

55. 华师谈国际中文教育①

秋寒鸭知荷枝枯，清肠稻熟百病除。
云合光隐蔚蓝在，仓颉点墨鬼夜哭。
朗日时有骤风雨，柴门煮酒待客入。
莫叹今春风光去，来年纸鸢满诗书。

56. 周口 · 胡辣汤②

北舞渡四海，逍遥镇八方。
九珍凝一处，阴阳十三香。
入口浑不知，酸辣暖饥肠。
最是家乡味，涎水淹梦乡。

57. 松江谈中欧关系③

雨霏风轻也凝纱，山高水长惜语杂。
眼明未必见真知，闭门造车路必狭。
求同存异梦方醒，共同价值心藏霸。
天蓝无风云自浮，命运与共处处家。

---

① 2021 年 10 月 23 日，参加华东师大“新时期国际中文教育的机遇与挑战”高端论坛，发言中建议去除悲观消极思想，以更乐观的态度积极消除危机，迎接后疫情时代。并提出破解当前困境十六字诀：变粗为细，变守为进，变同为异，变散为聚。会未开完，下午去河南，在高铁上觉不吐不快，遂用手机写作，完成《后疫情时代国际中文教育发展的四个关键着力点》一文，后发“中国社会科学网”（2021 年 11 月 11 日）。

② 2021 年 10 月 24 日，在周口金国民金记胡辣汤喝汤，7 点到，人已拥挤。汤 6 元一碗，与商丘胡辣汤有别，没花生米，面筋为棱条状，而非扁平长条状。胡辣汤以周口市西华县逍遥镇胡辣汤最为出名，另有漯河市舞阳县北舞渡镇胡辣汤等，为河南名吃，汤多中药煨制而成，加入胡椒和辣椒，用骨头汤做底料，配以烧饼、肉盒、煎包，乃早餐绝配。每次回河南，必喝胡辣汤，家乡味也。近年来也多有所谓高端胡辣汤，价格昂贵，却非故乡味道。

③ 2021 年 10 月 28 日，到上海外国语大学松江校区参加第三届中欧论坛，我非专家，不敢置喙，唯倾耳听。全程英文，似无大碍，这一届外方主宾国为斯洛文尼亚。

58. “熊猫叨叨”获奖①

黑白自分区，憨态可满掬。
逍遥好闲在，凌波涵太虚。
姗姗金步摇，叨叨都为诗。
初心如青竹，世界讲故事。

59. “国际学生感悟中国丛书”发布②

毕竟中国四海通，风光无两各不同。
心远接天无穷路，滴水希声处处红。

60. 登蓬莱阁③

青石履圣迹，丹崖叶落迟。
凭栏生豪气，东坡犹乱枝。
望远觅海市，搔首疏青丝。
人间仙境地，万寿无疆域。

---

① 2021 年 11 月 1 日，2021 年“知行杯”上海市大学生社会实践项目大赛中，“熊猫叨叨——国际学生讲中国故事”荣获特等奖。该项目依托同济大学国际学生群体，紧扣“加强国际传播能力建设”的国家战略，探寻“国际学生讲好中国故事”的新范式。项目组探访历史古迹、参观现代企业、走进新农村、奔赴革命圣地。通过讲授与体验相结合的模式，加强国际学生对中国国情和中华文化的理解与认同。调研后，学生们用母语和中文写下了 200 多篇感悟，并用多种语言拍摄了 20 多条中国故事短视频，通过海外平台发布。项目组还与中央编译出版社、井冈山革命博物馆签订协议，打造国内国际学生多语种讲述中国故事的平台。

② 2021 年 11 月 23 日，下午，在中法中心 C501 召开“同济大学国际学生感悟中国丛书”新书发布会暨同济大学留学生“行走看中国”媒体矩阵上线仪式，并向三十余名学界、文化产业界人士颁发导师聘书。丛书共有四册，分别为《中华文化经典选读》《国际学生课堂教学案例集》《国际学生感知中国第二课堂》《国际学生讲中国故事》，是多年来学院在国际学生中国理解教育上的积淀。

③ 2021 年 11 月 26 日，上午，游蓬莱阁，因疫情且天冷，游客极少。入内见人间仙境匾额，内有万寿无疆碑。蓬莱阁实为海防阵地，旧城墙还在。登顶，有苏东坡诗碑等。后到戚继光抗倭纪念馆参观，材料中常有倭寇被灭上千，而戚家军伤亡为零的介绍，豪气顿生。

61. 戚继光故居①

戚戚哀哀男儿羞，念念兹兹倭贼愁。
少儿立志存高远，纵横捭阖自然收。
胸有韬略气急发，赴国危难不惜头。
功成幸有王者助，孟诸诗毕弄扁舟。

62. 海市蜃楼②

纵浪大化三山中，仙过无痕留鸥鸣。
舟行随波渔归暮，烟笼轻纱月渐明。
忽觉身处非人世，八仙笑邀竞同行。
虚幻为实实虚幻，真假自辨辨自醒。

63. 首届国际中文教育课题交流③

群贤毕至铸心城，海纳百川纵大鲸。
墨浓正好挥豪气，情真谁堪付东风。
语虹赖雨春接雪，花蕾凝霜别样红。
筚路蓝缕拓新路，垦殖八荒共月明。

① 2021年11月26日，上午，游戚继光故居，极宽阔。戚继光娶妻王氏，能武，有韬略，戚继光贤内助也。戚继光晚年受政治斗争牵连回到故居著书立说，书房取名“孟诸”，兵法和诗文并举，文韬武略兼具。

② 2021年11月26日，上午，游八仙过海处，人工而成，会仙阁内群仙皆在，观《海市蜃楼》影片，颇觉神奇。苏东坡《海市诗》以苏轼手迹和楷体版正反面刻在一块巨大的石碑上，婉约与豪放并举，出世与入世情怀兼具，模仿习作而已。

③ 2021年12月18—19日，由教育部中外语言交流合作中心主办的“首届国际中文教育研究课题学术交流研讨会”在线召开。受邀主持主旨报告环节，分别是大连外国语大学校长刘宏教授《中方院校发挥国际中文教育办学主体作用》；南京工业职业技术大学校长谢永华《中文+职业技能+X等级证书”标准和课程建设研究》；墨西哥亚非研究中心莉莉亚娜·阿索夫斯卡教授《汉语教学中的文化成分》；蒙古国立大学外国语言文化学院蒙热勒·其米德策耶教授《蒙古国中文教育与蒙中文化交流》。会议还安排了课题分组讨论环节，37位国际中文教育研究课题负责人分四组进行学术报告与交流。

64. 辞旧迎新①

去岁不知今冬冷，浊酒一杯醉半城。
风扫落叶不知处，雨打迟桂尽飘零。
临渊常羡鱼自在，腾挪哪堪腹贴冰。
夜长终为待日出，寒至驱魅为春迎。

65. 虎年听雨②

小楼听雨气自平，斜卧数珠辨新声。
推窗揽枝寻绿色，无意惊鸟飞一鸣。
江南心事多孤寂，乡音蓦然似盆倾。
谁知千里外有雪，虽漂泊定任风冷。

66. 虎年寄语③

久雨初霁云恋萦，去短惜今勃诗兴。
踏歌已是旧时事，放声羞赧半隐情。
横看双鬓缀春絮，卅载浦江两侧行。
但得虎贲昼夜突，直捣魔窟疫遁形。

67. 壬寅年首日放晴（二首）④

浏河踏青

风撩池边树，犬吠唤归人。
雨后一片绿，田间鸟浮沉。

---

① 2022年1月1日，新年到，忙忙碌碌又一年，新年仍是忙碌年。岁月倏忽，遍寻南山都不见。

② 2022年1月25日，天阴雨，在学院工作收尾，听窗外淅淅沥沥，北雪南雨，但冬雨不如雪，乡情故也。办公室窗台上，几只鸟临树自影，我不知，推窗欲看雨是否浇出春色，鸟惊而飞，共一鸣。晚上，上海国际文化学会在上海音像出版社举办新年工作讨论会，中有任一鸣老师，加上喝了点酒，定稿。

③ 2022年1月31日，除夕夜。因疫情，春节没回商丘，说回去要“先隔离后拘留”，被疑对故乡有恶意。这是第二次在上海过年，年味淡，心不适，想一生过多半，仍一事无成，且奉孝了了，凄然戚然。唯盼疫情快去，恢复人间烟火气。

④ 2022年2月1日，大年初一，驱车到太仓踏青，过浏河镇，观浏河。河直通长江，河中货 （转下页）

太仓湿地公园

田园散落气自清，阡陌横竖任人行。
孤鸟落落逐生计，枯草瑟瑟忍江风。
花意随水水无意，草色又绿绿空庭。
萧木望断生有涯，徒羡野池闲钓翁。

68. 壬寅年寄女①

涉洋四载心似空，寄云托福语可同。
疫变风急恐落叶，冬雪又覆密克戎。
夜醒惊梦恍如昨，昼行时停世流中。
抚平儿时曾作画，也拿彩笔补色松。

69. 归园田居梦醒（二首）②

立春崇明望江

踏青行人稀，望江寻天际。
苇逐余寒去，随波鸭不飞。

江边春意

风凉行人少，停车辨苗草。
土松新雨后，蛰惊怨春早。

（接上页）船多艘，船在人走。河边有村，名闸北村，因在（浮泾）闸北得名村子，房子大多已拆，仅剩几户，也无围墙，房子四周皆植青菜：白菜、小青菜、芫荽等，已无村落之貌。麦田里犁有浅沟，意在雨多储水，旱时缓干，接地气，又科学。田里时飞白鸥，工地上青色簇簇，水清见底，旱时裂缝历历，惜无雨。偶有犬吠，气虚足乏力，盖因形单影只，虎威难借。独油菜花已零落开放，吐露春色。路边浅塘，一二垂钓者似钓非钓，鱼竿入水，手不释机，非钓鱼，钓乐也。睹此景，思归处，慨而难慷，一时悲随冬风。唯江边衰草，迎风颔首，接我悲去，送我春声。

随后到太仓湿地公园。浏河锚泊瀛洲处，为郑和下西洋起锚处。人行道旁，数株不知名的大树上，朵朵白花，点缀江上蓝天白云，大小之协，寒暖之协，皆在树上，壮汉绣花之感强烈。尤其是在多日凄风冷雨过后，初晴即见花，寒意顿消。

① 2022 年 2 月 3 日。女儿赴美四年，几次欲归难归，常望东去白云，寄语殷殷，路行常恍惚，人以我老，我知思女故也。

② 2022 年 2 月 4 日，壬寅年立春日，驱车去崇明，去时堵 40 分钟，只一段，回来堵一个多小时，多段。路边停车，土软苗绿，春意盎然。岸两边多枯草丛，有水池，各种鸟儿翩然盘旋觅食，时起时伏。隔不远即一水闸，即江中引水成河，江河江河，引江水入河，实则蓄水，资源概念。

70. 鹧鸪天·江堤惊鸟①

衰草残叶遮新绿，轻履惊鸟二三只。
柳软杉直共醉态，细雨无心沾风湿。
春料峭，行人稀，有树已是花满枝。
水近云远星乱点，偷得浮闲又一日。

71. 沪上春雨②

绵绵弄银针，缕缕沾凡尘。
入味不知处，把箸已出神。
情深藤难负，抖擞恐失身。
羁旅伤别离，嘱意情殷殷。

72. 线上谈中美文化③

云淡星稀月西斜，异屏同声共一家。
情真波短春初暖，草长穿涛邀新花。

---

① 2022年2月4日，崇明黄浦江边沿江慢行，水阔浪翻，远望无际，岸边芦苇，随风摆动，似扫余寒。行人不多，车都随意而停，并无明确目的。忽见江中群鸭，随波起伏，时有一二只飞起，但大多不动，鸭先知水暖吧。

② 2022年2月11日，雨中。上海春节前后，阴雨不断，不紧不慢，增添了节日的离愁别绪。去学校路上，见行人匆匆，皆无表情；墙上爬藤枯叶，在雨中一起一伏。想起小时候常听大人说的一句话：下雨天，留客天。只是现在知道了，留不留客不在雨，而在客。

③ 北京时间2022年2月23日凌晨2:30，纽约时间22日下午1:30，线上给Villanova University的学生讲中美文化之间的异同，准备了一个多月，但仍有点紧张，主要是担心自己英语的河南味，但一开讲就放开了。学生的提问很有水平。一个美国学生问：我们觉得美国很糟糕，您怎么看？我的回答：子不嫌母丑，自己可以批评妈妈，但一般不接受别人批评自己的妈妈。一个美国老师问：中国经济发展很快，但是不是不重视人与人之间的感情了？我答道：中国人一直重视感情，友情啊，爱情啊，即使现在也是这样，只不过目前发展经济的愿望更强更明显，所以相对而言感情的显现度就低，但一旦充分发展，人们会更多地回到家庭，与朋友交流。自己以为，文化交流，尤其是有点敏感的、不能直接回答的问题，需要谨慎交流。讲课后，我与该校中文项目负责人就疫情后该校组织学生来同济大学访问交流事初步达成意向。

因记错时间，我北京时间22日凌晨从1:30等到2:30，一直上线无回应，才意识到有问题了，一查时差，果然错了。时差大，分歧大，更要交流，熬两夜若能等到一批美国学生来同济大学，也值得。

73. 鹧鸪天 · 梦回童年①

梦里依稀墟里烟，月拍朱栏催人还。
田逐潜兔竞豪气，塘戏闲鱼解嘴馋。
杨柳风，榆树钱，最醉雨虹各半天。
朱颜总在何须改，画虱拟古秉烛谈。

74. 鹧鸪天 · 惊蛰忆故园杏花②

潜春催风拂乱枝，又是一年花闹时。
晨鸡惊鸣疑异处，半开红白无人知。
唇微启，已成痴，荣枯从来难自持。
安得归去同颜色，堪折可饮客常至。

75. 鹧鸪天 · 三月春寒柳枝梢③

三月春寒柳枝梢，残荷折腰丝未了。
新竹破土尖尖角，旧邻初识恨见少。
疫情虐，难作活，胜负早已见分晓。
窗外月明星不稀，共驱魑魅烟灰消。

---

① 2022 年 3 月 1 日，晨起忆梦，竟是童年光景。用柳枝扎伪装，挥着用胶泥制成的各类枪支进行战争游戏；无意惊起潜藏在秋天田野土坷垃里的野兔，奋起直追，然而常常望兔兴叹；在村子四周水塘垒堰捉鱼和泥鳅，春扑柳絮，吃槐花、榆钱蒸馍……天天有惊喜，时时有快乐，食虽不精，但野味十足。现在人以吃粗粮为时髦，我们儿时已开新局了。当下忙于俗务，累而不知所累为何，快乐不再，想学古人清风独立，每每画虎不成。

② 2022 年 3 月 5 日，惊蛰。晨自河南返沪。火车上见田野绿意盈盈，时现花儿，虽零落，但已有满春之势。想起老家院里杏树，应已花蕾缀枝。此树在父亲去世后第二年自出，我从小爱吃杏，父亲这是给我送杏吃吧。自那之后，我就觉得这棵杏树有了灵魂，每次回去，必浇水呵护。去年结杏很多，因疫情无法回去，老母亲摘了一筐放在冰箱，等我回去，终未成行，母甚失望。今年春到，杏花应多，当回飨客。

③ 2022 年 3 月 9 日下午 4:35 分，学校正式封校，不进不出，我和许涓、姚伟嘉、汪丽勇、李钰倩、王婧、汪小花、朱耕康、郭兆文在校内，开始留守生活。当晚叶澜老师全家送来被子，大家将学院现有沙发、单人床整理分配出来，有条不紊。

76. 鹧鸪天·生日①

日暖情迷意滥觞，挥毫泼墨乱衣裳。
忽如醉醒寻旧忆，一日世殊愁夜长。
蛋糕糯，鸡汤香，守望相助心不慌。
夜风时疾逐疫去，樱花又开有人赏。

77. 手植桑②

去岁蜗居花盆中，志大徒羡他枝红。
今植红楼无限处，待君还时送春风。

78. 鹧鸪天·月下樱开③

月下樱开烂漫天，东风醉柳恰少年。
花酬殷勤人寥落，鸟遍枝头独飧闲。
待飘零，又一年，香归土泥寻不见。
晨扫门前几片叶，也无离愁也无眠。

---

① 2022年3月12日晚，怡菲订生日蛋糕，晓静和歆媛先后送来鸡汤、水果等。我开完学校防疫工作会议后到汪丽勇办公室，才见到他们准备的东西，疫情期间，特殊生日，无比感动。我要大家10分钟过完生日，因为今晚由个人申请，单位批准，报学校批准后可以离校，实施准封闭制度。最后，我和汪小花、朱耕康继续留守（俩小孩主动要求留下）。

② 2022年3月14日，接通知，疫情形势严峻。全校再次全封闭。安排好大家后，到楼前看前段时间手植桑树，叶已吐出，顿感希望。春天已到，未来已来。

去年百合送我桑葚泡茶，茶渣我倒在了花盆里，隔几日后，竟长出小苗。初不识，后才知是桑树，殊为惊讶，就任其生长。冬日移到室内，剪了枝。春节过后，待日稍暖，即移到南门外，小铲挖树坑，移新土覆之，浇水两次，希望数年后，同事可食桑葚。女儿之前也曾培育过一个仙人掌，初置小盆里，我以为只是观赏性的，只能长那么大。后来女儿去美国，我将之移到大花盆里，竟沿墙直上数丈，发新枝若干。物同人，人人都有小宇宙，只是时势所限，有的得以施展，有的始终无机会，人之异，只此也。

③ 2022年3月27日，去岁岁末，上海高校同行相聚，我与大家约定，今天在同济同赏樱。春节过后，即与邱利军、李海燕等一直忙着筹备公共语言应急服务平台联合发布会，计划上午开会，下午赏樱喝茶，晚上小酌。议程已好，邀请函已拟，尚未发，疫情突如其来，仍侥幸待变，嘱海燕照常准备，后见无好转之势，遂群内道歉："各位抱歉，疫情防控，同济樱花都封在校园了，本来已经安排了27日的学术活动和聚会，现在看来只能等疫情结束再聚，明年再同赏同济樱花。非常时期，各位保重。"大家均表理解并相约明年再见。疫情终过去，花开仍有时。

79. 鹧鸪天 · 伴东风[1]

忽雨忽晴忽梦惊，常思常忧常捕风。
堂前散竹渐成色，窗外闲鸟三两声。
落叶扫，待新生，浑然何须辨西东。
樱开又落期无尽，自赏也羞别样红。

80. 鹧鸪天 · 天酬勤[2]

云淡风轻又清明，星隐草沉鸟步庭。
日出急趋送餐食，归巢喜伴双蝶行。
辟田畦，尺不盈，月余劳作无软苻。
望眼欲穿三寸土，拔苗助长人常情。

81. 鹧鸪天 · 老夫又住少年楼[3]

老夫又住少年楼，欲说还休意气收。
风雨总卷满地叶，堂前竹乱争出头。
发搔长，懒动手，花开自落谁说愁。
望铺陡生英雄气，蜗行也不羡猿猴。

---

① 2022 年 4 月 1 日晚 9:43 分，接到通知，包括学院两名留学生在内的二十名学生需要复检，即点对点通知学生集合。11 点半接到通知开会，才知两管核酸检测发现异常，情况因此更加复杂。上海病例近 4 万名，巨大考验在面前。但前几天的抢菜情况已经缓解，家里收到居委会送的菜包，有青菜、鸡蛋、萝卜。学院组织了中外学生对话会。困难面前，信心和乐观最重要，进而逐一解决问题。

② 2022 年 4 月 5 日，今年清明节封闭在校，从 4 月 4 日晚餐开始，学生都足不出楼，由老师组成志愿者队伍，送餐到楼，摆贵勤、汪小花、朱耕康、沈建平师傅、何维琪师傅及我，每天 6:30 起床，与档案馆，艺术与传媒学院、能源中心等一起，逐楼送餐，送毕再吃饭。感谢食堂师傅，知道我血糖高，不吃米饭、细面，遂将米饭替换成一菜，因饭菜大家都统一，且供应紧张，我一开始拒绝，但林强老师等都坚持，我唯遵命，感念战友之情。

今早起床，隔走廊窗望外，见一鸟，在路上闲庭散步，黑猫一，以路基为掩护，欲捕之。垃圾车过，惊鸟，猫起身，无聊悻悻。送餐回，到学院南门外草丛中新垦而成菜园，系之前多日运土、填坑而成，先后种了南瓜、丝瓜、米苋、橘子，以去年花盆中所长出的桑树（封校前移植到户外，已成为菜园标志性植物）为中心，希望绿苗油油，偶有菜花。除桑树苗壮外，才有一南瓜苗。时时看，就有了入地三尺之勇，拔苗助长之概。寓言以之为蠢，实则人之常情耳。

③ 2022 年 4 月 13 日晚，按学校指令，到南校区西南十楼入住，适大雨，匆匆收拾，11:30 左 （转下页）

82. 赠小百合①

花开千树云七彩，桑添新叶迎春栽。

三月多舛何须记，赤橙黄绿青蓝紫。

83. 鹧鸪天 · 南校区的月季花②

相伴十载今识君，喜风喜雨喜煞人。

轻启丰唇意婉约，也红也白也浅深。

蓦然见，美惊心，最暖四季不留痕。

静待花落接一瓣，宜思宜梦宜香枕。

（接上页）右叩外门，门卫师傅开门，递钥匙，并抱来一床新被褥，B 楼 164 房间，是三人间学生宿舍，都上下铺，下书桌，上板床。我随身带了电脑、黑豆、黄豆、苦瓜片等降血糖等物，开门后发现无生活用品，就让同事又送来台灯、两桶水。入睡前，爬梯上床感觉很吃力，尤其是最近右腿剧痛，一瘸一拐。凌晨一点半，安排好第二天学生有序洗澡事，才入睡，第二天 7 点起，布置早餐派送事。

李文迪告知，西南十楼一男生无法蹲便，大家出谋划策，先是计划将一椅子中间挖空，后将三楼因装淋浴器拆掉的坐便马桶，改装成用塑料袋兜底方式，因原计划给他放在卫生间，但又担心伤其自尊心，我把改造过程和使用方法拍照片发给李文迪，去解释后对方接受，因男生住单人间，也方便。我还在全校疫情工作群内求助，有老师支招，也都采用土办法，校医院也无相应装备。贵勤、小花、耕康细心，等到晚上，用黑垃圾袋把马桶罩严，用小推车悄悄送去。到楼门口，为了不引人注目，我和文迪抬到三楼，给学生交代好使用方法，同时联系学生所在学院负责人，请他们也不要再问学生此事，也是为了学生自尊心。

① 2022 年 4 月 17 日，周日，明天周一，似乎不强迫自己记，就记不住日子，夜深人静，看窗外渐残圆月，恍惚间一切如常。西南十楼防疫工作专班商量，后面组织开展一些活动，主要是让学生放松心情，保持乐观，顺利渡过难关，包括姚伟嘉准备的“疫情期间阅读书目”，开展语言抚慰工作，组织“云游世界文化之林”，让留学生讲讲本国文化；与德文图书馆合办的线上线下的“行走看世界”，共同形成“同济大学南校区西南十楼文化抗疫系列活动”。晚上，与朱耕康、李文迪一起做了第一期《西南十楼防疫信息简报》，做了两次抗原检测，开了两次会，想起百合背给我听的苏轼的《赠刘景文》，模仿此作，压力要超越个体和具体，这样生活才永远是美好的。

② 2022 年 4 月 18 日，排队做核酸，在操场南门入口处，蓦然见一大片或一大簇白里透红的鲜花，有些已有倦色。自 2002 年随文化艺术系进驻体育馆西侧一楼，2003 年进第二教学楼文法学院，二楼办公室，三楼中文系，2007 年到主校区能源楼四楼国际文化交流学院工作，一直到 2009 年月 8 月，国际文化交流学院整体搬到南校区第二教学楼，我的同济岁月，基本上就是南校区岁月。但这么多年，尤其是 2009 年后，竟没注意到这里有那么美的月季花，纯洁、高雅，虽不华贵，但风姿绰约或绝代，默默地开在路边，不邀宠，不谄媚，自开自落，自赏自足。因为樱花，我们忽略了月季花和其他花，而樱花已谢，月季仍开。做樱花还是做月季，或者说，做名花还是就做自己的花，也类似于人必须作出的选择吧。

84. 鹧鸪天 · 南区田居①

竹喧穿雨风微醺，草长含鞶花洗尘。
蔷薇成篱初拭芒，闲椅添苔生精神。
猫更硕，田畦新，青苗乱出罔顾人。
横竖随意渐迷眼，谁引蝶来谁是春。

85. 鹧鸪天 · 五一劳动节②

日出新竹二三棵，鸟啄樟花下飞雪。
石罅也知绿意好，几处嫩色争日月。
南瓜秧，辣椒苗，万物皆诗尽可学。
客心期许常不符，萤虫也有天地约。

86. “五　月”③

一声新啼穿堂中，半楼隆隆半楼红。
五月一日天色好，风似花抚星满空。

---

① 2022 年 4 月 26 日，天雨，站学院东厅望窗外竹，听雨穿林声，有竹拔节声。3 月起，在南门外草丛中填土凿田，沟平畦出，什么都种：南瓜最盛；除将去年度过冬天的花盆里的米苋移栽于此外，还撒了新种，出苗无数，但长势不喜；另外还有辣椒、生菜、枸杞、秋葵、芫荽、葱根，以桑树为界，东西两畦，此时已成乱势，但青色怡然，我亦怡然。陶渊明曾“草盛豆苗稀”，我则草苗皆稀。一切生命，我皆喜欢。几天前操场做核酸回学院，见操场栏杆外一丛蔷薇已漫然一片，想起夜莺啼血，眼前顿时出现一朵红花，花有常开，人无常情。喜欢美好，人心定善。顺乎自然，何惧成风？

② 今天是“劳动节”，我在群内对西南十楼的小伙子们说：“今天是劳动节，小伙子们应有特殊的感受。谢谢大家的坚持互助，忍痛一时，受益一世。大家让我想到了自己的大学时代，想到了宿舍的老大、老二……我是老六，当时是 8 人一宿舍，我们至今都是最亲密的朋友，至今都还称老大、老二……论年龄，我是你们的老大，论知识，你们懂的比我都多，论经验，我可能比大家多一些。我们的知识、力量、信任合起来，没什么坎过不去的。给你们点赞，你们是了不起的大孩子。”

③ 劳动节这天，汪小花、朱耕康从二楼隔板上救出小黑猫一只，几天前就听其不停叫，初以为听错，但一直叫个不停，小花她们觉出异常，循声踩着凳子，从隔板上救出，果然是找不到妈妈了，已饿了几天。她们救其下来，马上喂奶，准备了纸箱作猫屋，我到三楼淋浴室接了温水，用洗衣液和消毒液混合，给其洗澡，小花用毛巾裹干，放好牛奶和吃食，关门放其自由。晚上我看了几次，每次开门，他都从电脑桌缝中出来玩玩即回，并不住在给其准备的纸箱里，习惯使其然。第二天，她们将其放回隔板上，是见到其兄弟姐妹们后放回了，也就找到妈妈了。我一直奇怪猫妈妈如何进了楼，有天做核酸从操场北门出，忽听嘶嘶爬树声，我们循声望去，见一黑猫爬到楼顶处，从树上跳到楼顶，转瞬不见，想必这就是其进楼之道、生育之路了。据说爱猫协会都会给猫们做手术，这只，应该是两只，就是漏网之猫了。选择在楼内隔板间生育，也有点迫不 （转下页）

87. 疫期见路边散花①

花开无主庸人忧，得风得雨何来愁？

猫蝶倦卧懒争宠，喁语星光扰我休。

88. 灯下劳蛛②

檐挑弓月升，夏至寄语风。

灯下见劳蛛，缀网著书中。

横竖七八行，所猎尽蚊虫。

雄踞有虎势，进退皆有成。

89. 抗疫母亲③

五月蜡梅正青涩，垂丝海棠失娇媚。

今朝散发遮素颜，也曾羞桃惭蔷薇。

任凋零，育子飞，眉深褶壑月成岁。

旧竹自绝寸寸朽，方得新茎百哞回。

（接上页）得已，类似“超生游击队”了。

今天是五月一日，她们给它起了个名字：五月。

① 2022年5月4日，陪西南十楼学生户外散步，按我们几个的分工，她们三个在西南十楼前，我在学院东侧并流动。今天天气好，花儿竞开。橘猫隐卧干训楼西墙外一棵树下的一片红花中，有虎踞之势。但喜欢花草的“虎”，应有良善之心吧。世间最具生命力的，常是无名无势的，譬如小草，譬如遍地不知名的小花。

② 2022年5月5日，今日立夏。因4日晚西南十二楼紧急制动，遂迅速对西南十楼防疫工作紧急调整：取消中午学生购餐，恢复送餐；洗澡暂停；下午核酸检测路线调整并不安排散步。一天在紧张不安中度过。晚出，见弯月在房檐，犹如弯弓挂檐，天无云，只余蔚蓝。回办公室小憩，竟见台灯下不知何时结了蛛网，以灯面和电脑前的书为支架，几只细小的蜘蛛忙活不停，本拟点蚊香驱蚊虫，现在也不用了。“缀网劳蛛”，靠劳动吃饭，也是在书写自己的收获，光荣。

扫樟树落花数箕，悉数撒到南门外田畦。早晨见米苋丛中，忽现新苗，若是杏苗，可能是去年百合送我的新疆白杏，我曾将杏核埋在某个花盆里，后来南门田成，将花盆里的土尽数倒进田畦，虽抱希望，但实是戏玩，没想到竟然成苗。前几日移种桑树时曾想再给它找个伴，就是在如今杏苗位置植棵杏树或桃树，没想到梦想成真。吉兆也。

③ 2022年5月8日，母亲节，因处疫情，尤显特殊。早晨给母亲、姥姥、女同事各发红包，以壮士气，坚持抗疫到底。同发所种南瓜秧照片，众皆提供菜谱，如辣椒炒、凉拌、南瓜花饼等，疫情期间，蔬菜尤难，大家睹秧思菜，也是常情。

常观南门外青竹，见竹密处常有死竹，以为是老竹自绝，为新竹让生机。为人之母，犹如老竹吧。

90. 鹧鸪天 · 猫蝶戏①

云遮晨曦薄雾漂，松针新出作黄毫。

昨夜满地樟树花，驱除疫毒尽清扫。

猫弄蝶，蝶戏猫，笑乱细蕊竞细腰。

几只闲鸟急趋至，相顾一笑啄腹饱。

91. 月下独坐（二首）②

一

独坐孤月下，左右无故人。

蓦然见新竹，高节已成真。

清幽怀抱在，细雨未拂尘。

万籁俱寂寞，一点自在身。

二

旧林今春寥，在腹成竹高。

多少不毛地，摇曳青青草。

野花时缠膝，扎篱蓄秧苗。

鸟闲也看云，狸猫戏黑猫。

92. 鹧鸪天 · 一猫一叟一片瓜③

新星披云烟笼纱，夕阳钩悬火遍洒。

枯枝绕绿秋后实，枇杷熟在他人家。

半堵墙，隔羡煞，恨苗迟迟几欲拔。

同看荷花玉兰归，一猫一叟一片瓜。

---

① 2022 年 5 月 11 日，晨起，临走廊东窗观猫蝶戏，猫欲捉蝶，蝶起落避之，翩然野花中。猫常戏鼠，今被蝶戏，亦报应也。几只仙鸟，在旁踱步，啄食花籽，自成食物链了。

② 2022 年 5 月 13 日，两日细雨，月出雨停。从西南十楼回，院南门外长凳小歇，但见薄雾遮月，云移月游，眼前竹林，已添新枝。才知竹长，先拔节，再伸枝，再发叶，节节高，是为脱颖而出，待有势，再缓缓发新枝，开新叶，自然之道也。周围无人，仅有新种南瓜已成秧，雨前所洒樟花，仍沾瓜叶未落，本拟借雨清新，未如愿也。月下群猫嬉戏，俯仰起伏，亦嗔亦怒，虚虚实实，自成一世界。浮生难得片刻闲，今才月下独自身。人生至乐，常是苦中作乐。

③ 2022 年 5 月 16 日，夕阳如血，月似银盘。日好月好，自然之道。校园值勤时，借助 （转下页）

93. 西南十楼①

五百壮士笃信行，千手同拧一股绳。
心有情怀能望远，肩堪担当重若轻。
井然有序根盘结，有条不紊伴阴晴。
一云冲天迎旭日，接光遍洒同济樱。

(接上页)形色，才识南校区荷花木兰，花开如荷，洁白如雪，名为木兰，是否因花有花木兰之英雄气？不娇不媚，不俏不丽，花瓣厚重，坦然大方，不似群花簇拥，相互借势，而是一花一势，一花一美，磊磊落落，蔼蔼然君子之风。

操场值勤时，见西墙边人种豆角、黄瓜等，已须绕枯枝，盘旋上缘，或倚墙立枝；北面原是铁栅栏，因疫情防止递物，新加了隔板，墙外一棵枇杷树，果实累累，已渐熟可食，奈何隔墙已分两界，徒羡而已。

值勤归来，带着一肚子羡慕，抓紧打理自己的田园，园内已有米苋、黄瓜、小葱。辣椒苗已死，南瓜秧中间两棵因此前放樟树花埋住了根部，一下雨发酵温热，根烧断；一棵杏树苗被发现后宠溺过度，日日浇水，施肥，根亦烧黑，几度拯救，终归不治。但所余6棵南瓜苗，长势很好，根部也做了清理，一好心人一天早晨间苗，将一些分叉和公花花蕾摘除，我还以为被猫或某种动物破坏（小朱见过有黄鼠狼），甚至想到将水桶剪成保护盖，后得知人善心而为，始放心。

“国交院南瓜”，已成南区一标志性所在，常听窗外有人问国交院所在，即有人答“有南瓜的那里”。好在南瓜有知，已结数果。其他所植，不敢常看，因每看必有拔苗助长之心。一名女士说她曾种南瓜结一果，因另两位女士天天去看，结果看没了。我一笑，说看不会掉，是看了就想摸，摸掉的。

打理田园时，橘猫就站在墙沿，一动不动地看着我和田，我停工，她才慢慢退到窗户外，转过身，跃下，找猫伴玩去了。

① 2022年5月25日夜，独坐南瓜田旁，橘猫为伴。自22日起，学生可以陆续返乡，十楼学生降至255人。为缓解学校压力，我和专班商量，主动承担存放南校区返乡同学的行李，其中拟通过菜鸟驿站寄送的，暂存国交院，待择日集中寄出；保研同济同学的行李，则暂存国交院，待开学后他们返校后来取。力所能及之事当做，让孩子们安心返家，这是原则。

自4月13日晚入住西南十楼并组成专班，包括汪小花、朱耕康、李文迪和社区辅导员肖越、学生楼长权宸祺，A1楼层长郭力宁，A2楼层长杨宇昆，B1楼层长刘一特，B2楼层长王一凡，B3楼层长朱鹏高，国交院班子和全体老师配合，通过组织“西南十楼文化抗疫”系列活动，以“文”抗疫，为西南十楼学生定向设计了“抗疫疗心推荐阅读书目”“中国政府奖学金预科助教项目”“五洲风情展示｜世界疫情大作战”“‘画’解疫情”“世界同行——国际学生绘画展”“身边的美”摄影展、“抗疫应急语言服务”以及讲座“向世界讲好中国故事：讲什么与怎么讲”等活动，通过中外融合的线上文化交流活动，给予南校区学生以精神鼓励和成长引领，迅速形成了“西南十楼抗疫文化”，让学生们不分专业，在各自所在学院的支持下，凝聚在“十楼”这个概念和旗帜下，以十楼安全为首要，以十楼统一工作部署为标准，按照学校要求，有条不紊、井然有序地开展工作，有序、有节、有度，以关爱为方法，以善心和公心为基础，形成了“天下无恙，共沐春光”为口号的行动纲领，大家付出了艰辛的努力，一丝不苟地完成防疫工作，使十楼成为南校区唯一无阳性、无无症状感染者的楼宇。最平凡的人，往往做出最了不起的事，每思及此，即欲落泪。大家表现出的奉献精神、牺牲精神、合作精神、理解精神、规则意识等，充分证明了这代青年人靠得住，能接班。作为指挥长，常想写点什么，但因为目之所及皆为感动之事，反而写不出什么了，只能把最家常的话写出来作为纪念。最平易的感受，往往因为感触最深。

94. 解　封①

六月一日非常新，二千五百万姓人。
清早刈草群鸟至，满腹实籽长精神。
木兰女贞失婉约，木槿四季迭送陈。
闻声开窗接蚊进，物非人是竟哽咿。

95. 鹧鸪天·送朱耕康离校②

百日风雨烟雾消，一线薄绸云际遥。
冲锋飒飒立天地，躬耕兢兢育青苗。
搭高台，接幼猫，三餐殷殷犹嫌少。
挥手难别不堪送，琵琶轻弹泪芭蕉。

96. 木槿花（二首）③

一

百花斗艳芳，蓄势待夏阳。
秋竹已苍然，嫣然仍自量。
江南偶飞雪，丹眉敷白霜。
四季不择时，一瞬日月长。

---

① 2022年6月1日，今日上海解封，恰逢儿童节，有新生之意。晨起，心情莫名好得多。

除草师傅能进校了，在修剪草坪，草籽落地，吸引了很多鸟儿，大有饱腹无法动弹之感。荷花木兰已渐渐掉落，花枯时呈棕色，一片片掉落，落仍矜持，不失风度。女贞曾香遍南区，在体育馆做核酸入口处，此时已落尽，香气也尽失。

因学生已离校大半，社会面清零，校园管理虽然依然严格，但毕竟内心轻松了些，一放松，困意就浓，整日瞌睡。想起封控期间一次次心惊肉跳，提心吊胆，夜不能寐，就更珍惜近日的解封，所以虽然蚊虫肆虐，但今日开窗看窗外树、树间猫，有蚊进，竟不避不拍，犹如老友重逢。时不待我，日去不回，幸大家平安。

② 2022年6月9日。今天起，学生刷卡可进入图书馆、教室和体育场所。不再组织集体户外活动，核酸检测与抗原隔天做，不再同一天都做了。隔窗望校外赤峰路，已是车水马龙，凌晨仍不休。一座城市，开始缓过神了。

小朱今天离校，自3月9日封校至今，整整三个月，风雨无阻，冲锋在前，事事细心，一心为学生，让我感动流泪。送小朱出校后，独自在阳光下走了很久，几次泪湿。抗疫，将成为一种精神，更凝结了真诚的友情。良善之人必有好报，唯愿她一切更好。

③ 2022年6月18日。今年疫情封校期间，才知道身边就有那么多名花。窗下一棵木槿，四季都开，之前一直奇怪，但始终没查芳名。疫情期间时时进出，每见都有几朵盛开，李白曾赋诗赞之。对面石 （转下页）

二

风暖到肃杀，临窗皆槿花。
群芳早已歇，累累叠新芽。
晨开尽日柔，夕撒一地霞。
新叶前指路，丛丛矢羽发。
鸟过喜驻足，喳喳闹一家。
荫疏猫不顾，仰伏戏参差。
斑驳自绘影，何来岁月杀？

97. 女儿的父亲节①

爱如山重情何堪，似水流年腰间环。
摘星揽月当然事，伏地做牛心自甘。
纤纤手，法无边，指鹿为马不二选。
老藤延脉筋骨断，油尽灯枯死灰燃。

98. 鹧鸪天·七月一日送战友②

风急飞舟摘星栽，六万子弟共咏怀。
黄浦两岸同弱冠，纵横大地写情怀。
百多天，历打摔，擎天骨硬宽胸怀。
挥手去也相濡沫，济世同袍气冲怀。

（接上页）台上、竹林旁、篮球场上，也有数株，其他花儿春天开春天败，木槿却是四季都开，有花枯，有花怒放，也花蕾新出，层层叠叠，前败后开，四季不穷，不娇艳，但软绵绵地娇羞；不邀宠，所以无人驻足观赏。然而自赏不孤，自成一品。特殊时期，日夜相处，有种战友的感觉了。前几日大风，窗下一株吹断一大枝，已被锯掉运走，顿觉遗憾，喜的是对面数棵都在。我在其中一棵木槿上挂一红纸，祈愿人人平安。

① 2022 年 6 月 19 日，父亲节，女儿一个月前就祝父亲节快乐，18 日又祝，思念父亲之深故也。但请她写几句祝福语，却没回应。父爱如山，常作为一句褒语，我却不赞成。如山的父爱，有时会给孩子造成很大的压力，如“三座大山”，常有难以承受之感，我更倾向于“父爱如草，如水”，草如日常生活，无轰轰烈烈，大起大落，但日新日日新，不经意间的长相厮守，这才正常。而做了女儿的父亲，感情更为复杂，只想着一心呵护，愿为女儿做一切，失去自己的一切，即使女儿惹我生气，亦觉甜美。“女儿奴”从来没想着反压迫，而且反对别人鼓动自己反压迫。

晚梦见女儿小时吃饭做作业情景，以及自己怒不敢发又难免形于色的窘状。晨没话找话，让女儿发来烫发新发型看，女儿回复：我何时烫发了……过一日又回：您妄想有点严重……又过一日又回：真是妄想。

② 2022 年 7 月 1 日晨。林华 6 月 5 日进校，今天一早返家；时玥 5 月 30 日进校，到西北一楼驻（转下页）

99. 鹧鸪天·百日离校①

天远云静倦舒腰，气燥风闲鸟飞高。

出门恍然人依旧，回首婆娑脱战袍。

三更铃，床乱摇，步步惊心事无小。

几回凶险赖同心，仰天大笑通壤霄。

100. 题小花兼送汪小花赴日②

风轻拂面也扶摇，墨守时序不妖娆。

随遇皆缘作芳邻，招惹蜂蝶生热闹。

春歇蝉燥霜寒逼，即使零落矜蛮腰。

枯荣自在有天意，雨疏雨急无多少。

（接上页）楼，昨天也返家，又是一月过去。今天老师进校权限开通，可以刷卡进出校园了，泪下。起，见天蓝云白，星仍隐约可见，大门已恢复常态。29日学院毕业典礼，30日学校毕业典礼，黄浦江岸外滩夜，同济专场送战友。

在毕业典礼上我说了这么几句话：从师生的发言中，我感受到了师生们对同济大学、对国际文化交流学院的真挚感情！我为“师长将学生当作自己孩子教育”所欣慰，为“学生将师长当作家人一样亲近”所感动。四点希望：一是希望同学们不断增强自我的合作意识与能力、培养自我的工匠精神；二是希望同学们在面对困难与挫折时保持积极乐观的心态、学会正确处理自我情绪、不断增强自我忍耐力与克制力；三是希望毕业生们永远记得同济大学和国际文化交流学院，永远记得在同济大学相遇的每一个老师、同学与朋友，永远记住在同济大学的所得、所感，包括所失；四是希望同学们永远秉承同济精神，以及将在同济大学习得的宝贵知识、宝贵技能运用到以后的工作与学习中去，用自己实实在在的行动传承同济精神。

① 2022年7月4日，离校。自3月9日封校至今，整整114天，几多焦虑，几多无眠，几多欣慰，几多欢喜，七上八下，忐忑不安，夜阑卧听风吹雨，也无风雨也无晴……尤其是住楼的那段时光，几乎夜夜睡不好，因睡上铺，我右腿那段时间恰剧疼，夜夜疼得睡不着，若再发生需当场解决的事，无论何时，都一定会爬起来下床到现场，一次几乎从床上滑落下来。同事多劝我回学院休息，后实在难忍，就12点左右待学生入睡后回。现在想想，这段特殊的艰难经历，也将成为一段特殊的财富。就如我对毕业生所言：“今年是一个特殊的毕业季，只要不被困难裹挟着下沉，而是变困难为挺起的支撑，就一定能更深刻地领会生活的辩证法，更自信乐观地面对未来的一切。人生不如意事十之八九，人的成功都是建立在不如意事上的。学会在困难中乐观生活，才是真正懂得生活，相信经历了疫情考验的大家，会有一个不一样的人生和未来。”

出门见人来人往，与疫情前几无二样，只是路上多了几个核酸检测点，回归平常，真好。

② 2022年7月14日，汪小花赴日。自3月9日起，留校抗疫，事无巨细，精益求精，冲锋在前，无畏无惧，常常让我感动。10日本约她进校聚一聚，但学校未批，遂约在校门口见，然后到全家超市稍坐，交代了一些赴日注意事项，因心里难受，就没多聊。好孩子总会事事顺利的。

想起疫情期间随处可见的小花，一丛丛，一片片，倒比名花更能装点春天，就如人间，真正的生命力总在民间，在不经意间，而非大起大落，大红大紫。极艳者，常昙花一现；极弱者，常绵延不绝。

101. 夜鸣蝉①

叶焦汁露干，夜深仍鸣蝉。
星明风气清，楼阻气息短。
寸土寸金地，踅摸一孔眼。
何不振翅去，也可向青天。

102. 树与花②

春来一场雨，花放四万池。
蝶舞戏粉色，蜂吸尽新汁。
树本铁石心，日久情益实。
晨醒睹刈净，顿枯半边枝。

---

① 2022年7月26日晚，酷热，心燥，窗外蝉鸣仍不断，自已热，就叫出来，全然不顾单调的鸣叫给人和其他动物带来的烦躁。上海今年奇热无比，近一个月天天高温，知了也是受不了吧。人因各种限制无法随意，知了有翅膀，为何不展翅飞出都市森林，寻觅一自然所在，脱酷暑，返自然，多同伴。仍眼界所限，一飞不过树梢，不知有青天，自然无冲天之志。

② 2022年8月6日，雷暴雨后。走廊东窗望外，见前几日突然枯萎的树枝已被砍掉，白花花的伤痕刺眼。想起疫情期间，树叶翠绿，树下一片姣红的小花，阳光映蓝，猫藏其中，一猫一树尽花，满眼都是春，满心都是故事。不知为何总要一遍遍把草除尽，坦露丑陋的疤痕。当时望着树下的花，担心树遮住了光，花开不尽兴。没想到花被除净，曾遮挡光的几株树枝竟然枯了，难道就为了给明年的花儿留出光照的空间？还是我当时的心思树有感知？生物相依生存，共生共荣，自然之理。今人多不知此理，不如树，不如花。

第三部分　路拾录

1. 骄傲而不傲慢；自信而不迷信；自强而不逞强；快乐而不独乐——这是中华民族文化的骨血。
2. 文化自信是平视的自信，自信才有文化平等的态度，才有文化共生的胸怀，才有文化共荣的情怀。
3. 文化实力不但表现为创新能力，而且更表现在“守旧”能力——保护历史文化遗产、维系民族根脉。
4. 缺乏看透事物本质的意识和能力，往往只会理解中华文化的表面，而难以深入中华文化的本质和精髓。中华文化能培养智者。
5. 顺其自然是文化发展的内在逻辑。
6. 血液只有顺着血管走，生命才能成为生命。文化自有纹理，犹如人有毛细血管，微小但必不可少。
7. 万物自有道，人岂可勉强！文化交流，也得顺其道而行，自然而然。
8. 文化误读本身可能并非出于恶意，只是源于个体的文化修养差异和不同民族文化对个体影响而形成的不同思维方式。
9. 消除文化偏见，有时就像俟河之清，有时需要针锋相对的反击。
10. 文化走出去遇到问题是客观形态，所以不能成为停滞不前的理由。因为只有往前走，才能解决问题，解决了问题，才是真正往前走了。当然，还会出现新的问题，但已是更高发展阶段上的问题了。
11. 世界多极化态势下，中华文化走出去要变被动为主动，变单向思维为多维思维。多开路，广交友，深藏粮。
12. 静待花开还是催花早开，这是推动文化走出去的两种形态，代表了对文化走出去的不同认识。掌握好花期的同时，酌情催开，会提高花的价值——就如市场上的鲜花。
13. 好事情就要发酵，捂住或透气效果不好就会发馊。中华优秀文化走出去，就是源于这个目的。
14. 中华文化走出去就是一艘巨轮，我们就做挂在船舷上的轮胎。轮船驶进春天，我们也就到了春天。

15. 过河前与过河后的小马外表还一样，但内心已不一样了。走出去前的文化与走出去后的文化发生了哪些变化，也要像小马一样思考与总结。
16. 剔除文化自信中的自卑底色，提防文化自卑主导文化自信，这是所有文化走出去且走好的前提。润泽如玉地体现出自信，才能感染人。
17. 待人挖掘的参，可能永远无人发现、发掘，虽可成老参，但没产生实际作用，价值就没有体现。文化要主动走出去，原因即此。
18. 深挖坑，勤栽树，广分果——中华文化走出去的三个阶段，也是三个目标。
19. 中华文化走出去是要在无路中走出路，可能窄，可能短，但属于自己。
20. 中华文化走出去需要制定标准，但不能基于标准去向世界讲中华文化，而是要标准里的某一个点揉开了，讲通了，才算数。软硬结合，风雨过后才会出现彩虹。
21. 大音无声，大德无影，行云流水——意识不到在“传”，而只是在“流”，就如江河顺势而行，这应成为中华文化国际传播的常态。
22. “百姓日用而不知”，这是中华文化世界化的目标。
23. 文化传播借船出海的时代已经结束。
24. 文化传播的原则之一：用心不用谋，更不用兵。
25. 文化是软实力，但最终会成为硬实力的一部分。所以，只有把软实力当作硬实力一样重视、一样推动，才能实现文化传播的目标。
26. 一切事业的成功，归根结底靠的是文化。因为事业是人做的，靠的是人已有的文化和工作中创造的新文化。
27. 在文化交流中得到一定锻炼和培养的人，往往能走得更远，走得更高。
28. 文化“无用”，但温暖人心；灵魂相通，至功至用。
29. 世界不同文化之间交流的目的是要实现文化之间的和谐共生。
30. 一条街只一家店，生意一般不会红火；春天只开一种花儿，不是真正的春。形成市场，各店才可能均利；百花齐放，花儿才有春的气息。文化交流，必须形成对流。
31. 人掐腰，有时不是因为强势，而是因为体虚。文化交流中也有类似现象。精准研判，才能虚虚实实，应对有序。
32. 光，照到能反光的地方，才有对流，才更有价值。不同文化之间的交流，既要对光，也要反光，甚至要对射。最让人绝望的，是我们的光坠入无底的暗黑。发光前先寻

找光源，再实现对照，就是精准传播。

33. 我们可以坚持文化自信，在中外文化交流过程中，我们却不能让人看出我们的文化自信，更不能主动炫耀我们的文化自信：沉静似水，暗流涌动。

34. 文化交流常常借力成势，但也常常忘记借势发力。

35. 成功的文化交流都讲方法。从对方角度讲，问题相对容易解决。

36. 一切文化交流都需要手段，一切文化交流的最终目标和最高境界都是“无交流”的交流，即不需要特殊的手段。

37. 文化之间的平衡是暂时的，冲突是永恒的。

38. 蚂蚁看羊腿长，大象看羊腿短。文化之间的差异化认知，大多如此。

39. 世界性的经典作品，文化立场都是间性的。间性不是妥协，而是包容基础上的世界性。

40. 每个中国人都只是一根细弱的芦苇。但在中华文化的世界风中，每根芦苇的每一次摆动，都应形成风。

41. 文化传播不能等时机都成熟再做什么，世上从来不存在成熟的时机，只有接近成熟的时机。

42. 若把当前的中华文化国际传播当作一幅画，那么现在要做的不是先工笔于细节，而是先写意，先画框架，勾勒出设计图，再徐徐填色完善。

43. 国际传播专业人才培养必须跨专业、跨领域、跨国别培养，一专多能，一能精专。

44. 文化国际传播已成为国与国之间政治互信与经贸交流的基础，可以成立跨国别的国际传播机构协同机制，各国相互协调，帮助其他国家文化在本国的传播，形成你中有我，我中有你的文化共生新生态。

45. 文化国际传播是一项综合性、复合型、复杂性的工作，而目前相关组织架构、实施体系、人员构成及人员知识结构都相对简单化、单一化。基于国际传播岗位的特殊性培养符合特殊需要的“特殊人才”，就是中华文化国际传播的“足下”。

46. 目前中国的国际传播者中，很多论道者不懂术，懂术者不会论道，造成传播效果的低效能化。未来应加强培养“能说会道、道术兼通”的国际传播人才。

47. 国际传播人才培养未来应“内培与外用”相结合，形成以实用为导向，以解决国际传播实际问题为标准的课程体系、跨文化交际技能训练体系。

48. “一年之计，莫如树谷；十年之计，莫如树木；终身之计，莫如树人”。中华文化国际传播目前属于“树谷”阶段，但必须以“谷”育人。

49. “摇笔起风霜，推诚结仁爱。”“斯人纪仁爱，几磨南山石。”这是古人的传播观，既是我们传播的内容，也是原则。

50. 建立“节能型”中文与中华文化国际传播资源投放机制不是小气，而是有度。

51. 文化传播的三个境界：(1) 你是你，我是我；(2) 你中有我，我中有你；(3) 我就是你，你就是我。

52. 文化传播有时直截了当是最好的办法，只要出于诚心、善心。

53. 只有真正打动最柔软的人心的中国故事，才能获得最理想的传播效果：心心相通。

54. 文化传播者不会盲目选择传播对象，但不一定都能准确选择传播对象。

55. 中国文化的国际传播可以推动实现不同文化之间的互利共生，但与其他文化之间并非绝对平衡的共生关系。

56. 培养中国国民、教师、学生的国际传播能力比研究国际传播本身更重要。

57. 提升国际传播能力，需要“针尖对麦芒”的国际传播精神、应对方案和途径，需要培养国外民众与中国思维方式趋同——用中国的思维方式思考中国问题。

58. 中国文化的传播者向世界展示真实、立体的中国，既要加强自身对中国传统文化和当代中国的认知和理解，也要培养换位思考意识，养成换位思考习惯。

59. 制定跨学科、跨行业的中华文化国际传播能力考核标准，决定了中华文化走出去的未来。

60. 文化传播者既要能胸怀世界——实际工作能力、社会实践能力、解决实际问题的能力；还要有主动融入世界的胸怀——滴水汇入世界之海，才能有机会获取大海的能量。

61. 躲在避风处，虽可得到一时的安静，但也错失了天边外的风景：文化传播要主动作为。communication 前缀是 com（e），后缀是 on，come on，就是要动起来。

62. 讲好中国故事——怎样算讲好？讲好的中国故事——什么是好的中国故事？讲故事者首先要弄清楚。

63. 讲故事，要争取主场；而主场不易，时机易失。只有中外合力共建，才能夯实地基，共享故事。

64. 向世界讲的中国故事不求全，但求准；不只让人听，还要引导听者讲，形成世界故事汇，这才是我们的目的。

65. 如何以“偏”讲“全”，以“缺”讲“圆”，以“危”讲“机”，以“苦”讲“甜”，这就是向世界讲好中国故事的辩证法。

66. 向世界讲好中国故事需“四心”：善心、暖心、精心、细心；“二意”：诚意、爱意。

67. 向世界讲中国故事犹如发面做馒头，如讲不好，就把发面做成了死面，俗称面“气死了”。事实上，很多人就是这样的厨师。

68. 国际学生的中国故事能不能讲好，讲了能不能让外国听众听懂，听懂后还能理解和赞赏，与国际学生讲中国故事的意识和能力密切相关。

69. 提升国际学生讲好中国故事的能力，也是立德树人。

70. 让留学生真正了解中国，要推动他们用脚去走，用眼去看，用心去想，用情去说。

71. 国际中文教育市场化已势在必行，市场会激发中文的国际传播力和影响力，才会有真正的持久发展。市场化必须立足当下，着眼长远。

72. 以中文教育的国际化，激发不同语言文化交流共进，共同搭建多语言互动互炫彩虹之桥，给疫情下的世界带来清新的希望。

73. 未来国际中文教育必须从“中文教育”向“中文能力教育”转变，即以中文教育为基础，培养中外学生讲好中国故事的综合能力。

74. 只有自己更好地理解中国，才能帮助别人更好地理解中国。

75. 通过语言文字的学习和教学，传承民族语言文字的文化血脉，哺育能够担当中华民族伟大复兴历史使命的擎天柱、定海神针，事关国家存亡、民族兴衰。

76. 语言文字里有民族魂在，有民族情怀和胸怀在，老师都应从学习民族语言文字入手培养自身的立德树人能力，并贯穿教育全过程，教给自己的学生们也懂自己民族的语言文字。

77. 人类命运共同体构建标准依托的是中华优秀文化的标准，中华优秀文化基于世界和平理念形成，其标准是天下为公，从这个角度讲，人类命运共同体的标准在某种程度上就是世界优秀文化的标准，换句话说，中国的标准，即世界的标准。

78. 人类命运共同体是主张各国文化协同发展、相互尊重，不同国家在掌握独立命运的基础上为人类共同命运奋斗。

79. 构建“人类命运共同体”理论话语体系要基于中国优秀的传统文化，基于中国人的世界观、人生观、价值观、命运观、自然观，立足区域性的典范经验和模式，形成具有人类共通性的中国特色理论体系，最终推动中外文化交融，实现中外文化共生、共兴、共进、共荣。

80. “一带一路”文化经典化先要向国外民众说清楚我们为何建设“一带一路”，从中发掘全人类共同体价值。

81. “一带一路”是实现人类命运共同体的试验田，推动中国与一个个“一带一路”国家共建命运共同体，是当前人类命运共同体建设的关键环节。

82. 世界不同国家、民族之间的关系，如同人与人之间的关系，谁也离不开谁，所以应该互相支持，理解差异，协调发展。

83. 世界充满差异性存在，我们等着被认知，更要主动去说明。

84. 文化差异不可能消除，但差异可以达成理解：差异性理解就是沟通了。

85. 感悟世界，就是感悟差异：这就是和谐生活。

86. 中华文化与其他文化的融合是历史传统，也是将来我们要传承、延续的传统。

87. 中外文化要相辅相成、互为支撑。落点在事，关键在人。

88. 我们处于同一个世界，但我们处于不一样的世界，人文交流，始于此，也终于此。

89. 做学问小聪明最害人，尤其是还拿小聪明当真聪明。

90. 基于自己的缺点看待别人的缺点，自己会变得宽容，别人也就变得更好了。

91. 缺点多但不掩饰还勇于改正，就是优点。

92. 做成一件事要坚持三原则：思路高站位，问题小切位，影响全方位。

93. 世上挖坑的多，种树的人多，挖别人种的树的人更多。

94. 世上给人挖坑的多，拉人出坑的少，推人入坑的人也不少。但只要不被埋，每次跳出坑都会长高一些。

95. 要做成一件事，谋事不谋人，否则会陷入人际关系的总和，成为零。

96. 凡事发展中遇到最极端的障碍时，往往就要开始好转了。

97. 凡事总发出负面声音的人，多是一些无良之人。常常不愿付出，只想获得。

98. 躺平的可悲，是希望最好躺着还有人喂，喂得不好还不满意。

99. 钱用来做事，这是钱的价值所在。

100. 理论都是能说明问题、解决问题的。但现在常常唯理论，从“理”到“理”，看似有“理”，实则无“理”。

101. 最喜欢沙漠上的草，石缝里的草或花的生命状态：她们没假装对自己的生存处境一无所知，而是一直清醒地挣扎求生，甚至想融化坚石。这个过程本身，已然凝结为一种力量。所以，对她们而言，不存在失败。

102. 人要知道自己是自然的一部分，知道了这一点，你就是伟人了。而伟人更要服务自然，并且帮助他人认识自然。

103. 人与人的信任和互助，是世界信任与互助的原点。

104. 这个世界，若人以人与动物相处之道处人、处国、处世界，则世界和平。

105. 养猫者学猫叫，养狗者学狗叫——人在自我退化。

106. 人驯化动物的时代已结束，现在是动物在驯化人。

107. 同类难处，所以同类成了异类；异类易处，所以异类成了同类。相处和谐的同类，才是真正的同类。

108. 因为相同，所以不同；因为相爱，所以相怨；矛与盾，才构成和谐。

109. 吵架，有时说明关注；指责，有时说明关心。不同的外衣，常常包裹着相同的爱心。

110. 每一个鸟巢都是一个爱与美的世界，人类命运共同体不是要把每一个鸟巢扩大或把一个个鸟巢连成一体，而是要每一个鸟巢里的鸟儿都能无忧无虑地生活、歌唱。

111. 学术：看到萝卜就是萝卜；学问：看到萝卜不见萝卜，如同看到洋葱、番茄……但实际上没看到任何具体的物体，只看到共同的本质——生命。

112. 诗无酒不真，酒无诗不纯。就着诗喝酒，是酒圣；就着酒写诗，是诗仙。

113. 只考虑事少考虑人，否则会陷进去。

114. 信息时代，人无秘密，良善之人会多，因为做坏事的机会少。因此，善非天生，除了需要培养，还需要监督。

115. 常寿之人，必有良善之心；怀柔之人，必达天下之志。

116. 丑（粗）陋的历史有时更真实。

117. 人常常不珍惜身边的人，非要隔很远的距离才懂得珍惜，甚至死亡。

118. 心中有别人、有他人的事，他人就会心中有你的事。

119. 没得到的东西可能恰好是救了你；丢掉一个东西，可能会得到更多东西。就是因为一件事失败了，你才会做更多的事。

120. 鲜花烂漫时在你身边陪伴，风雨如晦时唯恐在你身边陪伴，这样的人，越早断越好，且不要藕断丝连。

121. 孤独的时候，往往是你失落、失势、失败的时候，却也是最能识人辨事明理的时候。一旦东山再起，你往往能走得更远。

122. 人如一只知了，读书就是为了长出翅膀，不读书就会如翅膀没长好的知了，就飞不了，还容易被人捉住，被捉住了都不知道为何。

123. 有脾气的男人常常不可爱但相对真实，没脾气的男人常常可爱但不真实。

124. 事成多因人，祸临总因己。

125. 心有杂念，就会受骗。人生也一样。

126. 修剪过的篱笆整齐，但每棵枝条都有伤痕，每棵枝条都受到挤压，没有一棵枝条突出；野生的植物凌乱，但自有序列，保持了各自的完整，每棵枝条都尽情生长，总会有枝条脱颖而出——这也是人生的两种选择，只不过人常常没有选择的机会和条件。

127. 蚊子飞进来，我抡起胳膊拍打，手臂发疼，蚊子依然活跃——大的未必战胜小的，关键是准不准。

128. “危”到一定程度就会有“机”，破釜沉舟就是这样。孔子学院现在就面临这个关键性的转变。

后 记

1998年8月，我入职同济大学文化艺术系，当时同济大学留学生汉语培训就由我们这个系负责，所以我是一到同济就开始承担留学生的教学工作，但并未作为主业。2007年进入国际文化交流学院工作后，留学生教育就成了我的主业，我上过几乎所有类型的课，教过几乎所有类型的班，从汉语拼音到建筑汉语，从新闻听说到高级汉语，从零起点班到高级班，等等。课余，尤其在节假日，我有时请留学生到家里做客，有时受邀到他们宿舍里做客，接触多了，交流多了，我慢慢从关注留学生的学习成绩、语言表达能力，到重视留学生讲好中国故事能力培养这个问题。不论留学生出于何种目的来华，学习什么专业，将来从事什么职业，讲好中国故事都应该成为他们的一种最基本的综合素质，这是他们的中国烙印，有没有帮他们烙下这颗印，烙得深还是浅，可以作为判断留学生教育成功与否的标准。

基于这样的考虑，我断断续续将2007年至2018年2月之间的一些工作记录了下来，并将其中与学院发展关系比较密切的若干细节连接起来，尤其是与留学生教育改革与讲中国故事能力培养相关的内容，整理成这本小书，作为学院院史的一个片段，献给所有关心支持学院发展的中外朋友，为新老同事回顾或展望提供一些线索。本书的作者，是国际文化交流学院所有的师生，书名《同济集》，意即在此。

“刻舟记”延续了我“文化屐痕”系列丛书的惯例，是以顺口溜的方式将生活中的瞬间想法以“诗”的形式记录下来，多与文化感悟有关。其中收录了2022年3月至7月上海抗疫期间与同事们、同学们并肩战斗过程中的感想、感慨和感悟，每读欲泪。录写在此，作为一段“同舟共济”特殊时光的个人记录吧。

“路拾录”记录的是我日常生活工作中随时随地的点滴思考，瞬间而成，瞬间而逝，都是即时写在手机备忘录上的，也可称为手机写作吧。

“大道至简”，我们日常生活和工作的意义，都在于此了。

20 多年过去，弹指一挥间。风过头顶，热感和凉意都更浓了，心境却愈发平和了，因为每天都在做这件有意义的事，每天都在和志同道合的同事在做这件有意义的事，每天都有越来越多的志同道合者加入做这件有意义的事的行列。

感谢我教过、陪过，也陪过我、启发过我的留学生，感谢在我苦闷急躁时包容我、安慰我、启迪我的家人、师友、同事。

同济大学南校区

2022 年 8 月 9 日